Les sentinelles des pandémies

Du même auteur

Le Vocabulaire d'Émile Durkheim
Ellipses, 2008

Un monde grippé
Flammarion, 2010

Claude Lévi-Strauss
Une introduction
« Agora » n° 282
Pocket, 2011

Lucien Lévy-Bruhl
Entre philosophie et anthropologie
CNRS Editions, 2013

Lévi-Strauss et la pensée sauvage
PUF, 2014

Signaux d'alerte
Contagion virale, justice sociale, crises environnementales
Desclée De Brouwer, 2020

Frédéric Keck

Les sentinelles des pandémies

Chasseurs de virus et observateurs d'oiseaux aux frontières de la Chine

POSTFACE INÉDITE

Zones sensibles

ISBN 978-2-7578-8913-8
(ISBN 978-293-0601-43-4, 1re publication)

PRÉFACE

Les virus de l'imagination

De toutes les manières dont les humains et les animaux entrent en communication, Frédéric Keck a choisi d'adresser les questions de l'anthropologie sociale à la plus inattendue de celles-ci : il va interroger les multiples rencontres par lesquelles se croisent très concrètement les destins d'oiseaux, de virus et d'humains. Et comment ces rencontres vont non seulement affecter le cours de la vie de chacun, mais considérablement les transformer.

L'une des très grandes originalités de cette longue enquête, qui nous fait voyager de Taïwan à Singapour en passant par Hong Kong, est d'avoir compris qu'elle ne pouvait être bien menée qu'en alignant sa propre méthodologie sur celle des humains qui se sont trouvés à devoir répondre aux situations de pandémie : c'est un art du pistage, un art du suivi, un art de compréhension des leurres et de spéculation sur les indices, un art de l'aguet. C'est l'art des chasseurs-cueilleurs.

C'est un art de l'imagination surtout. Et à plus d'un titre. Car l'imagination traverse de part en part ce récit, elle en est le moteur et le motif. En réalité ce livre est un livre qui ne cesse de convoquer, de rendre lisible, de faire sentir les effets de l'imagination. Et c'est avec elle également que se développe une prise passionnante et féconde, puisqu'avec elle et à partir d'elle se dessine un véritable *diagnostic* de notre monde, des rapports avec les animaux et des rapports avec des futurs incertains.

D'abord, parce que l'imagination est à présent au centre des pratiques qui vont tenter de répondre à la menace, qu'elle soit celle d'une pandémie à venir ou celle de l'extinction d'une espèce. « Les scénarios de pandémie ou d'extinction d'espèce connectent les hommes et les animaux de façon réaliste pour jouer sur l'imagination de ce qui pourrait arriver si un pathogène émergeait. » Un nouveau paradigme semble en effet s'imposer pour anticiper le futur : celui de la *préparation*. Il se substitue aux manières de faire et de penser qui, dans le passé, prenaient en charge les menaces, sous les formes des stratégies de la précaution (comme par exemple la vaccination) et de la prévention (notamment par des techniques d'abattage massif). Là où la prévention ou la précaution opéraient sur une connaissance des maladies passées pour les projeter dans l'avenir, la préparation, en revanche, se fonde sur l'imagination, c'est-à-dire l'anticipation et la scénarisation d'un événement « de faible probabilité, aux conséquences catastrophiques ». C'est une façon d'anticiper l'avenir « à travers l'imagination du présent », de se préparer à un événement dont on espère qu'il n'arrivera pas. Ainsi, explique Frédéric Keck, « dans le nouveau monde de la santé globale, le futur est moins calculé que scénarisé, moins prévu qu'anticipé »[1]. Si l'on considère par exemple le stockage des vaccins qui atténueront la menace quand elle se présentera, on voit que ce stockage met en jeu « l'imagination d'un événement catastrophique à venir [qui] conduit les autorités de santé publique à réorganiser ce qui existe à la lumière de ce qui va arriver ».

Ces trois modèles d'anticipation du futur, montre l'auteur, sont différemment liés à des techniques de gestion des maladies et à des formes de relations entre animaux humains et non humains. Mais si ces techniques de surveillance et d'anticipation sont bien des techniques orientées vers le futur, elles sont en même temps héritières des techniques du passé, la chasse et la cueillette.

Pour saisir cette idée tout à fait originale, il faut d'abord rappeler que le pistage et la chasse mettent en œuvre l'imaginaire : pour traquer un animal, il faut imaginer sa présence à partir de traces discrètes, imaginer à partir de ses empreintes son état de santé – court-il vite ou lentement ? – et ses désirs – a-t-il soif, cherche-t-il une source d'eau[2] ? Keck rend particulièrement remarquable le fait que l'imaginaire des microbiologistes s'avère être un imaginaire de « chasseurs », de virus en l'occurrence. Chasseurs d'invisibles, ils doivent se fier aux traces que sont leurs effets sur d'autres êtres. Traqueurs d'êtres incertains en perpétuelle mutation, ils doivent sans cesse imaginer ce que la vie rusée expérimente et imagine dans les virus. « Que signifie le fait d'observer les relations de distance et de proximité entre hommes et animaux depuis la perspective des virus qui émergent dans ces relations ? » En envisageant la pratique des microbiologistes comme très semblable à celles des chasseurs-cueilleurs, Keck souligne le fait que les dispositifs de préparation aux pandémies qu'ils mettent en œuvre leur permettent de saisir ces pandémies comme une occasion de prendre la perspective des animaux sur leurs milieux. Cette possibilité impliquerait non seulement d'être, ou de devenir capable d'adopter le point de vue des virus, mais également de savoir discerner les signes qu'ils envoient par leurs hôtes animaux. L'Asie, à cet égard, constitue un lieu privilégié d'observation. Alors qu'en Europe ces préparations sont plutôt liées à des problèmes de sécurité alimentaire ou de lutte contre le terrorisme, à Taïwan, Singapour ou Hong Kong, elles gardent un lien privilégié avec les techniques cynégétiques, c'est-à-dire avec le suivi des oiseaux et des virus. Ainsi, la préparation qui se fonde sur cet « imaginaire du présent » opère en captant des signaux d'alerte précoce chez les oiseaux sentinelles.

À l'alliance risquée des virus et des oiseaux, s'articulera de ce fait une alliance entre les microbiologistes et les ornithologues. À ceux-ci de prendre « le point de vue des oiseaux sur l'avenir », dans la mesure où ces derniers s'avèrent particulièrement aptes à envoyer des signaux d'alerte précoce – les mouettes n'avaient-elles pas déjà constitué de fiables sentinelles pour interpeller les humains sur le rôle des perturbateurs endocriniens ? Et cela avait demandé du flair, de la vigilance, l'attention à des détails qui ne sont *a priori* pas connectés, de sortir du paradigme « dose/poison » usuel dans les recherches sur les cancers dus à l'environnement – bref, là encore : de l'imagination.

Les oiseaux convoquent donc l'imaginaire de leurs observateurs : qu'est ce qui, dans le cas de tel animal, permet de penser qu'on a affaire à une surveillance réussie, à un signal d'alerte fiable – qu'il soit celui d'un oiseau migrateur observé par les *birdwatchers* ou celui d'un poulet de batterie non vacciné qui, en tombant malade, alertera de la présence d'un virus ?

Enfin, l'imagination imprègne l'enquête elle-même. Car cette enquête ne cesse d'être imaginative et imaginante, je dirais même qu'elle s'est obligée à l'imagination pour arriver à saisir et à penser ses multiples acteurs eux-mêmes contraints à être imaginatif. Et l'on verra, tout au long du livre, comment l'auteur lui-même nourrit son « imaginer » en convoquant des situations les plus diverses et les êtres les plus hétérogènes, faisant d'elles autant d'indices à connecter, autant d'expériences à spéculer, autant de « prises » qui permettent de saisir les événements sous un jour nouveau. Ainsi, les oiseaux et les virus font se croiser de multiples temporalités et de multiples histoires, celle de la grippe espagnole avec celle de la naissance de l'anthropologie, celle de la guerre froide, de l'expansion coloniale et de l'industrialisation, celle des poulets depuis leur vie paisible dans des basses-cours familiales jusqu'à leur existence beaucoup moins enviable dans les immenses batteries. Celle encore, riche et passionnante, de l'histoire de l'ornithologie, celle de l'émergence des préoccupations écologiques et celle de la fondation du musée du quai Branly-Jacques-Chirac. À partir de cette expérience muséale et de cette histoire, Keck rend perceptible le fait que le changement de paradigme en faveur de la préparation touche à quantité de domaines : ainsi, à ce qui s'imposait autrefois, tant du côté du musée que du côté des observateurs d'oiseaux comme idéal – la volonté de la préservation et de la collecte des *spécimens* – se substitue aujourd'hui « l'imagination des vulnérabilités », c'est-à-dire, à nouveau, la préparation à la catastrophe. Là où les collectes se donnaient pour ambition de saturer un domaine de connaissances, celui des oiseaux, elles ont à présent pour fonction de nourrir l'imagination – avec par exemple, des scénarios d'extinction qui demandent qu'on puisse imaginer ce que serait un monde sans oiseaux.

J'ai signalé que ce livre pouvait se lire comme un véritable diagnostic sur notre monde, sur ce qui est en train de lui arriver, sur ce que les pandémies révèlent des nouvelles configurations géopolitiques, que celles-ci soient partie prenante des causes de ces pandémies ou des réponses à ce qu'elles exigent. C'est un livre sentinelle. Un livre qui se situe aux frontières où se croisent des vivants hétérogènes et des pratiques, un livre aux aguets des transformations. Un livre sentinelle qui alerte également d'une catastrophe en cours, à venir et à revenir. Dans les dernières pages, Keck rappelle que « les virus ne sont pas des entités intentionnelles visant à tuer des humains, mais plutôt le signe d'un déséquilibre entre les espèces d'un écosystème ». C'est un diagnostic de ce que j'appellerais, inspirée de la lecture cynégétique qu'il nous propose, la rupture d'un *pacte de la ruse*. Car ce sont bien des relations rusées qui se tissent dans ces enchevêtrements humains-technologies-virus-animaux. Ruses des virus « furtifs » qui obligent les microbiologistes chasseurs de virus à plus de ruses, à placer des sentinelles pour connaître leur présence, à créer des antivirus, des modèles de prédiction de leurs mutations, des pratiques de séquençage, et encore de l'imagination… Ruses encore cette fois du côté des observateurs d'oiseaux, pour saisir leur image, les capturer pour les baguer, les observer, les surveiller, adopter leur point de vue et leur assigner des rôles de sentinelle. La ruse est omniprésente. Elle n'est pas sans rappeler cet art que cultivaient les Grecs de la Grèce ancienne (peuple de chasseurs et de pêcheurs), l'art de la *mètis*. La *mètis* se signalait particulièrement dans l'art de tendre des pièges, ou de les éviter. Elle met en œuvre, pour reprendre la définition de Marcel Detienne et Jean-Pierre Vernant, une forme « d'intelligence et de pensée, un mode du connaître ; elle implique un ensemble complexe, mais très cohérent, d'attitudes mentales, de comportements intellectuels qui combinent le flair, la sagacité, la prévision, la souplesse d'esprit, la feinte, la débrouillardise, l'attention vigilante, le sens de l'opportunité, des habilités diverses, une expérience longuement acquise[3] ». La mètis unissait sous le signe d'une même intelligence des dieux, des héros, de simples pêcheurs et chasseurs, des grenouilles, des poulpes, des renards et quantité d'autres animaux. Elle était le fruit d'une connaissance intime, de longues pratiques de proximité, d'imagination encore et, surtout, d'une reconnaissance de l'indéniable intelligence d'autres vivants. Ce sont visiblement les ruptures multiples de cette composition particulière « sous le signe d'une même intelligence » que traduisent les pandémies. La lecture en termes cynégétiques de Keck rend à cet égard particulièrement lumineuse une hypothèse qu'il emprunte à Jared Diamond et selon laquelle « le passage des sociétés de chasseurs-cueilleurs aux sociétés pastorales a favorisé la proximité entre les humains et les animaux et créé des opportunités pour la diffusion des pathogènes ». Ce que Jared Diamond nomme le « don fatal du bétail » rend compte des conséquences de la dégradation de ce qui, au départ, constituait une sorte de pacte : « les pastoralistes donnaient de la nourriture et des soins à leur troupeau, ils recevaient des produits animaux en échange (viande, lait, peau…), mais aussi des virus en cadeaux empoisonnés, auxquels ils finirent par s'immuniser. » Avec l'augmentation dramatique du nombre d'animaux domestiques, ceux-ci sont devenus « étrangers » aux humains, « et c'est pourquoi ils envoient des pathogènes au lieu de fournir des biens ». Keck nous met en garde contre la puissance du récit de cette révolution du bétail, qui pourrait mener à penser que le risque d'émergence des virus pandémiques augmenterait simplement avec le nombre d'animaux, sans prendre en compte la manière dont ces animaux sont sélectionnés, élevés, et dans quels dispositifs ils sont mobilisés.

C'est ce qui me conduit à prolonger sa proposition en évoquant le fait que ces dispositifs rompent avec le pacte de la ruse, qu'elle soit celle du chasseur dans les relations de chasse, ou qu'elle soit celle de la « subjugation » qui fonde la possibilité des domestications[4]. Avec ce qui ne peut plus porter le nom d'élevage mais de monstrueuse usine à produire des protéines, nous ne sommes plus dans un rapport de ruses misant sur l'intelligence et la capacité de répondre, mais dans des pratiques à la fois d'uniformisation du réel et d'abêtissement nécessaire de ceux qui le composent. La pandémie constitue elle-même un diagnostic. « Une pandémie de grippe aviaire, écrit Keck dans la conclusion, est l'un des "mythes" qui nous parlent le plus fortement de nos relations actuelles avec notre environnement dans un monde où les volatiles sont élevés de plus en plus intensément pour la consommation humaine avec un haut risque zoonotique et où les oiseaux sauvages sont menacés de disparition et de destruction de leur habitat ».

« La préparation aux pandémies à venir construit notre vision du monde. » Ce livre, remarquablement fidèle à la mission de l'anthropologie puisqu'il nous propose d'étudier la variation des points de vue au travers notamment de la variation des formes d'interaction entre humains et animaux, nous rappelle également la très grande diversité de l'appréhension des risques, particulièrement en fonction d'expériences vécues, très différentes d'un État à l'autre. « Si les Occidentaux ont imposé au reste du monde cette notion de "pandémie" notamment par leurs fictions, il faudrait qu'ils s'inspirent de la compréhension asiatique de cette notion pour en penser les aspects les plus problématiques. Par exemple, serions-nous capables de prier pour les animaux que nous abattons[5] ? »

Vinciane Despret,
université de Liège.

Introduction

La pandémie de grippe est un des événements qui suscitent une mobilisation au niveau global. Le caractère cyclique des pandémies – la « grippe espagnole » en 1918, la « grippe asiatique » en 1957, la « grippe de Hong Kong » en 1968 – a conduit les experts à penser qu'une nouvelle pandémie était imminente et qu'elle tuerait des millions de personnes[1]. La question, selon les autorités de santé globale, n'est pas de savoir quand et où la pandémie commencera mais si nous sommes prêts à affronter ses conséquences catastrophiques. La pandémie bouleverse la vie sociale non seulement parce qu'elle tue des individus en série mais aussi parce que la contagion entraîne la panique et la méfiance. Il faut donc se préparer aux pandémies pour limiter non seulement le nombre de victimes humaines mais aussi ses effets économiques, politiques et moraux*.

Une pandémie commence quand un pathogène infecte une population humaine non immunisée. On considère que les virus mutent à travers les espèces animales, où ils se développent habituellement de façon asymptomatique dans leurs « réservoirs animaux », avant de passer aux humains,

* Ce livre ayant été écrit entre 2014 et 2016, il ne couvre pas la crise du coronavirus qui a émergé à Wuhan en décembre 2019. La postface (p. 277) actualise toutefois les propositions de ce livre à partir d'une brève analyse de cette nouvelle crise.

où ils déclenchent infections et contagions. Les virus de grippe, en particulier, mutent et se réassortissent chez les oiseaux, notamment aquatiques, mais aussi chez les porcs, décrits comme des « véhicules intermédiaires » parce qu'ils ont des récepteurs dans leurs voies respiratoires qui peuvent s'attacher aux virus aviaires et humains. Quand les microbiologistes suivent les pathogènes dans leurs réservoirs animaux pour anticiper leur émergence chez les humains, ils introduisent ainsi les animaux dans la société.

Ce livre montre, avec les méthodes de l'anthropologie sociale, comment les techniques de préparation en vue d'une pandémie de grippe ont transformé nos relations aux oiseaux. Des milliards de volailles ont été tuées à travers le monde pour éviter que des pathogènes potentiellement pandémiques ne franchissent les frontières d'espèces. Les oiseaux migrateurs ont été surveillés pour comprendre la diffusion des virus de grippe en dehors de leur lieu d'émergence. La faune sauvage est passée des pages « Nature » des journaux aux images de couverture des magazines, représentant les foyers de grippe aviaire comme des attaques terroristes, tandis que les photographies de poulets dans les abattoirs ont envahi l'espace public pour rassurer de façon ambivalente les consommateurs sur la sécurité de la viande de volaille. Alors que le virus de grippe aviaire létal reste encore à venir, son anticipation a déjà modifié le monde dans lequel les hommes vivent avec les animaux, sauvages et domestiques.

La grippe aviaire est décrite comme une « zoonose », soit une infection causée par un pathogène qui a « sauté » des animaux aux humains. La mobilisation autour des zoonoses, qui constituent la plus grande part des maladies infectieuses émergentes, s'est accrue au cours des quarante dernières années avec le combat contre la fièvre hémorragique Ebola (1976), transmise des chauves-souris aux primates, l'encéphalopathie spongiforme bovine (1996), transmise des moutons aux vaches, le syndrome respiratoire aigu sévère (SRAS, 2003), transmis des chauves-souris aux civettes masquées. Alors que le lien entre les pathogènes et leur environnement a toujours été au cœur de la santé publique, cette série d'émergences au cours des quarante dernières années est aujourd'hui expliquée par les changements dramatiques provoqués par l'urbanisation, l'élevage industriel, la déforestation et le changement climatique[2].

L'anthropologie sociale, en tant qu'elle produit du savoir sur les similarités et les différences entre les humains et les autres animaux, peut prendre ces pathogènes franchissant les barrières d'espèces comme point de départ pour une enquête sur les transformations des relations entre humains et non-humains. La connexion entre les relations hommes/animaux et les mesures de santé publique s'opère dans les deux sens : de nouvelles relations entre hommes et animaux (comme l'intensification de l'élevage industriel) ont produit de nouveaux risques d'émergence, mais les techniques utilisées pour limiter ces risques (comme l'abattage massif de volailles ou l'usage de poulets sentinelles) ont aussi changé la façon dont les hommes interagissent avec les animaux.

Ce livre est basé sur une recherche ethnographique conduite à Hong Kong, Taïwan et Singapour entre 2007 et 2013[3]. Ces trois territoires, affectés par la crise du SRAS en 2003, ont investi dans les techniques de préparation à une pandémie de grippe. Hong Kong fut le lieu principal de ma recherche car c'est là que la dernière pandémie de grippe a officiellement commencée en 1968, de sorte que le territoire fut équipé pour détecter le prochain virus de grippe pandémique chez les oiseaux, ce qui le plaça au cœur de la gestion du SRAS comme zoonose. Mais ces trois territoires étaient également mobilisés contre un virus de grippe aviaire venant de Chine, où le nombre de volailles domestiques avait dramatiquement augmenté au cours des quarante dernières années. Hong Kong, Taïwan et Singapour sont trois points de passage pour la diaspora chinoise, qui pouvait ainsi s'identifier avec les oiseaux migrateurs accusés de propager la grippe à travers le globe. L'un des arguments soutenus dans ce livre est que ces trois territoires situés aux frontières de la Chine, et connectés au reste du monde, ont trouvé avec la grippe aviaire un langage pour parler des problèmes qu'ils rencontrent avec le continent chinois, considéré comme une puissance émergente dont les conditions de vie produisent de nouvelles pathologies. Dans ces trois lieux, les microbiologistes se sont alliés avec les vétérinaires et les observateurs d'oiseaux pour suivre les mutations des virus de grippe entre les oiseaux sauvages, les volailles domestiques et les humains. J'ai passé de plus en plus de temps avec les observateurs d'oiseaux, car j'étais intrigué par une question : pouvons-nous voir les pathogènes à travers la perspective des oiseaux eux-mêmes ? J'ai ainsi partagé la passion des *birdwatchers* pour les espèces d'oiseaux et la curiosité des microbiologistes pour les mutations virales, parce que j'ai trouvé en ces virus une clé d'entrée au sein des relations entre humains et oiseaux dans le contexte géopolitique liant la Chine, Hong Kong, Taïwan et Singapour[4].

En 2003, après la crise du SRAS, trois microbiologistes travaillant à l'Université nationale de Hong Kong ont écrit : « Les études sur l'écologie de l'influenza conduites à Hong Kong depuis les années 1970, dans lesquelles Hong Kong a fonctionné comme un poste de sentinelle pour la grippe, ont indiqué qu'il serait possible, pour la première fois, de faire de la préparation à la grippe au niveau aviaire [*to do preparedness for flu on the avian level*][5]. » Cette citation a orienté toute la réflexion présentée dans ce livre. Que signifie la préparation au niveau aviaire ? En quoi cela diffère-t-il du niveau humain ? En quoi cela change-t-il les relations entre humains et animaux ? Y a-t-il quelque chose de spécifiquement asiatique dans la façon dont la préparation a été appliquée à la grippe aviaire ? Que pouvons-nous apprendre de la façon dont des sociétés asiatiques ont pratiqué la préparation au niveau aviaire ? Comment ces sociétés se sont-elles réapproprié leur définition globale comme des réservoirs pour les virus émergents[6] ?

En analysant l'alliance entre les microbiologistes et les ornithologues à travers les concepts de l'anthropologie des chasseurs-cueilleurs, je propose de prendre au sérieux l'idée selon laquelle les microbiologistes sont des « chasseurs de virus » et des « collecteurs d'échantillons ». De quelle manière l'injonction à se préparer à une pandémie de grippe s'inscrit-elle dans les pratiques ordinaires des microbiologistes et des ornithologues, en les conduisant à voir les relations entre hommes et oiseaux à travers les pathogènes qu'ils partagent en commun ? L'anthropologie des sociétés de chasseurs-cueilleurs a montré que ces groupes ont développé une capacité à percevoir l'environnement à travers les yeux de leurs proies, selon des techniques que l'on peut qualifier de cynégétiques. Les microbiologistes et les ornithologues refusent de tuer les oiseaux qu'ils observent, ou diffèrent le moment de la mise à mort, car ils saisissent leur maladie comme une occasion de prendre leur perspective sur l'environnement. À l'inverse, les autorités de santé publique doivent tuer les oiseaux pour protéger les humains de la grippe aviaire et surveiller les signes annonciateurs de la prochaine crise, selon des techniques que l'on peut qualifier de pastorales.

Ce livre associe donc un argument théorique en anthropologie sociale avec une ethnographie des relations entre hommes et animaux à travers des techniques de santé publique, afin de saisir ce qu'est « la préparation au niveau aviaire » au sein de territoires aux frontières de la Chine. Il se compose de deux parties. La première, plus théorique, définit la préparation en la distinguant de la prévention et de la précaution et en la décrivant comme un mode de causalité qui justifie les interventions du gouvernement, une technique de langage reliant la nature et le laboratoire et une forme de visibilité passant par l'accumulation et la classification. La seconde, plus empirique, décrit les relations entre hommes et animaux à travers des techniques spécifiques de préparation à Hong Kong, Taïwan et Singapour : sentinelles, simulations et stockage[7]. La distinction entre les trois S (sentinelles, simulations et stockage) ne recoupe pas celle entre les trois P (prévention, précaution, préparation). J'utilise plutôt la différence ontologique entre prévention et préparation pour analyser comment ces trois techniques de préparation mêlent le cynégétique et le pastoral. Je montre ainsi que la préparation aux pandémies implique fondamentalement un rapport de signalisation avec les oiseaux, qui peut ensuite se combiner avec d'autres préoccupations économiques et politiques. C'est la singularité de ce rapport et la variabilité de ses formes qui sont au centre de ce livre.

40

活鸡鸭行
Live poultry

PREMIÈRE PARTIE

Maladies animales

I

Abattre, vacciner et surveiller les animaux contagieux

La politique la plus visible en cas de zoonose, c'est-à-dire de transmission d'un pathogène au travers des frontières d'espèces, est l'abattage massif des animaux potentiellement infectés. Mais il y a deux autres techniques pour contrôler la propagation des épidémies chez les animaux : l'usage de vaccins pour renforcer l'immunité et la surveillance des mutations des pathogènes par des collectes d'échantillons[1]. Ces trois techniques impliquent des conceptions différentes des collectifs reliant les humains et les non-humains, des microbes qui émergent dans les relations entre hommes et animaux et de la causalité par laquelle les hommes, les animaux et les microbes interagissent. L'anthropologie sociale a conçu cette causalité à travers la notion de participation, qui est souvent utilisée aujourd'hui dans ses collaborations avec la médecine vétérinaire[2], mais qui a longtemps été liée à la notion de sacrifice. Elle définit une modalité de la causalité qui n'est pas linéaire, comme la causalité physique, mais holistique, au sens où tous les êtres qui constituent une société y sont en relation. La participation relie des idées sur la vie animale et des principes de santé publique afin de surmonter des contradictions dans les relations entre hommes et animaux. Peut-on inclure les points de vue des animaux et de leurs éleveurs dans la participation à l'idéal de santé publique ? Si la prévention les exclut à travers une rationalité sacrificielle sous-jacente à l'abattage et la vaccination, la préparation les inclut en étendant la participation par des techniques de surveillance. Pour clarifier la distinction entre prévention et préparation, ce chapitre propose donc une généalogie parallèle de l'anthropologie sociale et de la médecine vétérinaire, à partir de quatre auteurs centraux pour l'anthropologie sociale qui ont réagi à quatre maladies animales importantes pour l'histoire de la santé publique en Europe.

Herbert Spencer et la fièvre aphteuse

Herbert Spencer (1820-1903) est rarement lu par ceux qui pratiquent l'anthropologie sociale aujourd'hui[3], mais il a grandement contribué à populariser la notion de sociologie – terme proposé par Auguste Comte en français en 1830 pour définir le savoir réflexif que la société prend sur elle-même lorsqu'elle rencontre une crise[4]. Le cadre général de sa théorie peut être qualifié d'évolutionniste, même s'il n'était pas influencé directement par Darwin, car il défendait l'idée d'un progrès général de l'humanité depuis ses états les plus primitifs jusqu'à ses formes les plus complexes. En 1873, Spencer ouvrait son *Introduction à la science sociale* par l'exemple d'un éleveur se plaignant des mesures de politique publique prises à propos des maladies animales :

> Au cabaret du village, l'ouvrier qui pérore en fumant sa pipe décide quelles mesures le Parlement devrait prendre pour arrêter la propagation de la fièvre aphteuse. À la ferme, le maître discourt sur la peste bovine tout en arrosant un marché ; il frappe la table du poing et jure qu'on lui a donné une indemnité trop faible pour les bestiaux qu'on lui a fait abattre pendant l'épidémie. [...] Des esprits chez

> lesquels les conceptions des actions sociales sont aussi rudimentaires sont aussi des esprits disposés à nourrir des espérances insensées sur les bienfaits à attendre de l'action administrative. Ils semblent tous partir de ce postulat sous-entendu que chaque plaie sociale peut être guérie, et que la guérison dépend de la loi. [...] L'homme qui ignore l'existence d'un principe de causalité dans l'ordre physique a bien des chances de ne comprendre que fort confusément cette autre causalité, plus subtile et plus complexe, qui détermine les actes d'une société d'hommes constitués en corps politiques[5].

Spencer semble confondre, dans les mots qu'il attribue à l'éleveur, la fièvre aphteuse avec la peste bovine, alors qu'il s'agit de deux maladies très différentes. La peste bovine (*cattle plague*, connue aussi sous son nom allemand de *Rinderpest*) a été la maladie animale la plus grave en Europe au XVIIIe siècle. Originaire d'Asie, elle est apparue en Italie en 1711, en Angleterre en 1714 et s'est diffusée ensuite sur tout le continent européen. On estime qu'elle a tué 200 millions de bovins en Angleterre entre 1740 et 1760, les décès survenant après de fortes fièvres et des pertes d'appétit. Cette maladie grave a contribué à l'organisation de la science vétérinaire à la fin du XVIIIe siècle[6]. Elle se déplaça vers l'Afrique au début du XXe siècle, où elle a causé des dommages très importants sur le bétail au Soudan dans les années 1930, lorsque l'anthropologue britannique Edward Evans-Pritchard étudiait ses effets sur les sociétés pastorales Nuer et Dinka[7]. L'Organisation mondiale de la santé animale (ancien Office international des épizooties) l'a déclarée éradiquée en 2011 après une campagne mondiale de vaccination.

Par contraste, la fièvre aphteuse (*foot-and-mouth disease*), bien que signalée en Italie au XVIIe siècle, ne devint une préoccupation majeure en Angleterre qu'en

1874[8], ce qui explique que Spencer en fasse un cas d'école pour ouvrir son *Introduction à la science sociale*. Elle ne cause pas la mort des animaux, mais provoque des symptômes qui rendent impossibles leur circulation et leur commercialisation, comme la fièvre et des cloques. C'est pourquoi elle devint un problème majeur en Grande-Bretagne dans l'entre-deux-guerres, quand elle affectait le bétail importé d'Argentine, et dans les années 2000, quand elle provoqua, à plusieurs reprises, un blocage de l'économie du pays. Tandis que la peste bovine est une maladie des sociétés pastorales, favorisée par la révolution agricole du XVIIIe siècle, la fièvre aphteuse a été qualifiée par l'historienne Abigail Woods de « peste industrielle » (*manufactured plague*), car elle révèle les vulnérabilités de l'économie mondiale[9]. Elle a ainsi lié la science vétérinaire aux nouveaux savoirs du XXe siècle comme la clinique de laboratoire et l'épidémiologie[10].

L'analyse de Spencer prend tout son sens dans cette nouvelle conjoncture. Le laboureur se plaint du fait que le Parlement a abattu son bétail sans lui fournir une compensation suffisante – la fièvre aphteuse étant en effet associée à une politique d'abattage massif. Alors que la peste bovine a rapidement été traitée par inoculation, le virus responsable de la fièvre aphteuse, identifié par Friedrich Loeffler en 1897, est très instable, ce qui rend la vaccination plus difficile. Quand il apparaît dans un troupeau, les autorités agricoles peuvent décider d'abattre ce dernier en entier pour éviter la diffusion du virus, même si aucun animal n'est décédé. Il est par conséquent difficile d'expliquer la rationalité à l'œuvre dans ces abattages, et si les compensations peuvent être considérées comme une mesure d'apaisement des éleveurs, elles ne rachètent jamais la perte du troupeau, dont la valeur est à la fois génétique, psychologique, financière et éthique.

Le rôle de la sociologie, selon Spencer, est par conséquent d'analyser l'« esprit » de ces éleveurs qui ne comprennent pas la rationalité du monde dans lequel ils vivent, comme le laboureur et le fermier dans la scène qu'il décrit. Les éleveurs de bétail – dépeints sous les traits de buveurs invétérés – ne sont pas si différents, dans cette perspective, des tribus primitives qui vivent sous l'emprise de leurs fétiches. Spencer disqualifie ainsi les savoirs des éleveurs sur les maladies animales en les traitant comme des superstitions primitives. L'historien Keith Thomas rappelle que la nouvelle science de l'observation et de la classification développée par les élites urbaines britanniques au XVIIIe siècle a rendu obsolètes les attitudes populaires ancestrales envers la nature. Il note qu'à cette époque « quand le bétail avait la peste (*murrain*), les cultivateurs perçaient l'oreille de leurs bêtes et y inséraient une racine de pied de griffon[11] », en vertu d'une analogie entre le nom de la plante (*bearfoot*, « pied de griffon ») et la maladie à soigner (le terme ancien *murrain* recouvrant plusieurs maladies bovines telles que la peste bovine et la fièvre aphteuse).

L'argument de Spencer à propos de la causalité est lié à sa conception du bon gouvernement. Pour lui, les éleveurs de bétail, comme les cultures primitives décrites par Edward Tylor, le fondateur de l'anthropologie sociale britannique[12], ignorent la causalité physique et ne peuvent donc pas comprendre la causalité sociale, qui est la même modalité d'association entre les idées, mais rendue plus complexe par les interactions entre humains. Ils attendent de l'État qu'il soigne leurs maladies comme les « primitifs » se courbent devant leurs fétiches pour leur demander de faire venir la pluie, explique Spencer. S'inscrivant dans une tradition libérale, Spencer soutient que la causalité sociale doit être modelée sur la causalité physique, et que les chaînes complexes de l'économie moderne devraient se développer sans trop d'intervention étatique[13]. Pour lui, les actions sociales et les idées suivent les mêmes règles que les flux naturels et n'en diffèrent que par ce qu'il appelle « un excès d'irritation nerveuse ». Le rôle de la sociologie est donc de faire en sorte que les éleveurs en colère et les tribus primitives réfractaires acceptent tranquillement les interventions du gouvernement. Alors que les individus ordinaires anticipent le futur à partir d'inférences sur des observations passées, dit Spencer, seuls le gouvernement et le marché peuvent organiser la prévention à partir de statistiques.

Spencer critique le rôle de ce que nous appelons les « médias » dans la contagion des idées. Selon lui, la différence ténue entre causalité physique et causalité sociale, qui est le produit d'une irritation nerveuse et de la consommation d'alcool, est amplifiée par la circulation des idées dans la société. Dans une tradition empiriste, Spencer examine les valeurs subjectives des témoignages sur la gravité des maladies. Les préjugés naturels, dit-il, sont reproduits par les journalistes ; ceux-ci injectent des « idées fausses » dans « l'esprit public », qui ne peuvent ensuite plus être corrigées ou falsifiées. Le rôle de la sociologie est donc de remplacer ces erreurs d'inférence – que Spencer compare aux réfractions des reflets de la lune sur un lac – à travers une accumulation de données produites par l'observation, sur le modèle du travail des astrologues[14]. Bien plus : la sociologie devrait proposer une théorie de la causalité qui produit des idées fausses, ce qui montrerait sa supériorité sur l'astrologie et la physique en tant que science « réflexive ». Puisque les causalités sociale et naturelle sont équivalentes et ne se distinguent que par leur degré de complexité, une sociologie de la contagion des idées doit s'accompagner d'une médecine de la contagion des corps pour produire une politique de santé publique moderne[15].

Cette conception du social est largement partagée aujourd'hui par les gestionnaires des maladies animales. Dans les sociétés libérales, l'abattage préventif est justifié comme une intervention nécessaire du gouvernement pour réguler la libre circulation des marchandises animales pour la consommation humaine. Les savoirs des éleveurs au sujet de leurs animaux sont considérés comme trop émotionnels ou superstitieux pour être pris au sérieux par les autorités de santé publique. Les experts sont censés avoir une vue plus claire de l'ordre des phénomènes qui doit être réglé par le raisonnement statistique et les interventions gouvernementales. Cette définition de la prévention comme une vision experte du futur est contestée aujourd'hui par la médecine vétérinaire participative, dont la conception du social peut être retrouvée chez un autre anthropologue britannique, Robertson Smith.

William Robertson Smith et la tuberculose bovine

En tant que professeur de langues sémitiques à l'université de Cambridge, Robertson Smith (1846-1894) a exercé une influence majeure sur l'un des fondateurs de l'anthropologie britannique, James Frazer, qu'il a aidé à développer une théorie du sacré en rupture avec les hypothèses rationalistes de Spencer et Tylor. Au moment où Robertson Smith réfléchissait aux formes du sacrifice chez les Sémites, la maladie animale la plus discutée était la tuberculose, car elle était endémique chez les vaches et les humains, engendrant des abattages massifs chez les bovins et des morts nombreuses chez les humains. Robertson Smith mourut lui-même de cette maladie du poumon à l'âge de 48 ans, qui emporta également trois de ses frères et sœurs à un âge précoce[16]. On peut soutenir que cette exposition à la maladie le rendit plus sensible que Spencer au sort des animaux abattus, et le conduisit à penser autrement au sujet de l'infection et de la contagion des zoonoses[17]. Au lieu de calculer des compensations justes pour l'abattage, Robertson Smith recourut à la notion théologique de sacrifice pour décrire comment une nouvelle rationalité émerge dans les affects partagés entre hommes et animaux. Le sacrifice devint, dans la perspective de l'anthropologie sociale, une façon de former rituellement les sentiments collectifs au sujet des animaux. On peut dire que Spencer demandait aux éleveurs de sacrifier leurs intérêts à ceux de la société et que Robertson Smith justifia ce sacrifice à partir des sentiments spontanés des éleveurs. En d'autres termes, Robertson Smith exposait la rationalité sacrificielle qui restait sous-jacente à l'analyse de Spencer pour justifier l'abattage massif des animaux supposés malades.

À la fin du XVIIIe siècle, une controverse opposa médecins britanniques et allemands sur la question de la transmission de la tuberculose des bovins aux humains. Robert Koch, qui avait découvert le bacille responsable de la tuberculose en 1882 et lui avait donné son nom, niait qu'il y eût transmission. Si les symptômes étaient les mêmes pour les deux espèces, la forme du bacille apparaissait différemment lorsqu'on l'observait au microscope[18]. Le philosophe Gottlob Frege fit référence à cette controverse lorsqu'il écrivit : « les savants qui examinèrent si la tuberculose du bœuf se transmet à l'homme, et qui s'entendirent pour conclure qu'il n'y avait pas de contagion du bœuf à l'homme, seraient dans la situation de personnes qui, ayant employé dans leur conversation l'expression “cet arc-en-ciel”, s'apercevraient qu'ils n'ont rien désigné par ces mots, que chacun d'eux avait une illusion d'optique dont il était le porteur[19] ». Pour Frege comme pour Koch, la peur subjective de la transmission, qui produisait des visions multiples de la maladie, devait être remplacée par sa représentation objective sous le microscope[20]. Dans cette perspective, la notion de « tuberculose bovine » apparaissait aussi contradictoire que celle d'un arc-en-ciel, qui à la fois existe et n'existe pas. Ce n'est que dans les années 1920 que les médecins britanniques, préoccupés par la sécurité alimentaire du lait et de la viande de vache, purent prouver que 20 % des cas de tuberculose humaine avaient pour cause la tuberculose bovine. Ils devaient aussi montrer, pour contester Koch, que le même pathogène peut prendre des formes différentes quand il passe des animaux aux hommes, ce qui nécessitait une théorie des mutations microbiennes qui manquait à l'époque. Pour prouver objectivement l'existence des mutations des pathogènes, ils durent utiliser les statistiques plutôt que le microscope. Ce qui permettait de comprendre la tuberculose, c'était une science du milieu écologique et social dans lequel le pathogène prend de nouvelles formes.

Robertson Smith fit une démonstration comparable dans le domaine de l'anthropologie des religions. Après avoir voyagé à travers le Moyen-Orient pour y trouver les sources de la Bible, Robertson Smith définit le sacrifice comme une communion, au sens étymologique d'un repas partagé avec les divinités[21]. Tandis qu'Edward Tylor, le fondateur de l'anthropologie britannique, avait défini le sacrifice comme un don aux dieux, Robertson Smith releva que cette définition se fondait sur l'hypothèse de l'existence d'un concept de propriété chez les primitifs. Il nota que le sacrifice établit des distinctions entre les entités considérées comme « apparentées » (*kin*) non à travers les catégories de la propriété sociale, mais selon les pouvoirs surnaturels qui sont attribués aux êtres invisibles. On peut reformuler cette thèse en disant que Robertson Smith décrivit comment le social émerge des interactions entre humains, animaux et microbes plutôt que de présupposer le social comme cadre de ces interactions[22].

Le rôle du sacrifice, dans la description de Robertson Smith, est de fixer la place occupée par les « êtres surnaturels » (que nous pouvons appeler des microbes, puisqu'ils agissent de façon invisible) dans un espace sacré, qui ressemble au lieu d'intervention de l'État. Robertson Smith utilise le terme polynésien de « tabou » pour décrire les mesures de précaution appliquées aux forces qu'il qualifie d'« infectieuses »[23]. Tous les membres d'un groupe de parenté participent au sacrifice parce qu'ils sont tous exposés aux forces surnaturelles qui constituent le milieu.

> Au commencement, les bêtes sauvages et les oiseaux du sanctuaire, ainsi que sa végétation, étaient considérés comme saints (*holy*) parce qu'ils participaient (*partook*) à la vie divine qui pénètre partout (*pervasive*). Nous pouvons concevoir les plus anciens sanctuaires comme chargés dans toutes leurs parties et lieux d'une certaine énergie surnaturelle. C'est l'idée habituelle chez les sauvages à propos des choses taboues ; et même dans les religions les plus élevées, le processus de subsomption de tous les tabous sous le concept de sainteté d'un dieu personnel est toujours lent et souvent imparfaitement réalisé. En particulier, il y a un élément de la doctrine du tabou, parfaitement irrationnel du point de vue de toute religion ayant des vues claires sur la personnalité des dieux, qui n'a jamais été éliminé de la conception sémite de la sainteté, et qui figure même dans les parties rituelles de l'Ancien Testament. La sainteté, comme le tabou, est conçue comme infectieuse (*infectious*), se propageant par le contact physique[24].

À la différence de Spencer, Robertson Smith fait une distinction entre causalité physique et causalité sociale.

Tandis que la causalité physique agit par le contact d'une chose avec une autre, la causalité sociale agit par l'intégration de la chose dans un ordre qui agit sur elle et lui confère son sens. Cette distinction provient peut-être de ce que Robertson Smith était concerné par les aspects infectieux des maladies, plutôt que par leurs effets contagieux dans la société, et par l'émergence du social plutôt que par ses effets dans les esprits. François Delaporte a mis en lumière le fait que, dans le débat opposant ces deux écoles médicales au XIXe siècle, les tenants de la contagion considéraient que les maladies se diffusaient par contact, et recommandaient donc de l'éviter en érigeant des barrières, tandis que les tenants de l'infection remontaient au foyer d'origine de l'épidémie et cherchaient à restaurer la circulation de la vie autour de cette zone au prix d'une intervention de nettoyage local[25]. Robertson Smith suggère de revenir au lieu d'infection pour montrer comment la société émerge dans ce lieu à travers le partage des affects. En ce lieu, les individus participent à un flux invisible de forces qui les oriente vers un futur collectif[26]. Alors que la maladie est anormale pour Spencer car elle fait dévier des lois physiques du contact, elle est normale pour Robertson Smith car elle constitue la matrice sociale de la vie. En effet, la tuberculose était endémique à cette époque chez les humains et les bovins, et elle révélait les inégalités entre humains (puisque les ouvriers étaient plus exposés que les bourgeois) mais aussi entre humains et animaux dans l'occupation de l'espace social[27]. Pour Robertson Smith, donc, l'infection était le lieu où le social émerge à travers les différentes modalités d'exposition à une maladie, et le sacrifice était l'opération qui rendait ces différences compatibles.

Robertson Smith semble ainsi réhabiliter les savoirs écologiques et les attachements affectifs qui avaient été dénigrés par Spencer dans sa justification de l'intervention publique – cette conception exerça une grande influence sur *Le Rameau d'or* de Frazer et sur sa démarche de collecte de récits sur les animaux et les plantes. Pour Robertson Smith, le fait de vivre près d'un lieu sacré disposait à un savoir intime des mesures de protection adaptées, avec lesquelles ont rompu l'économie du sacrifice et l'émergence de la propriété. Cette conception a pu influencer Wu Lian-Teh, médecin chinois formé à Cambridge, qui développa une théorie anthropologique du savoir des chasseurs de marmottes pour expliquer pourquoi ils n'étaient pas infectés durant l'épidémie de peste pneumonique en Mandchourie en 1910-1911. « Les natifs connaissent la peste depuis des générations, écrivait-il, ils possèdent un savoir efficient sur la maladie et ils adoptent des mesures de précaution élaborées pour la combattre[28]. » Mais comme le montre Christos Lynteris, les théories du savoir local sur les origines animales de la peste s'étaient multipliées avant 1910, et avaient produit des visions contradictoires de la transmission de la peste entre marmottes et humains, pour lesquelles Wu Lian-Teh ne proposait qu'un compromis instable[29]. En effet, la contradiction intrinsèque à la notion de zoonose notée par Frege ne peut pas être résolue par le concept de savoir local : comment un pathogène peut-il être transmis entre différentes espèces animales et ainsi devenir autre que lui-même ? Comment les animaux humains et non humains peuvent-ils participer à la vie sociale si elle implique des êtres contradictoires comme les microbes transmissibles des animaux aux humains ? Robertson Smith construisit une science objective de l'exposition subjective aux zoonoses à travers le concept de sacrifice, mais il échoua à décrire les différences d'exposition à ces maladies parce qu'il lui manquait la connaissance des mutations des pathogènes. Cette connaissance vint avec la vaccination, qui rendit possibles de nouvelles façons de concevoir le social.

Émile Durkheim et la variole

Émile Durkheim (1858-1917), qui fonda la sociologie comme science empirique, après qu'Auguste Comte lui eut assigné sa place au sein des autres sciences, lut les *Conférences sur les religions des Sémites* comme une « révélation[30] ». C'est à cette lecture qu'est souvent attribué le tournant opéré par Durkheim d'une sociologie de l'économie à une sociologie de la religion. Mais Durkheim formula ses critiques à l'encontre de Robertson Smith depuis la perspective d'une sociologie du droit qui soutient toute son entreprise théorique. Le droit qualifie les raisonnements probabilistes soutenus par Spencer et les savoirs locaux valorisés par Robertson Smith comme des façons de modérer l'intervention de l'État.

Tandis que Robertson Smith proposait une genèse évolutionniste de la propriété passant par le sacrifice, Durkheim refusait la thèse selon laquelle les sociétés primitives ignorent la propriété et considérait le sacrifice comme la première institution de la propriété[31]. Robertson Smith établit une distinction entre le sacrifice comme communion avec la chair sacrée de l'animal, qui vient dans un premier temps, et le sacrifice comme expiation des péchés envers le corps sacré du dieu, apparu dans un second temps. Pour Durkheim à l'inverse, l'idée d'un crime contre la propriété collective est première, et toutes les autres notions de la vie sociale sont générées du fait des délimitations qui sont établies entre ce qui est propre et ce qui est impropre. Durkheim commence ainsi son analyse de la religion là où Robertson Smith finit la sienne, par la notion de sacré définie comme ce qui attire et répugne à la fois, parce qu'il voit dans l'intervention de l'État l'origine de la vie sociale, mais aussi parce qu'il a une lecture différente du sacrifice totémique. Pour Robertson Smith, qui s'appuie sur la systématisation de la notion polynésienne de tabou proposé par le juriste John McLennan, le sacrifice commence par des précautions envers le sacré. Pour Durkheim, qui emprunte sa description des rituels australiens aux ethnographes Walter B. Spencer et Francis J. Gillen, le sacrifice suppose une délimitation de l'espace social où les êtres naturels deviennent les emblèmes ou les symboles du groupe[32]. Tandis que pour Robertson Smith, le lieu sacré est ouvert aux flux de la vie, puisque c'est à la fois un sanctuaire et un banquet, pour Durkheim, l'espace sacré est défini et limité : c'est à la fois une église et un tribunal, qui catégorise la vie sociale selon ses degrés de pureté.

Durkheim propose ainsi d'expliquer ce que Robertson Smith n'a fait que décrire : l'ambivalence du sacré. Comment le sacré peut-il à la fois être attirant et dangereux, pur et impur ? Pour Durkheim, c'est parce que la vie collective crée une nouvelle forme de causalité, à travers la capacité mentale à faire des distinctions entre les choses. Durkheim utilise deux métaphores pour décrire l'émergence et l'action de ce qu'il appelle « la conscience collective » : une métaphore chimique (l'effervescence) et une métaphore biologique (la contagion). Comme dans une réaction chimique, l'interaction entre les membres d'une collectivité crée une entité qui est plus que la somme de ses parties et qui est animée par ses propres forces. Durkheim caractérise ainsi l'état émotionnel des individus durant le sacrifice comme une « effervescence collective ». Mais il remarque aussi que ces nouvelles forces agissent sur les individus comme un flot contagieux d'êtres invisibles. Les individus qui approchent l'espace de la conscience collective apparaissent alternativement comme touchés par une « force virulente » qui les souille et rachetés par un pouvoir sanctifiant à travers le rituel[33].

Les métaphores employées par Durkheim prennent leur source dans la nouvelle rationalité médicale instituée par Louis Pasteur, avec lequel Durkheim partage la volonté de fonder l'activité scientifique sur un nouveau concept de causalité pour soigner les maladies. Après avoir travaillé comme chimiste puis comme biologiste, Pasteur découvrit les mécanismes d'atténuation de la virulence des microbes, d'abord dans la fermentation, puis dans la vaccination. Il montra qu'une variation dans la structure spatiale des entités biologiques pouvait changer leurs propriétés[34]. Il expliqua notamment comment la transmission d'un microbe d'une espèce animale à une autre, par exemple l'inoculation de la vaccine aux humains, pouvait modifier sa virulence et susciter une réponse immunitaire adaptée. Si le principe de la vaccination – l'utilisation d'un virus animal, celui de la vaccine des vaches, pour produire des anticorps contre la variole – avait été découvert empiriquement par Edward Jenner, c'est Pasteur qui l'expliqua de façon rationnelle. De la même manière, on peut considérer que la découverte du pouvoir destructeur ou sanctificateur du sacré est le fait de Robertson Smith, mais Durkheim peut revendiquer son explication rationnelle par les configurations spatiales de la vie sociale.

Durkheim mentionne d'ailleurs les expérimentations de Pasteur sur la vaccine dans un passage de ses *Règles de la méthode sociologique* où il discute la distinction entre normal et pathologique. Il y affirme qu'il n'y a pas de phénomène intrinsèquement pathologique pour un sociologue, car ce qui semble pathologique d'un certain point de vue, comme un acte criminel ou une cérémonie religieuse, ne l'est pas d'un autre point de vue, celui de la conscience collective. Durkheim va même jusqu'à dire qu'une certaine dose de maladie est nécessaire pour comprendre la dynamique de la vie sociale, parce qu'elle montre que celle-ci ne suit pas les lois mécaniques de la causalité physique. C'est à ce propos qu'il prend l'exemple de la vaccine :

> La maladie ne nous laisse pas toujours désemparés, dans un état de désadaptation irrémédiable ; elle nous contraint seulement à nous adapter autrement que la plupart de nos semblables. Qui nous dit même qu'il n'existe pas de maladies qui, finalement, se trouvent être utiles ? La variole que nous inoculons par le vaccin est une véritable maladie que nous nous donnons volontairement, et pourtant elle accroît nos chances de survie. Il y a peut-être bien d'autres cas où le trouble causé par la maladie est insignifiant à côté des immunités qu'elle confère[35].

Si Pasteur découvre que les microbes peuvent être artificiellement atténués pour produire une mémoire du corps, Durkheim conçoit à sa suite le social comme une forme de maladie qui institue une mémoire collective. Tous deux montrent que les interactions entre cellules ou entre individus produisent une rationalité collective qui est mémorisée par chaque cellule ou chaque individu afin de les protéger des rencontres à venir. Pasteur et Durkheim partagent une foi rationnelle dans la capacité biopolitique de l'État républicain à intervenir dans le corps collectif pour le bien de sa population, parce que ces interventions, même si elles provoquent ce qui semble être de petites maladies, protègent contre les maladies majeures en créant une mémoire spécifique de l'organisme.

Cette conception républicaine du social contraste avec l'approche libérale partagée par Spencer et Robertson Smith, car elle ouvre un espace pour une intervention différenciée de l'État. À la lumière des débats sur la gestion des maladies animales, les désaccords entre Durkheim et

Robertson Smith apparaissent à la fois comme ontologiques et politiques. Si le sacré est infectieux, cela signifie que sa cause ne peut être connue pour elle-même, mais seulement à travers la multiplicité des formes de vie qui l'expriment. S'il est contagieux, à l'inverse, cela signifie que sa cause peut être clairement connue comme une causalité de premier ordre agissant sur les vies des corps individuels. Durkheim va donc au-delà de Spencer en envisageant les modalités d'intervention de l'État non pas sous la forme de lois qui imposeraient des abattages à des éleveurs irrationnels, mais sous la forme de normes immunitaires qui adaptent la vaccination aux particularités du bétail. En ce sens, Durkheim donne à Pasteur la conception du social dont il avait besoin, celui-ci étant défini comme l'ensemble varié des formes de vie produites par des normes partagées.

Dans les années 1880, alors que Robertson Smith était en train d'élaborer sa théorie de la religion, une série d'épidémies de tuberculose affectant le bétail contraignirent l'État britannique à abattre des centaines de vaches. Un groupe d'experts fut établi pour classer la viande selon des critères d'exposition à des maladies infectieuses et non seulement selon les risques qu'elle soit altérée[36]. En 1912, l'année où Durkheim publia ses *Formes élémentaires de la vie religieuse*, le médecin Albert Calmette et le vétérinaire Camille Guérin parvinrent à atténuer le bacille de Koch et commencèrent une campagne de vaccination massive des vaches avec le BCG (Bacille Calmette-Guérin). Cette intervention changea les relations entre l'État français et les éleveurs de bétail durant l'entre-deux-guerres, puisque le « problème social » de la tuberculose pouvait être résolu par une intervention étatique massive au moyen de la vaccination[37]. Considérée comme une mesure de précaution, la vaccination est plus rationnelle que l'abattage parce qu'elle est adaptée à la population. Et même si la vaccination a des effets secondaires, ceux qui en meurent sont censés se sacrifier pour la protection d'une population entière contre une maladie qui affecte potentiellement tous les individus.

Pourtant, les débats sur la sociologie durkheimienne pendant l'entre-deux-guerres peuvent être mis en parallèle avec ceux qui furent suscités par les échecs de la vaccination[38]. Lucien Lévy-Bruhl, un membre éloigné de l'école durkheimienne, mentionne ces incidents à la fin de son livre très populaire, *La mentalité primitive*, paru en 1922. Alors que les médecins coloniaux étaient surpris que les « indigènes » demandent de l'argent après avoir été vaccinés, Lévy-Bruhl explique que pour eux l'intervention médicale participe à un ensemble d'obligations collectives qui sont régulées par les êtres surnaturels. Lévy-Bruhl mobilise ainsi le vocabulaire de la participation de Robertson Smith pour réhabiliter la perception locale des incidents contre la représentation par l'État des lois de la nature. Les incidents, dit Lévy-Bruhl, ne sont jamais perçus comme des causes naturelles mais comme des opportunités pour les êtres surnaturels de se manifester ; d'où le rôle des chamanes, qui préparent les autres individus à ces rencontres avec les êtres invisibles. Dans la description de Lévy-Bruhl, les « indigènes » sont constamment attentifs à l'émergence d'êtres surnaturels et ne s'appuient pas sur un État pour se protéger de l'impureté[39]. Alors que la vaccination contre la variole fut utilisée comme une technique permettant d'étendre la protection des États européens au monde entier, la conception de Lévy-Bruhl résonne avec les réflexions qui se sont formulées sur les maladies infectieuses émergentes après le succès de l'éradication mondiale de la variole au cours des années 1970. Dans un monde où les pathogènes émergent des relations changeantes entre animaux humains et non humains, les autorités de santé publique pourraient apprendre des techniques « primitives » pour mieux penser le statut des êtres « surnaturels » produits par ces relations. Chaque nouvelle campagne de vaccination devient un test de la capacité collective à réagir à un nouveau pathogène, sans que le cadre du social puisse être présupposé pour atténuer cette incertitude, et produit la même situation que celle des « indigènes » des colonies confrontés à une vaccination massive décidée par un État éloigné.

Henri Bergson arriva à une telle conclusion lorsqu'il discuta les analyses de Lévy-Bruhl dans *Les deux sources de la morale et de la religion* en 1932. Que voulez-vous dire, demande Bergson, lorsque vous affirmez que les « indigènes » ignorent le hasard ? Nous pensons que nous savons ce que le hasard signifie parce que nous postulons qu'il existe de grandes séries de nombres qui sont établies par les statisticiens pour calculer les probabilités d'accidents. Mais dans les faits, quand des accidents se produisent, nous nous comportons comme des « indigènes » : nous attribuons l'événement à une entité surnaturelle qui explique par une intention sa signification pour la personne à laquelle il arrive[40]. Bergson prend l'exemple d'un chasseur qui connaît les lois mécaniques conduisant sa flèche à toucher sa proie, mais qui invoque l'esprit de la proie par des chants et des rituels pour compenser la marge d'incertitude entre la flèche et la cible. Selon Bergson, le chasseur « primitif » fait un raisonnement comparable à celui que font des individus modernes lorsqu'ils jouent à la roulette ou lorsqu'ils perçoivent un désastre – tremblement de terre ou déclaration de guerre – comme s'il avait toujours été là par « une invisible *présence* que tout le passé aurait préparée et annoncée, à la manière d'une ombre précédant le corps qui la projette[41] ». Pour Bergson, l'imagination crée des entités virtuelles dans la perception du monde pour compenser le découragement qui affecte l'intelligence quand elle calcule les chances de réussite de l'action[42]. Bergson appelle ce mécanisme mental une « causalité intentionnelle » parce qu'il attribue des intentions aux choses de façon à rendre possible une action sur elles comme si elles étaient des personnes – ce que l'on peut appeler un espace virtuel de simulation. Bergson et Lévy-Bruhl réhabilitent ainsi les techniques « primitives » de préparation aux catastrophes face aux techniques modernes de prévention des risques.

En passant de Spencer à Bergson dans l'analyse des politiques de santé animale, nous sommes passés ainsi de la prévention à la précaution puis à la préparation, en rencontrant à chaque fois des conceptions différentes de la causalité sociale. Alors que Spencer conçoit la causalité sociale sur le modèle de la causalité physique, ce qui permet de prévoir les maladies animales à partir d'un savoir probabiliste sur la nature, Robertson Smith et Durkheim montrent que la causalité sociale est radicalement différente de la causalité physique, puisqu'elle est basée sur l'action de l'État protégeant l'individu à travers la mémoire des symboles collectifs. Lévy-Bruhl et Bergson, revenant à la description par Robertson Smith des aspects affectifs de la participation, décrivent les espaces virtuels dans lesquels les individus se préparent aux futures catastrophes à travers l'imagination d'intentions dans les phénomènes naturels. Mais il leur manquait le concept de signe pour comprendre comment le futur est déjà inscrit dans la perception du présent. Dans l'anthropologie française, ce concept fut introduit par Claude Lévi-Strauss, qui redéfinit la causalité sociale à partir du modèle linguistique.

Claude Lévi-Strauss et la maladie de la vache folle

Claude Lévi-Strauss (1908-2009) a rendu hommage à Bergson en disant qu'il a perçu le totémisme « du dedans » après que Durkheim l'a décrit « du dehors[43] ». Ce qui apparaît comme un hommage ironique est en fait une forte reprise de la conception bergsonienne du langage. Bergson, dit Lévi-Strauss, a anticipé la conception structuraliste du totémisme comme un usage des classifications zoologiques ou botaniques pour inscrire les événements à venir dans des systèmes de signes localement disponibles. À la fin des années 1990, Lévi-Strauss a appliqué cette conception à l'analyse d'une maladie animale contemporaine : la maladie de la vache folle. Plutôt que d'argumenter en faveur de la prévention ou de la précaution pour justifier la gestion des risques, Lévi-Strauss montra que les « vaches folles » signalaient une catastrophe à laquelle les humains devaient se préparer : la fin du système industriel de production de la viande et le retour à des relations cynégétiques entre hommes et animaux.

Le 24 novembre 1996, Lévi-Strauss publia dans le journal italien *La Repubblica* un bref article intitulé « La mucca è pazza e un po' cannibale », qui parut en français dans la revue *Études rurales* sous le titre « La leçon de sagesse des vaches folles ». Il y commentait une déclaration faite peu auparavant par le gouvernement britannique, selon laquelle les cas de la maladie de Creutzfeldt-Jakob détectés chez de jeunes adultes étaient liés à la consommation de viande en provenance de vaches infectées par l'encéphalopathie spongiforme. Cette maladie, connue par les vétérinaires depuis le XVIIIe siècle chez les moutons sous le nom de « tremblante », s'était diffusée chez les bovins au cours des vingt dernières années du fait de variations dans la température de réchauffement des farines animales qui entraient depuis un siècle dans l'alimentation du bétail. Tandis que la consommation de viande de bœuf s'effondrait en Grande-Bretagne, et alors que les pays européens décrétaient un embargo sur le bœuf britannique, des journalistes commencèrent à parler de « vaches folles » pour décrire les symptômes causés par la dégénérescence nerveuse, et de « vaches cannibales » pour expliquer que cette maladie avait pour cause l'élevage industriel qui les avait forcées à consommer de la viande bovine[44].

Lévi-Strauss connaissait cette maladie depuis les années 1960, lorsqu'il avait suivi les débats sur le kuru en Papouasie-Nouvelle-Guinée. Au début des années 1950, les autorités coloniales australiennes parlèrent d'une mystérieuse maladie nerveuse qui se transmettait entre les femmes de la tribu Foré en Papouasie-Nouvelle-Guinée. Ronald et Catherine Berndt, un couple d'anthropologues américains travaillant en Australie, relièrent les symptômes du kuru (délire, transe, suffocation) à des pratiques de sorcellerie. Carlton Gajdusek et Vincent Zigas, un microbiologiste et un médecin qui informèrent les journaux médicaux de cette maladie en 1957, soutenaient que le kuru était une maladie neurodégénérative qui pouvait se transmettre génétiquement. Robert Glasse et Shirley Lindenbaum, deux anthropologues, montrèrent que le mode de transmission du kuru était social et non génétique, car il passait par les pratiques funéraires des femmes et des enfants qui mangeaient le cerveau des défunts. Si le kuru était une maladie infectieuse émergente, il était possible de trouver l'agent pathogène responsable de la maladie et de comprendre pourquoi il se développait dans une nouvelle écologie. Gajdusek parvint à recueillir des échantillons de cerveaux des victimes et les inocula à des singes, recherche pour laquelle il obtint le Prix Nobel en 1976. Toutefois, il échoua à trouver ce qu'il appela le « virus lent », qui causait la dégénérescence nerveuse, et ouvrit la voie aux travaux de Stanley Prusiner montrant que cette maladie était causée par une protéine qu'il appela le « prion »[45].

En 1961, dans *Le Courrier de l'UNESCO*, Lévi-Strauss écrivit que le kuru était « une de ces maladies importées contre lesquelles les indigènes n'ont encore acquis aucune immunité » et qu'elle était « une séquelle mystérieuse d'une civilisation qui l'a suscitée sans l'introduire[46] ». En 1968, il publia dans *L'Homme* un article de Robert Glasse qu'il présenta comme « une interprétation symbolique du cannibalisme[47] ». Le problème pour Lévi-Strauss était de comprendre comment l'expansion puis la réduction des pratiques cannibales chez les Foré sous la pression de la rencontre avec les Blancs avaient fourni les conditions pour le développement du kuru. Une interprétation symbolique devait insérer le cannibalisme dans un ensemble de règles définissant la proximité et la distance dans une société. La théorie du cannibalisme proposée par Lévi-Strauss peut être comparée à sa théorie de l'inceste car ce sont deux prohibitions, l'une dans le domaine de l'alimentation et l'autre dans le domaine de la sexualité, qui conditionnent selon lui toutes les règles de gastronomie et de parenté. En reprenant la conception durkheimienne de la vaccination comme atténuation, Lévi-Strauss montra que le kuru révélait les chaînes de signalisation et de relations à travers lesquelles les humains anticipent le futur.

Après avoir réfléchi aux formes d'exocannibalisme des Tupinamba dans *Tristes Tropiques*, Lévi-Strauss consacra son cours au Collège de France en 1974 aux relations entre cannibalisme et travestissement rituel, à partir de cas d'endo-cannibalisme en Papouasie-Nouvelle-Guinée. Dans ces leçons, il critique une conception du cannibalisme comme relevant d'une pulsion agressive, et affirme qu'il s'agit d'une pratique réglée par laquelle les hommes communiquent entre eux au moyen de signaux, de façon comparable aux formes de communication entre les cellules. Le cannibalisme, selon Lévi-Strauss, est seulement la limite inférieure d'un gradient d'identification de soi aux autres, où s'opère un passage de la communication à la sociabilité, et de celle-ci à la prédation et à l'incorporation. Plutôt que de restreindre le cannibalisme à quelques cas dont l'authenticité est toujours remise en question, Lévi-Strauss propose une conception large du cannibalisme comme situation paradoxale – se manger soi-même – qui fonde toute une série de relations entre le soi et l'autre. D'où le titre de son article de 1993 dans *La Repubblica,* « Siamo tutti cannibali » (« Nous sommes tous des cannibales »)[48]. De la même manière qu'il avait montré dans *Les structures élémentaires de la parenté* que toute société est en un certain sens incestueuse, en ce qu'elle ne suit jamais totalement les règles de l'échange généralisé mais limite toujours les alliances à un ensemble restreint de partenaires, il montre dans ses *Mythologiques* que la cuisine n'est jamais totalement culturelle mais qu'elle comporte toujours une part naturelle dans les manières de consommer de la viande, qui rappelle aux humains les origines de la cuisine dans l'abattage des animaux.

Lévi-Strauss opère donc un retournement complet de l'expression médiatique « vaches cannibales ». Il ne faut pas comprendre que les vaches ont été dénaturées par l'industrie alimentaire, mais au contraire qu'elles ont été humanisées en étant intégrées à une espèce qui se définit par sa capacité à absorber l'autre[49]. Suivant une utopie proposée par Auguste Comte, Lévi-Strauss établit une distinction entre deux types de vaches pour proposer une solution à la maladie de la vache folle. Certaines, considérées comme des machines à produire de la viande, devraient retourner à l'état sauvage où elles seraient chassées par les humains. Les hommes les mangeraient avec le même respect que celui que les cannibales expriment quand ils ingèrent leurs ancêtres ou leurs ennemis ; les autres, qu'on continuerait à nourrir avec des protéines animales, se verraient alors confier « la surveillance des sources d'énergie, et les machines pourraient leur être confiées[50] ». Elles joueraient le rôle de sentinelles pour les maladies circulant chez les vaches retournées à l'état sauvage. Dans ce texte visionnaire, Lévi-Strauss semblait anticiper la législation européenne requérant que dans les abattoirs, les cerveaux des bovins devraient être testés pour détecter la présence de prions, obligeant les inspecteurs à se pencher sur les crânes des bovins au milieu de la chaîne d'abattage, dans une sorte d'hommage funéraire analogue à celui que les Foré rendent à leurs ancêtres.

Que signifie l'idée de considérer les vaches cannibales comme des « serviteurs de l'humanité » dévoués à la surveillance des animaux sauvages ? Quel type de perspectives cela offre-t-il sur les relations entre hommes et animaux ? Lévi-Strauss a toujours employé un ton apocalyptique pour évoquer le monde dans lequel il vivait, et il s'accordait avec d'autres commentateurs pour considérer que la maladie de la vache folle signalait l'aube d'un âge où la consommation de viande serait vouée à décroître tandis que le nombre d'humains sur Terre continuerait à augmenter. Mais son argument était que l'humanité devrait se préparer à cette catastrophe à venir en communiquant avec les animaux à travers des signaux d'alerte. Lévi-Strauss adopte sur la maladie de la vache folle la perspective « cannibale » des Foré, qui prolonge celle qu'il a découverte en Amazonie dans les années 1930. Il serait erroné de dire que Lévi-Strauss considérait les animaux comme des sujets en montrant de l'empathie à l'occasion de la crise de la vache folle, car cela reprendrait une coupure entre humains et animaux qui est propre aux sociétés européennes. Dans la perspective amazonienne ou mélanésienne, traduite dans une méthode structurale ou dans une conception post-structuraliste, les microbes partagés par les hommes et les animaux sont les entités réelles sur lesquelles se construisent les séparations entre humains et animaux pour contrôler leurs menaces[51].

Philippe Descola a montré que la méthode structurale développe un nouveau concept de causalité sociale, conçu comme l'émergence de propriétés collectives autour d'un événement dont la signification varie en fonction du milieu écologique[52]. Plutôt que de partir des frontières d'un territoire transgressées par un pathogène, Descola propose de partir de la peur d'une viande empoisonnée pour décrire comment elle distribue les « physicalités » et les « intériorités », ou autrement dit les entités visibles et invisibles, dans différentes sociétés[53]. De la même façon, j'ai proposé de distinguer des modes d'anticipation du futur qui sont souvent confondus – la prévention, la précaution et la préparation – en les liant à des techniques de gestion des maladies et à des formes de relations entre animaux humains et non-humains. Dans la conception de Spencer, communément partagée aujourd'hui car c'est la vision libérale de la santé publique qui triomphe dans la mondialisation, le gouvernement laisse la causalité naturelle régler la circulation d'animaux et se contente d'abattre les animaux suspects en cas de crise, sans supposer une séparation entre causalités physique et sociale. Elle peut être considérée comme analogiste, terme forgé par Descola pour décrire une prolifération d'êtres réglée par le geste souverain du sacrifice. Dans la sociologie durkheimienne, l'intervention de l'État ajoute un niveau de causalité qui est proprement social par distinction avec la contagion naturelle, parce qu'elle relie la mémoire des contagions précédentes par la vaccination. Elle mobilise la précaution pour définir un espace de gestion des risques où des experts conseillent l'État. On peut appeler cette conception « naturaliste », même si elle se réfléchit elle-même au regard de sociétés qualifiées de « totémistes ». Dans l'anthropologie de Lévi-Strauss, le social est conçu comme une série de signes produits dans une situation de communication entre le chasseur et sa proie. La surveillance des sentinelles suit les chemins de la contagion à travers les frontières entre les espèces. Descola qualifie cette conception d'animiste, mais ce terme a pris en anthropologie un sens différent de celui qu'il avait un siècle auparavant chez Tylor, puisqu'il ne décrit plus seulement l'imagination d'entités spirituelles dans des situations exceptionnelles mais aussi la perception des signes dans des interactions ordinaires.

Anthropologues	Spencer	Robertson Smith Durkheim	Lévi-Strauss
Maladies animales	Fièvre aphteuse Peste bovine	Tuberculose Variole	Vache folle Grippe aviaire
Rationalités du risque	Prévention	Précaution	Préparation
Modes d'intervention	Abattage	Vaccination	Surveillance
Causalité	Naturelle	Sociale	Structurale
Modalités cognitives	Idées/ réflexion	Émotions/ participation	Signes/ imagination
Relations entre humains et animaux	Sacrifice	Sacré/surnaturel	Sentinelles

Cette généalogie des sciences sociales permet de distinguer différentes visions des relations entre humains, animaux et microbes chez les experts contemporains des maladies animales. Dans le chapitre suivant, cette distinction servira à éclairer une controverse sur la gestion des risques de grippe aviaire. Je montrerai que les experts mobilisent une « ontologie animiste » et des « techniques cynégétiques » quand ils collectent des échantillons pour surveiller les mutations des pathogènes afin d'anticiper une pandémie, et qu'ils suivent une « ontologie analogiste » et des « techniques pastorales » quand ils produisent des statistiques sur les voies de transmission d'une maladie pour justifier l'intervention du gouvernement. La rencontre entre ces deux ontologies produit un débat sur les mesures de précaution à prendre afin de contrôler les risques de la recherche biologique pour la société tout entière, mobilisant des oppositions « naturalistes » entre nature et société. La tension entre ces deux modes de gouvernement vient de l'instabilité des entités qu'ils tentent de stabiliser : les pathogènes qui franchissent les frontières entre les espèces. Ce premier chapitre a montré de façon généalogique que la prévention et la préparation, considérées comme des techniques de gouvernement, sont deux façons cohérentes de stabiliser ces entités qui entrent en tension dans les discussions sur la précaution. Les chapitres suivants montreront la consistance de ces techniques lorsqu'elles sont confrontées à des maladies animales contemporaines.

II

De la biosécurité à la surveillance des zoonoses

Fausse alerte

En novembre 2013, j'ai participé à une réunion du consortium Antigone (Anticipating the Global Onset of Novel Epidemics) à l'Institut Pasteur de Paris. J'étais le seul anthropologue de ce réseau de microbiologistes, financé par la Commission européenne, dont l'objectif était de décrire comment les pathogènes (virus et bactéries) traversent la barrière des espèces[1]. Mon rôle était de produire, par des enquêtes et des questionnaires, des données statistiques sur les facteurs sociaux et culturels qui, associés aux mécanismes de mutation et de sélection, favorisent la transmission des microbes des animaux aux humains[2]. Mais en participant à ces réunions, qui se tenaient dans différentes villes d'Europe, j'ai pu aussi réfléchir à la façon dont est produit le savoir sur ces petits êtres dans le monde de la « Big Science » et des « Big Data »[3]. En observant un tel savoir en train de se faire, on voyait se brouiller les distinctions entre nature et société qui président à la division bien établie des sciences entre biologistes et anthropologues.

Je fus saisi par la présentation de Ron Fouchier, un chercheur en virologie du Centre médical Érasme de Rotterdam. Sa recherche était controversée, et l'un des enjeux de la présentation pour le consortium Antigone était de décider s'il fallait co-signer et partager les responsabilités attachées au nom de son principal instigateur[4]. Fouchier était célèbre dans le monde de la virologie pour avoir modifié le virus de la grippe aviaire d'une façon telle qu'il devint transmissible par voie aérienne entre mammifères. La grippe aviaire était un modèle à étudier pour comprendre les modalités de diffusion des maladies infectieuses des animaux aux humains depuis l'émergence du virus H5N1, qui avait été transmis des oiseaux aux humains à Hong Kong en 1997[5]. Une alerte mondiale avait été lancée dans les années 2003-2005 sur la menace pandémique de ce nouveau virus lorsqu'il s'était répandu de l'Asie à l'Europe et à l'Afrique. Cette menace avait atteint son apogée en 2009 avec la lutte internationale contre le H1N1, un virus transmis des cochons aux humains au Mexique et qui se diffusa rapidement dans le reste du monde. En mars 2013, quelques mois avant la présentation de Fouchier à Paris, un nouveau virus de grippe aviaire, le H7N9, avait émergé à Shanghaï, tuant environ une personne infectée sur trois. Le virus H5N1, lui, tuait deux humains sur trois, tandis que le nombre de personnes infectées par le H1N1 fut trop important pour être établi, son taux de mortalité étant toutefois inférieur à celui de la grippe saisonnière[6].

Dans ce récit des émergences des nouveaux virus de grippe, les lettres H et N se réfèrent aux protéines qui commandent l'entrée et la sortie du virus dans la cellule de l'organisme hôte, et le nombre indique l'ordre chronologique de leur émergence. Ainsi H1N1, qui est apparu en 1918 chez les humains en tuant environ 50 millions d'entre eux, est considéré comme le premier virus pandémique du XXe siècle parce qu'il fut à la fois très contagieux et très létal. Les recherches de Fouchier visaient à répondre à des questions fondamentales, dont les implications pour la santé publique étaient importantes : comment expliquer que les virus de la grippe, qui déclenchent des réactions ordinaires quand ils passent d'humain à humain, ont des effets dévastateurs quand ils sont transmis des animaux aux humains ? Les virus qui parviennent à franchir la barrière des espèces, comme H5N1 ou H7N9, pourraient-ils se diffuser aussi rapidement entre humains que le virus pandémique H1N1, tout en maintenant leur fort taux de mortalité ? La réponse à ces questions semblait pouvoir être apportée par une analyse moléculaire de ces virus, et pourtant il était nécessaire d'observer comment ces mécanismes moléculaires réagissaient dans des environnements donnés – à l'intérieur et à l'extérieur du laboratoire.

En quelques diapositives, Fouchier expliqua que cinq nucléotides distinguaient le « type sauvage » du H5N1, tel qu'on pouvait le trouver dans les fermes et les marchés en Chine, de son « type mutant », qu'il avait fabriqué dans son laboratoire à Rotterdam. Il conclut que ces cinq nucléotides conféraient un potentiel pandémique à un virus déjà connu pour son fort taux de mortalité. Le représentant du comité d'éthique du consortium Antigone lui demanda alors : « Quelles sont les implications de vos recherches pour les programmes de surveillance ? » Fouchier lui répondit : « Si les Chinois trouvent un virus de la grippe qui présente trois ou quatre de ces mutations, alors ils peuvent sonner l'alarme. C'est un *red herring* [hareng rouge]. » Cela fit rire tous les biologistes de la salle ; je fus le seul à ne pas saisir la plaisanterie.

Un *red herring* est défini par l'*Oxford English Dictionary* comme un raisonnement logique fallacieux destiné à induire en erreur ou à détourner l'attention des questions importantes. Au sens littéral, l'expression renvoie à l'usage ancien de poissons fumés pour détourner les chiens de chasse de leur proie. Fouchier voulait dire par là, comme me l'expliquèrent des biologistes lors de la pause, que le virus mutant du H5N1 fonctionnerait comme une « alerte rouge » en envoyant des signaux d'alerte précoce de l'apparition d'une grippe pandémique – d'après le nom d'un célèbre jeu vidéo, *Red Alarm*, offrant aux joueurs la possibilité de tirer sur des cibles virtuelles. Intentionnellement ou non, Fouchier avait substitué à l'expression « alerte rouge », qui était de fait une justification acceptable de son travail, celle de « hareng rouge », qui apparaissait comme une critique de ses propres recherches. J'ai appris ensuite que Jeremy Farrar, directeur de l'unité de recherche clinique de l'université d'Oxford à Hô-Chi-Minh-Ville et membre du conseil scientifique du consortium Antigone, avait critiqué publiquement le travail de Fouchier comme une fausse alerte en utilisant le terme *red herring*[7]. Farrar, qui dirigea ensuite le Wellcome Trust, avait une réflexion personnelle sur l'exposition au public des techniques de préparation aux catastrophes. Il accueillit Léna Bui comme artiste en résidence lors de ses enquêtes épidémiologiques dans le Vietnam rural en 2012, puis présenta à la Wellcome Collection ses films sur les éleveurs de volailles et les travailleurs de plumes[8].

Fouchier semblait familier de ce type d'énoncés ambigus. La première fois qu'il avait exposé ses travaux sur la transmissibilité du H5N1 entre mammifères à une conférence sur la grippe qui s'était tenue à Malte en septembre 2011, il avait dit : « j'ai fait quelque chose de très stupide ». Cette phrase fut souvent reprise dans les débats qui suivirent à propos des recherches de Fouchier, au cours desquels on lui demanda s'il avait ou non suivi les règles de la biosécurité en manipulant de dangereux pathogènes. Mais, plus tard, il justifia lui-même cette formulation, en expliquant que le terme néerlandais pour dire « stupide » signifie aussi « simple ». De même que les virus mutent quand ils passent d'une espèce à une autre, il semblait que les mots changeaient de signification quand ils passaient d'une langue et d'un espace à un autre.

En effet, la technique de Fouchier était tout à fait rudimentaire. Il avait inoculé à un furet le virus H5N1, passé le contenu d'un prélèvement effectué dans ses narines à un autre furet, puis il a répété la procédure dix fois. Ensuite, il avait disposé une cage contenant un furet inoculé à proximité d'une autre cage contenant un furet sain, de sorte qu'il ne pouvait y avoir que des contacts aériens entre eux. Il montra ainsi que les éternuements du furet infecté avaient transmis le virus du H5N1 à l'autre furet, et il séquença ensuite ce virus « mutant ».

Ses résultats convergeaient avec ceux de Yoshi Kawaoka, chercheur aux universités du Wisconsin et de Tokyo. Tandis que Fouchier avait utilisé une technique consistant à transmettre le virus H5N1 sur plusieurs générations de furets, Kawaoka avait directement réassorti la séquence génétique du H5N1 avec des nucléotides du H1N1 et confirmé ensuite sa transmissibilité aux furets[9]. On peut considérer que les recherches de Fouchier étaient plus « naturelles », en ce qu'elles considéraient les animaux comme des outils, tandis que celles de Kawaoka étaient plus « artificielles », puisqu'elles intervenaient directement au niveau moléculaire. Mais ces deux expériences, réalisées à l'intérieur du laboratoire, visaient à simuler ce qui pourrait se passer à l'extérieur du laboratoire par des interventions indirectes et directes sur du matériel en laboratoire. Il faut aussi préciser que dans ces deux recherches, celles de Fouchier et celles de Kawaoka, les furets ne mouraient pas du virus mutant du H5N1 : les résultats montrèrent la possibilité d'une transmission par voie aérienne de ce virus mais pas sa létalité, qui devait être étudiée dans d'autres recherches.

J'étais intrigué par le fait que ces relations complexes entre la nature et le laboratoire étaient exprimées par les virologues dans des plaisanteries collectives ou des lapsus individuels. Il semblait que le langage moléculaire des mutations virales permettait aux scientifiques de cartographier des relations entre hommes et animaux qui restaient instables dans leurs dimensions matérielles et économiques. Lors d'une brève mais dense conversation, Fouchier m'expliqua que le prix des furets de laboratoire avait augmenté parce qu'ils devaient être séronégatifs pour les virus de la grippe, d'après les règles – coûteuses – de la biosécurité, et parce qu'ils étaient en concurrence avec le marché des furets élevés pour leur fourrure (particulièrement en Scandinavie, en Chine et aux États-Unis)[10]. Alors que les furets étaient traditionnellement utilisés en Europe pour la chasse aux lapins et aux rongeurs, au XXe siècle ils commencèrent à servir principalement pour la fourrure et les expériences de laboratoire. Le furet est utilisé comme modèle expérimental dans la recherche sur la grippe car c'est le seul mammifère qui éternue comme les humains[11]. Les travaux de Fouchier ouvrirent une nouvelle page de cette histoire étonnante en inventant des assemblages de cages avec des furets et des cochons pour démontrer la transmission par voie aérienne des virus de la grippe entre mammifères.

Ce qui avait commencé par un lapsus en réponse à une demande éthique venait ainsi chez Fouchier d'une vision complexe des relations entre hommes et animaux. L'anthropologie a montré comment des énoncés ambigus révèlent des conceptions du monde potentiellement contradictoires. Si je ne peux pas aller plus loin dans l'analyse de cette anecdote, par manque d'une véritable ethnographie du laboratoire de Fouchier, je partirai de la double signification, littérale et métaphorique, du *red herring* pour entrer dans les débats sur les enjeux éthiques et politiques des recherches de Fouchier.

Une anthropologie de la biosécurité

Le travail de Fouchier a reçu beaucoup d'attention dans le débat public, car il pose de façon frappante la question des risques de la recherche biologique au niveau global. La question, pour beaucoup d'observateurs de la controverse, n'était pas de savoir si Fouchier avait répliqué avec succès un virus qui peut émerger dans la nature mais s'il avait été assez prudent dans la circulation de l'information biologique[12]. Cette question fut posée à travers les nouvelles normes de biosécurité – un terme qui couvre un ensemble de pratiques, depuis les règles appliquées en laboratoire pour s'assurer que les pathogènes ne sortent pas du laboratoire, jusqu'aux programmes globaux de surveillance des pathogènes, en passant par les mesures prises pour protéger les territoires nationaux contre les espèces invasives ou les produits alimentaires contaminés[13].

À la fin de l'année 2011, les recherches de Fouchier et celles de Kawaoka furent examinées par le Comité consultatif scientifique national des États-Unis pour la biosécurité (National Scientific Advisory Board for Biosecurity, ou NSABB). Cette commission était chargée de vérifier que les Instituts nationaux de la santé (US National Institutes of Health, ou NIH), qui avaient financé en partie Fouchier et Kawaoka, ne produiraient pas des recherches « à double usage[14] ». Les recommandations de ses membres furent que les publications de Fouchier et Kawaoka ne devaient pas inclure de détails méthodologiques qui permettraient que leurs expériences soient reproduites par « des gens mal intentionnés ». Il s'ensuivit une controverse dans les revues scientifiques, qui portait sur la légitimité d'une telle censure dans le domaine de la recherche biologique, fondée sur une opposition entre, d'un côté, les gains pour la santé publique et, de l'autre, les risques pour la sécurité nationale liés à la diffusion du savoir ainsi produit sur ces mutations virales. Après une réunion à l'Organisation mondiale de la santé (OMS) en février 2012, toutefois, le NSABB autorisa la publication intégrale des deux articles dans *Nature* et *Science*, et demanda seulement que soit respecté un délai de six mois avant parution.

Cette controverse connut une seconde phase quand Fouchier et Kawaoka proposèrent un moratoire d'un an pour les recherches dites *gain-of-function*, dans lesquelles une nouvelle fonction est donnée à un agent biologique par la modification de son matériel génétique[15]. Ils faisaient référence à la conférence Asilomar qui s'était tenue en 1975, au cours de laquelle des chercheurs en bactériologie avaient réfléchi collectivement aux risques liés au fait de disperser des mutations biotechnologiques dans la nature. Marc Lipsitch et Alison Galvani, respectivement professeurs d'épidémiologie à l'École de santé publique de Harvard et à celle de Yale, publièrent un article dans lequel ils évaluaient les risques de la recherche sur les « pathogènes potentiellement pandémiques » (PPP). Rappelant les épisodes dramatiques occasionnés par la sortie du virus H1N1 de laboratoires soviétiques en 1977, celle de la variole d'un laboratoire britannique en 1978 et celle du SRAS d'un laboratoire taïwanais en 2004, ils montrèrent que la proportion de diffusion accidentelle dans des laboratoires de niveau 3 en matière de biosécurité aux États-Unis s'élevait, entre 2004 et 2010, à 0,2 %. Ils en induisirent que les pathogènes mutants cultivés dans dix laboratoires pendant dix ans avaient 20 % de risques d'être diffusés de manière accidentelle[16]. Simon Wain-Hobson, spécialiste du VIH à l'Institut Pasteur, posa les questions suivantes dans une lettre adressée à *Nature* le 27 mars 2013 : « Est-il approprié pour des chercheurs civils de rendre les microbes plus dangereux ? Créer un nouveau virus humain, est-ce antisocial ? Y a-t-il eu une faille dans la gestion de la responsabilité par les instances en charge du financement et de la régulation ? Quelle est la position éthique de tels travaux[17] ? »

Ces diverses positions dans le débat sur la biosécurité reflètent les techniques d'anticipation que j'ai distinguées dans le chapitre précédent. Lipsitch et Galvani défendaient une politique de prévention à partir des statistiques sur les cas passés et prescrivaient une régulation normative de la recherche sur les pathogènes potentiellement pandémiques. Wain-Hobson utilisa le principe de précaution pour alerter sur le caractère « anti-social » des auteurs de cette recherche en interrogeant leur position éthique. Fouchier et Kawaoka justifièrent leurs recherches par la nécessité de préparer les autorités de santé publique à l'émergence d'un virus de grippe aviaire transmissible et létal en Chine. Alors que les épidémiologistes calculaient le risque de sortie d'un pathogène dans la population humaine, les virologues simulaient l'émergence de ce pathogène dans le réservoir animal. Le langage des risques était adopté de façon confuse par les deux groupes dans l'espace de débat sur la précaution ouvert par les médias, mais chacun se tenait à l'un des bords de la transmission des pathogènes des animaux aux humains[18].

En 2013, Fouchier et Kawaoka écrivirent dans *Nature* que « le suivi épidémiologique classique ne donne pas assez de temps aux autorités de santé publique pour élaborer une réponse efficace, capable de réduire les effets d'un virus pandémique. Pour pouvoir fournir des informations utiles aux activités de surveillance – et ainsi permettre de se préparer de manière adéquate, sur le plan de la santé publique, aux pandémies –, il est essentiel de pouvoir conduire des expériences en acquisition de fonction [*gain-of-function*][19] ». Les « épidémiologistes classiques » Lipsitch et Galvani répondirent à cet argument de la façon suivante : « Les formes de surveillance actuelles sont probablement inadéquates pour détecter une nouvelle souche pandémique avant qu'il ne soit trop tard, quelles que soient les alertes que pourraient permettre de lancer des expériences avec des pathogènes potentiellement pandémiques sur des mutations potentiellement inquiétantes[20]. » Nous avons ici un conflit de perspectives sur la surveillance. La surveillance peut consister à collecter des données sur les humains pour adapter les politiques de santé publique (vaccination, quarantaine), ou bien à collecter des données sur les animaux pour lancer des signaux d'alerte précoce. Dans la première conception, un pathogène isolé est insuffisant car de grandes séries de nombres sont nécessaires pour les statistiques, et il peut être dangereux ; dans la seconde, la création d'un pathogène fournit de nouvelles données dans un espace de simulation, puisqu'elle permet de suivre chaque nucléotide d'un pathogène émergent et de la comparer au pathogène considéré comme cible. Ce sont deux conceptions différentes de la temporalité (quand est-il prématuré de lancer l'alerte ?), mais aussi de l'extension de la surveillance (comment équiper les animaux de sorte qu'ils puissent envoyer des signaux adéquats aux humains ?). D'autres questions résultent de cette ambiguïté. À quel moment la surveillance échoue-t-elle ? Quand produit-elle des données qui ne se convertissent pas en signaux pertinents ? Et comment les acteurs de la santé publique réagissent-ils à de fausses alertes ? Les virologues peuvent-ils être leurrés par de mauvaises cibles ?

Un autre protagoniste de la controverse autour de Fouchier était Peter Palese, professeur de microbiologie à l'École de Médecine du mont Sinaï de New York. Palese faisait partie de l'équipe, dirigée par Jeffery Taubenberger et Terrence Tumpey, qui reconstitua le virus H1N1 de la grippe espagnole de 1918[21]. Il avait adapté la technique de la « génétique inverse » aux virus de la grippe de telle façon que le matériel viral du H1N1 pouvait être injecté dans des œufs de poule et se répliquer[22]. Cette recherche avait suscité des controverses sur la biosécurité lorsqu'elle avait été publiée en 2005 dans *Science*, et le NSABB avait déjà été impliqué à l'époque. Cela explique les raisons pour lesquelles Palese apporta son soutien à Fouchier et Kawaoka en janvier 2012. « Publier ces expériences sans leurs détails reviendrait à les censurer », écrivit-il dans *Nature*, « et serait contraire à la science, au progrès et à la santé publique »[23]. Néanmoins, ce soutien put sembler surprenant car Palese critiquait depuis dix ans les virologues qui alertaient du potentiel pandémique du H5N1. Palese était favorable à l'idée de reproduire les expériences sur les virus de la grippe, même s'il ne partageait pas la préoccupation de ses collègues pour les effets mortels de la transmission interspécifique. Il était attentif à la « sémiotique de l'insécurité[24] » qui produisait des mutations virales dans le laboratoire parce qu'elle lui permettait de comprendre les mécanismes des pandémies passées, mais il ne pensait pas que ces mutations pouvaient indiquer ce qui se passerait dans les prochaines pandémies. Palese pensait que le laboratoire pouvait répliquer la nature mais non qu'il pouvait anticiper ses mutations, ce que l'on peut décrire comme une conception précautionneuse et naturaliste. C'était davantage un « fermier de microbes[25] » qu'un « chasseur de virus » : après son succès initial dans la reconstruction du virus H1N1 à partir de cadavres congelés, il ne s'était pas intéressé aux relations entre humains et animaux impliquées par les virus de grippe dans un laboratoire ou dans la nature.

Par contraste, Fouchier et ses collègues construisirent des techniques pour imaginer et capter les mutations des virus de grippe aux frontières entre les espèces. Une équipe de virologues de l'université de Cambridge, dirigée par Derek Smith, membre du consortium Antigone, proposa de simuler les risques d'émergence du virus mutant du H5N1 dans la nature. Il ne s'agissait pas seulement pour eux de calculer et modéliser ces risques, afin de mettre en balance les « risques dans le laboratoire » avec les « risques dans la nature », mais de visualiser les effets de l'émergence d'une nouvelle souche. Quand je lui rendis visite à Cambridge, Smith me montra le logiciel qu'il avait conçu pour anticiper les virus émergents. Dans une salle encombrée de spécimens du département de zoologie, les membres de son équipe étaient assis en face d'ordinateurs où ils téléchargeaient les séquences des virus de la grippe aviaire disponibles, afin de vérifier s'ils avaient un ou plusieurs des cinq nucléotides qui confèrent un potentiel pandémique au virus mutant du H5N1. Selon Smith, les recherches de Fouchier et Kawaoka avaient fourni au monde de la gestion des risques une cible virtuelle pour sélectionner parmi les virus potentiels. « Nous ne sommes pas limités par des capacités computationnelles mais par le nombre d'échantillons dont nous disposons et par le nombre de souches que nous ciblons », me dit-il.

La démarche de Smith s'appuie sur une position dominante dans le monde des recherches sur la grippe : il est nécessaire d'accumuler le plus grand nombre de virus de la grippe pour voir les mutations qu'elle prendra dans le futur. Cette position fut défendue pour la première fois par Robert Webster, considéré comme « le pape des recherches sur la grippe ». Au département des maladies infectieuses de l'hôpital St. Jude de Memphis, dans le Tennessee, Webster a assemblé la plus grande banque de souches virales, avec près de 12 000 échantillons, pour étudier l'évolution moléculaire des virus de grippe et alerter les autorités de santé publique sur leur potentiel pandémique. Même s'il partage la même ontologie des mutations virales que Webster, Palese a pris la position de « contre-prophète » dans le champ compétitif des énoncés sur la pandémie à venir. Ce que Webster et ses collègues décrivent comme un « saut entre espèces » fait par les virus est plutôt décrit par Palese comme un « saut de la foi »[26] fait par les virologues quand ils passent de l'observation des mutations virales en laboratoire aux interventions médiatiques poussant à se préparer aux pandémies.

Webster et ses collègues partagent une vision de la nature qui peut être résumée par la phrase suivante : « la nature est la plus grande des menaces bioterroristes[27] ». Cette phrase a été utilisée pour soutenir que les investissements des autorités de santé publique sur le bioterrorisme après septembre 2001 ne devaient pas porter sur des pathogènes déjà connus, comme ceux qui causent l'anthrax ou la variole, mais plutôt sur des pathogènes qui émergent dans la nature, tels que les virus Ebola ou de grippe aviaire. Cette formulation peut sembler paradoxale, car elle revient à attribuer des intentions terroristes à des microbes naturels. Les biologistes jouent beaucoup avec ces paradoxes et métaphores, quand ils disent que les virus « détournent » les cellules en utilisant leur métabolisme pour se reproduire, ou quand ils décrivent les voies métaboliques des organismes depuis la perspective des virus qui cherchent à les envahir. Mais elle est plutôt inscrite dans une vision darwinienne de l'évolution aléatoire des virus : s'ils trouvent une niche parmi les humains, comme l'ont fait les virus de grippe lorsqu'ils sont entrés dans les fermes de volailles industrielles où les antibiotiques et les vaccins ont exercé une forte pression évolutionnaire, des mutations silencieuses peuvent produire des effets catastrophiques. Ce processus est ce que Frank Macfarlane Burnet, le fondateur de l'école australienne de microbiologie où Webster a été formé, appelle « l'histoire naturelle des maladies infectieuses[28] ». Alors que les interventions au nom de la biosécurité utilisent la rhétorique de l'état d'urgence, « par laquelle les désordres du monde, qu'ils soient d'origine humaine ou naturelle, deviennent équivalents », ce qui conduit à une « naturalisation ou une dépolitisation de la guerre[29] », les microbiologistes introduisent la guerre dans la nature pour penser les processus évolutionnaires des mutations virales. Ces métaphores de la guerre se heurtent dans l'espace de controverses ouvert par le principe de précaution, où des pratiques différentes de la surveillance sont mélangées.

La controverse sur les recherches de Fouchier doit être en effet rapportée à sa conception de la nature et aux pratiques qu'elles impliquent. Le H5N1 mutant est-il une bonne cible pour traquer les mutations à venir, ou est-ce un leurre qui détourne les virologues des vrais dangers ? Alors qu'il présentait ses recherches sur le virus mutant du H5N1, Derek Smith dit qu'il s'agissait d'une « quasi-espèce », pour montrer que ses cinq nucléotides le rendaient différent des autres virus H5N1[30]. D'autres biologistes dans la salle contestèrent cette idée en argumentant que ce qu'on trouve dans la nature est une « mixture virale » dans laquelle toutes les mutations sont présentes. Smith répondit que l'aptitude à évoluer du virus mutant du H5N1 au sein d'une population de virus le rendait spécifique. Il essayait de modéliser ce qui se passerait quand le virus mutant du H5N1 apparaîtrait dans la toux d'une mère à proximité de son enfant et serait alors en compétition avec d'autres virus pour être transmissible[31]. La description du virus comme « quasi-espèce » évite la conception spontanée d'un ennemi doté d'intentions et élargit les possibilités de ciblage dans un espace de simulation.

Sauter par-dessus les frontières d'espèces

La controverse autour des travaux de Fouchier révèle les tensions de la recherche biologique sur les virus émergents quand elle s'expose en public. Elle souligne les difficultés à communiquer avec des autorités de santé publique sur la préparation à des épidémies. Ces difficultés ont souvent été contournées à travers l'image romantique des « chasseurs de virus ». Le terme a été forgé en 1960 par Greer Williams d'après le titre de l'ouvrage à succès de Paul de Kruif publié en 1926, *Chasseurs de microbes*[32]. Né aux Pays-Bas, Paul de Kruif joua un rôle de premier plan à l'Institut Rockefeller aux États-Unis, et la popularité de son ouvrage fit naître des vocations auprès de plusieurs générations de microbiologistes. Il y faisait le portrait de figures fondatrices comme Leuwenhoeck, Spallanzani, Pasteur et Koch sous les traits d'hommes solitaires et obsessionnels, particulièrement doués pour inventer de nouvelles techniques permettant de suivre ces petits êtres invisibles. Greer Williams rappelle que les virus, qui furent d'abord définis comme des agents pathogènes échappant aux filtres qui retiennent les bactéries, ne furent rendus visibles qu'en 1935 sur des feuilles de tabac[33], et leur structure moléculaire (une information génétique encapsulée) ne fut modélisée qu'après la Seconde Guerre mondiale. L'expression « chasseur de virus » prit une nouvelle signification dans les années 1990 avec une série d'ouvrages sur les nouvelles maladies infectieuses. Joseph McCormick et Susan Fisher-Hoch racontèrent ainsi leur quête des virus causant la fièvre hémorragique en Afrique, comme les virus Lassa ou Ebola, et Robert Gallo décrivit la course entre son équipe et celle de Luc Montagnier à l'Institut Pasteur pour identifier le rétrovirus à l'origine du VIH[34].

La force de ces récits vient de l'idée que les virus se tiennent dans un espace sauvage où il est possible de les recueillir pour les cultiver en laboratoire. La nouveauté, avec le paradigme des nouvelles maladies infectieuses à la fin des années 1970, est la possibilité de séquencer les virus et de les comparer en utilisant des modèles d'évolution. L'un des grands acteurs de ce paradigme, Joshua Lederberg, qui reçut le prix Nobel en 1956 pour ses recherches sur la génétique microbienne, remarqua ainsi que « dans la première période de la chasse aux microbes, entre 1880 et 1940, les microbes ont été à peu près ignorés par les biologistes[35] ». Avec la découverte de l'acide nucléique, les microbes devinrent des modèles pour tester les hypothèses de la biologie évolutionnaire. Lorsque de nouveaux virus apparurent dans les années 1970, Lederberg affirma qu'il était temps d'abandonner la métaphore de la guerre entre les hommes et les microbes pour promouvoir « une vision plus informée écologiquement, qui inclut le point de vue du microbe sur l'infection[36] ».

Le plus célèbre des chasseurs de virus contemporains est probablement, pour le public anglophone, Nathan Wolfe. Ayant commencé sa carrière en tant que zoologue à l'université d'Oxford, il affirma que « l'étude des virus offre au scientifique l'opportunité de découvrir de nouvelles espèces et de les cataloguer d'une manière qui rappelle le monde des naturalistes de la fin du XIXe siècle[37] ». Dans une série d'articles écrits avec le non moins célèbre ornithologue et géographe Jared Diamond, Wolfe a proposé de modéliser l'émergence des virus pandémiques depuis leurs réservoirs animaux à travers le monde. Il a ensuite monté une compagnie privée, Global Viral Forecasting, dont le but était d'« aller traquer ces événements, les premiers moments au début d'une nouvelle pandémie, et de les comprendre pour pouvoir les arrêter avant qu'ils n'atteignent un niveau mondial[38] ». Ses livres et ses conférences ont rencontré un très grand succès.

Se définissant lui-même comme un chasseur de virus, Wolfe est fasciné par l'idée selon laquelle les virus se transmettent particulièrement à travers des pratiques de chasse, qu'il s'agisse de celles des humains chassant des singes pour avoir du gibier, ou bien de celles des singes eux-mêmes, puisqu'il soutient que « le goût de la chasse a émergé chez nos ancêtres communs avant que nous ne nous dissociions d'eux[39] ». La chasse est décrite par Wolfe comme une relation intime entre deux êtres au sein de laquelle l'un des deux consacre beaucoup d'énergie à se reproduire aux dépens de l'autre. « Selon la perspective d'un microbe, la chasse et l'abattage représentent l'ultime intimité, la connexion entre une espèce et tous les tissus d'une autre[40]. » Dans la même veine, Wolfe dépeint les virus comme des chasseurs, qui contrôlent leur environnement pour trouver le meilleur chemin à travers lequel ils attaqueront leur proie[41]. À la lecture de Wolfe, nous sommes ainsi pris dans une cascade vertigineuse d'identifications : les virologues sont des chasseurs qui suivent les chasseurs de singes, et les singes eux-mêmes sont des chasseurs à l'intérieur desquels chassent les virus. Il y a deux façons de freiner cette cascade d'identifications pour s'interroger sur sa signification. L'une consiste à suivre les chasseurs de viande de brousse pour étudier leurs relations de proximité et de distance avec les animaux – ce n'est pas ce que je fais, et cela pose des difficultés méthodologiques du fait de la régulation sur la commercialisation de viande de brousse[42]. L'autre est de comparer ce que les chasseurs de virus disent sur les animaux avec ce que les anthropologues ont écrit sur la chasse comme une relation spécifique à l'environnement pour comprendre leurs désaccords ontologiques avec les épidémiologistes au sujet de l'impact de la surveillance des maladies animales sur la santé publique. C'est ce que l'on peut appeler « prendre les chasseurs de virus au sérieux[43] ».

Que signifie le fait d'observer les relations de proximité et de distance entre hommes et animaux depuis la perspective des virus qui émergent dans ces relations ? Quelles sortes de signes sont produits par l'idée selon laquelle les humains, les animaux et les virus se chassent tous les uns les autres, et comment ces signes agissent-ils dans des contextes spécifiques ? Ces questions trouvent des réponses dans une anthropologie du chamanisme, défini comme une technique de contrôle des relations entre hommes et animaux. Si cette notion est apparue au XVIIIe siècle d'après un terme sibérien et a été popularisée ensuite après la Seconde Guerre mondiale par Mircea Eliade pour décrire un état religieux archaïque caractérisé par la transe initiatique, elle a été utilisée plus récemment par les anthropologues pour décrire des relations entre hommes et animaux dans des sociétés amazoniennes et sibériennes. Pour les chasseurs de ces sociétés, la relation aux animaux est particulièrement instable : ils doivent voir l'environnement du point de vue des animaux qu'ils traquent afin de pouvoir les attraper ; mais ils ne doivent pas se voir eux-mêmes sous cette perspective, sans quoi ils se considéreraient comme des proies potentielles. Par contraste avec des sociétés pastorales, dans lesquelles les humains sont supposés être au-dessus des animaux qu'ils ont domestiqués, le chamanisme est une technique de gestion des incertitudes dans des sociétés où les relations entre animaux humains et non-humains sont réversibles[44].

Les ethnographies récentes du chamanisme en Amazonie et en Sibérie, plutôt que de s'engager dans les paradoxes spéculatifs des relations réversibles, ont montré leurs effets sur le langage utilisé dans les relations entre humains et animaux. Eduardo Kohn a décrit les différents niveaux de signes qui constituent la réalité pour les Runa de l'Équateur, dont la responsabilité morale consiste à donner aux signes une forme adéquate[45]. Morten Axel Pedersen a forgé le terme « pas tout à fait chamanes » pour décrire « des chasseurs inexpérimentés qui offensent les esprits maîtres du gibier, ou qui sont les cibles de blagues espiègles et de médisances malicieuses : leurs âmes sont trop faciles à leurrer »[46]. Charles Stépanoff montre que lorsque les chamanes sont considérés comme appartenant à une autre espèce que celle des humains, leurs pouvoirs sont attribués à une anomalie innée qui leur permet de percevoir les êtres invisibles. Les véritables chamanes se distinguent ainsi des faux chamanes par leur capacité à construire un corps rituel, en utilisant des accessoires comme des tambours, des armes ou des morceaux d'animaux ; leur corps rituel magnifie cette particularité innée et leur permet de résister à l'incertitude des rencontres avec des êtres surnaturels[47].

Ces analyses du chamanisme éclairent les enjeux de la controverse autour de Fouchier, qui forme la scène ethnographique dont je suis parti dans ce chapitre. Alors que la controverse entre Webster et Palese était une compétition entre prophètes annonçant une pandémie à partir des mutations virales, la discussion à l'intérieur du consortium Antigone reflétait une compétition entre chamanes qui échappait au cadre pastoral des épidémiologistes, notamment entre Fouchier et Farrar. Fouchier devait connecter le corps matériel qu'il avait fabriqué à Rotterdam grâce à ses furets en cage avec le corps virtuel construit par Smith à Cambridge pour simuler les mutations du virus de la grippe aviaire. L'ambiguïté du terme *red herring* mobilisé contre lui par Farrar signifiait qu'il avait détourné les flux d'échantillons et de financements vers une mauvaise cible, menaçant ainsi la réputation de toute la profession des chasseurs de virus. Être un bon chasseur de virus implique non seulement de voir le monde dans la perspective des virus, mais aussi de prêter attention à la fois aux signes qu'ils envoient par les animaux qui les portent et aux « quasi-espèces » qu'ils constituent dans leurs interactions avec les humains. Il faut donc passer de l'analyse linguistique de leurs arguments lors d'une controverse publique à une réflexion sur les modes de collecte et de classification des chasseurs de virus.

Chasseurs-cueilleurs dans la région Asie-Pacifique

Alors que la controverse éthique autour des travaux de Fouchier eut surtout lieu aux États-Unis, les chercheurs qui y contribuaient venaient principalement d'Europe et d'Asie. Alors que la plupart des discussions, aux États-Unis, portaient sur la menace bioterroriste, qui avait grandi après la chute de l'Union soviétique et l'épisode des lettres à l'anthrax consécutif aux attentats du 11 septembre 2001, en Asie, par contraste, elles mettaient en avant les conséquences de la crise du SRAS, qui avait révélé les vulnérabilités des économies asiatiques et fut interprétée comme un « 11-Septembre asiatique[48] ». Le SRAS, en se transmettant des chauves-souris aux humains dans l'écologie complexe du sud de la Chine, soulignait la nécessité de cartographier la nature pour comprendre comment elle était devenue « une menace bioterroriste ».

Les membres du consortium Antigone avec lesquels je travaillais en Europe avaient compté parmi les principaux protagonistes de la crise du SRAS. Albert Osterhaus était le directeur du département de virologie du Centre médical Érasme depuis 1993, et il est décrit comme l'un des plus fameux chasseurs de virus dans le monde[49]. Vétérinaire de formation, il avait étudié les virus des phoques et des dauphins dans la mer du Nord, avec le soutien de mouvements pour la protection des animaux néerlandais. Après la crise de la vache folle qui secoua l'Europe dans les années 1990, il publia en 2001 un article de référence sur le risque d'émergence de pathogènes traversant la barrière des espèces[50]. En 2003, il fut le premier à appliquer les postulats de Koch au virus du SRAS en parvenant à le transmettre avec succès à des singes[51]. Cette même année, les Pays-Bas affrontaient un nouveau virus de la grippe, le H7N7, qui tua des millions de poulets et un vétérinaire. Après cet événement dramatique – le seul décès humain causé en Europe par la grippe aviaire –, Osterhaus lança l'alerte au niveau mondial sur les menaces du H5N1. Au cours de la pandémie de H1N1 en 2009, il mit au point un jeu vidéo simulant la vente de masques, de vaccins et d'antiviraux, ce qui l'exposa aux critiques des membres du Parlement européen au sujet de ses liens avec l'industrie pharmaceutique. Il a quitté récemment la direction du Centre médical Érasme pour fonder un centre de recherche privé à Hambourg, appelé Viroclinics.

Un autre acteur majeur du consortium Antigone était Christian Drosten, directeur de l'Institut de virologie de l'hôpital universitaire de Bonn. Après avoir développé le premier test de diagnostic du SRAS en mars 2003[52], il avait lancé un ambitieux programme de séquençage des virus chez les chauves-souris au Ghana et au Brésil. Avec le soutien d'associations pour la protection des chauves-souris en Allemagne, il avait découvert que les chauves-souris vivant sur le territoire allemand étaient porteuses de coronavirus comparables au SRAS[53]. Il avait développé des collaborations avec des virologues australiens et chinois qui collectaient et séquençaient des échantillons prélevés sur des chauves-souris en Asie du Sud-est pour comprendre comment elles étaient devenues le réservoir de nombreuses maladies émergentes[54]. Les chauves-souris offrent un modèle particulièrement intéressant de réservoir animal du fait de leur importante diversité spécifique : on avance l'hypothèse que, après des millénaires de co-évolution entre espèces dans des grottes ou des forêts, mais aussi pour résister à la forte dépense d'oxygène qu'implique le vol pour un mammifère, les chauves-souris ont développé des réponses immunitaires aux virus qui franchissent les frontières d'espèce. Leur rapprochement des habitats humains du fait de la déforestation accroît cependant le risque de transmission de ces nouveaux virus dont elles sont porteuses auxquels elles sont immunisées.

L'Allemagne, les Pays-Bas, la Grande-Bretagne et la France ont, en matière de microbiologie, une longue histoire qui les relie à la région Asie-Pacifique, avec les luttes contre le choléra, la peste ou le paludisme à la fin du XIXe siècle. Au cours de ces campagnes médicales, les maladies tropicales sont considérées comme des obstacles à l'expansion du colonialisme européen, parce qu'elles se développent dans des milieux et des climats spécifiques. Cependant, le projet Antigone est plutôt inscrit dans une rationalité postcoloniale qui conçoit les territoires asiatiques comme des sentinelles permettant la détection précoce des maladies globales parce qu'ils sont au cœur des changements écologiques actuels. Dans un article influent et précurseur publié juste avant la crise du SRAS, Nicholas King caractérisa le « paradigme des maladies émergentes » comme une conception du monde « énormément flexible », « permettant à une grande variété d'acteurs de l'adopter,

[…] [offrant] une ontologie des maladies épidémiques consistante, cohérente, […] équipée d'une économie morale et d'un récit historique, […] un modèle universel pour comprendre les interactions entre hommes et monde microbien[55] ». À la différence de la vision coloniale de la santé publique, qui impose son savoir du centre vers la périphérie et vise à préserver ses territoires, cette nouvelle rationalité du risque vise à collecter et disséminer l'information dans des réseaux déterritorialisés. « Il faut imaginer que la surveillance est partout, tout le temps, en train de produire des données disponibles pour tout le monde : une clinique mondiale[56]. »

Robert Webster, « le pape de la grippe », commence le récit de sa carrière au début des années 1960 en rapportant l'événement suivant : il se promenait sur une plage près de Canberra, où il faisait son doctorat en microbiologie, avec son collègue de l'université Graeme Laver, qui travaillait avec lui sur l'analyse moléculaire des virus de grippe. Tous deux virent des oiseaux marins morts sur le rivage et plaisantèrent sur le fait que ces oiseaux seraient morts de la grippe[57]. Prenant au sérieux cette idée, ils initièrent, avec le soutien de l'OMS, un vaste programme pour piéger et échantillonner les oiseaux marins sur la grande barrière de corail, afin de faire un relevé des types de la grippe A chez les oiseaux (par contraste avec les types B et C qui circulent seulement chez les humains). Martin Kaplan, un vétérinaire qui dirigeait le programme de l'OMS sur les zoonoses à Genève, et qui fut ensuite remplacé par Webster à la présidence du Centre sur l'écologie de la grippe, leur donna un financement pour ce projet, qui s'était heurté au scepticisme des autorités locales[58].

Graeme Laver rappelle ainsi la réaction du directeur de son département de microbiologie à son projet : « "De toute façon, il n'arrivera pas à attraper ces oiseaux !" Je n'étais pas si stupide. Je savais que le puffin nichait dans les terriers creusés dans le sol, et tout ce que nous avions à faire était de nous pencher pour les remonter. Mais je dois admettre que la pensée de ces beaux oiseaux de mer en pleine santé sur une île de corail déserte entourée par une mer entièrement bleue sous un soleil brûlant porteurs de virus de grippe était trop bizarre pour être prise au sérieux[59]. » Webster et Laver imposèrent cette idée « bizarre » selon laquelle les oiseaux aquatiques forment le réservoir des virus de grippe, ce qui signifie qu'ils portent le virus sans être malades et le diffusent massivement par leurs déjections. Webster consacra le reste de sa carrière à comparer les séquences de la grippe pour montrer que la structure moléculaire du virus, une molécule unique d'acide ribonucléique (ARN) segmentée 8 fois, lui permet de muter et de se réassortir entre oiseaux, cochons et humains, du fait d'une absence de mécanisme de correction des erreurs dans le processus de réplication. Lorsqu'il lança l'alerte sur le risque d'une future pandémie en 2003, il écrivit : « le principal enjeu pour contrôler la grippe est l'ampleur de son réservoir animal[60] ». Robert Webster rendit hommage en 2008 à son ami Graeme Laver dans sa nécrologie : « son sens australien de l'aventure dans les grands espaces conduisit aux études sur la grippe chez les oiseaux migrateurs[61]. » L'histoire des recherches sur la grippe s'inscrit ainsi dans ce que Tom Griffiths a décrit comme « une pratique raffinée de chasse et de cueillette » chez les naturalistes australiens[62].

Mon analyse de la controverse sur les recherches de Fouchier suggère ainsi que le travail des microbiologistes ne doit pas être décrit seulement en lien avec celui des autorités de santé publique (épidémiologistes, industries pharmaceutiques, administrations des hôpitaux, experts en communication des risques…), mais aussi dans le prolongement des pratiques en relation avec les animaux (vétérinaires, éleveurs et naturalistes). Si la surveillance et l'anticipation sont devenues des injonctions partagées pour des raisons de santé publique, elles ne sont pas seulement de nouvelles techniques orientées vers le futur mais elles recomposent des techniques hétérogènes héritées du passé. La controverse sur les recherches de Fouchier, qui commença par un débat public sur la biosécurité entre l'Europe et les États-Unis, apparaît comme un point de départ pour une investigation sur la surveillance des mutations de la nature entre l'Asie et l'Australie. Dans le chapitre suivant, je montrerai que cet effort fait partie d'un projet visant à collecter et comparer des échantillons en Asie, et que la recherche sur la grippe aviaire n'est pas seulement orientée par l'idéal d'une « clinique globale » mais aussi par l'idée d'un « musée global ». La préparation apparaîtra alors non seulement comme une technique de gouvernement du vivant produisant des lapsus et des énoncés contradictoires mais aussi comme une façon de voir et de classer les êtres qui composent le monde.

III

La santé globale et les écologies de la conservation

Ce livre décrit une des formes récentes de la « santé globale ». Un tel terme recouvre les multiples initiatives visant à réorganiser la santé publique par-delà l'échelle des États-nations et de leurs populations, pour atteindre les individus affectés par des maladies spécifiques. Ce grand assemblage d'acteurs, qui va des experts biomédicaux aux agences de développement en passant par les fondations philanthropiques, est divisé entre l'anticipation et le contrôle des maladies infectieuses émergentes, orienté vers la sécurité des pays du Nord, et le soin compassionnel des victimes de maladies, orienté vers l'action humanitaire au Sud. Andrew Lakoff a montré que ces deux « régimes de santé globale » qui semblent être en conflit peuvent parfois fonctionner de façon complémentaire. « On pourrait voir la biomédecine humanitaire comme offrant un palliatif philanthropique à des États-nations qui manquent d'infrastructures de santé publique en échange du droit des organisations internationales à surveiller leurs populations pour des épidémies qui pourraient menacer les nations riches[1]. » La compassion pour les victimes au Sud et le désir de sécurité au Nord constituent les deux visages du sujet global : l'individu souffrant et l'infrastructure vulnérable.

Ce livre propose un argument similaire en ce qui concerne la santé globale quand elle s'étend aux maladies animales et aux questions environnementales. Sous le label « Un monde, une santé » (*One World, One Health*), des organisations internationales (OMS, l'Organisation des Nations Unies pour l'alimentation et l'agriculture [FAO], l'Organisation mondiale de la santé animale [OIE]) ont partagé leurs systèmes d'information et connecté leurs réseaux de surveillance pour couvrir tous les aspects de la santé des animaux, des humains et de leur environnement[2]. Ce projet global répondait aux besoins d'un grand nombre d'acteurs, depuis les agences de développement en agronomie comme Vétérinaires sans frontières ou GRAIN jusqu'aux réseaux environnementalistes comme la Wildlife Conservation Society, le World Wildlife Fund for Nature ou Birdlife International[3]. « Un monde, une santé », avec l'ensemble de ses techniques de surveillance et de comptage, mélange ainsi deux rationalités : l'anticipation des pathogènes émergents et la conservation de l'environnement. Lorsque la santé globale s'étend aux animaux et à l'environnement, elle met en tension deux rationalités du risque. L'une, orientée vers la préparation, suit les mutations des pathogènes entre les espèces et requiert le travail des microbiologistes pour anticiper la prochaine catastrophe. L'autre, orientée vers la prévention, compte le nombre de victimes de désastres en cours avec l'aide des épidémiologistes et tente de limiter ces désastres en soignant les victimes. La première vise la biosécurité – le contrôle de la prolifération du matériel biologique circulant sur le globe – alors que l'autre vise la biodiversité – l'inventaire et la conservation des différentes formes de vie qui habitent la planète.

Quelle différence cela fait-il si l'on observe la santé globale dans la perspective de la conservation plutôt que dans celle de la compassion ? Comment la santé globale est-elle redéfinie sur les multiples sites dédiés à la conservation des formes de vie non humaines ? La généalogie des réservoirs animaux en Asie-Pacifique montre que les méthodes de conservation des sociétés occidentales se sont appliquées à des échantillons provenant de cette partie du monde, conçue comme une case vide dans le « musée global ». Si les ornithologues travaillent dans des réserves naturelles et les microbiologistes dans des laboratoires, ces deux espaces d'observation et d'accumulation de formes naturelles sont apparus avec la modernité à partir du dispositif classique du musée. Je montrerai que le musée, défini comme un espace pour la conservation des formes vivantes, a été transformé en même temps que l'hôpital, défini comme un lieu de soin pour les personnes souffrantes, lorsque la prévention a été remplacée par la préparation, c'est-à-dire lorsque celle-ci est devenue une technique dominante de gestion des risques au cours des trente dernières années.

Ce chapitre proposera une généalogie de la « santé globale » et de « l'art global » comme deux domaines d'une anthropologie du contemporain. Alors que la « santé globale » désigne un ensemble de pratiques constituées autour de la surveillance des mutations virales dans les réservoirs naturels, « l'art global » désigne un ensemble de formes esthétiques qui se créent à partir des transformations du patrimoine culturel. Ce sont deux façons d'anticiper l'avenir à travers l'imagination du présent. Si les musées, les laboratoires et les réserves peuvent être décrits comme des espaces où des artefacts sont collectés, stockés et exposés, comment ont-ils été redéfinis par les techniques de préparation visant à anticiper les mutations des agents pathogènes et partager les informations sur leurs risques ? Cette question historique conduit à faire une généalogie parallèle de trois formes de connaissance occidentales étendues à la Chine : la virologie, l'ornithologie et l'anthropologie. En étudiant les pratiques de collecte et de conservation impliquées dans ces savoirs, je poserai des questions ontologiques : qu'est-ce qu'un virus ? Qu'est-ce qu'un oiseau ? Qu'est-ce qu'une société ?

Musées de virologie

Parmi d'autres formes de stockage (comme les dépôts ou les banques), le musée peut être défini comme une « façon de voir » car il organise les distinctions entre des formes exposées pour créer un plaisir esthétique[4]. Mais c'est aussi un lieu où entrent en concurrence des façons de voir le monde et où apparaissent des modalités différentes d'imaginer le futur. La vocation du « musée », depuis la formation du terme en Grèce ancienne, est d'éduquer l'œil afin qu'il voie des formes dans des objets provenant d'accidents naturels ou d'intentions culturelles. En tant que telle, la fonction éducative des musées a été définie bien avant l'opposition entre art et science, qui est un produit de la modernité. Mais avec l'avènement du capitalisme et des États-nations, les musées ont été dotés d'une nouvelle fonction : accumuler et conserver des artefacts afin d'exprimer le pouvoir et la richesse du souverain. Si les musées résultent de pratiques de chasse – les collectionneurs doivent suivre les formes dans leur environnement naturel et les capter dans un nouveau cadre culturel –, elles ont été reformulées dans un cadre pastoral : les objets apparaissent désormais sous la forme d'un ensemble de singularités avec des noms et des nombres, qui doivent être conservés et pris en charge. Dès leur entrée dans la modernité, les musées sont donc devenus des sites d'application de la nouvelle rationalité de la prévention. Parce qu'ils affichaient des formes naturelles dont l'œil pouvait jouir et que l'intellect pouvait maîtriser, ils permettaient aux humains de prévoir l'avenir sous la forme d'une série de risques calculables.

Le cadre du musée fut appliqué à la recherche sur la grippe par l'Organisation mondiale de la santé après la Seconde Guerre mondiale. Cette recherche a émergé dans l'entre-deux-guerres, lorsque les microbiologistes et les épidémiologistes ont voulu comprendre les mécanismes de la « grippe espagnole » de 1918 et le caractère cyclique des pandémies de grippe[5]. En 1933, le premier isolement d'un virus grippal dans un laboratoire britannique, par l'inoculation de mucus humain à des furets, fut perçu comme un succès parce que, contrairement à d'autres modèles expérimentaux, les furets éternuent comme les humains, leur température augmente et leur nez coule quand ils ont la grippe. Carlo Caduff commente : « l'effet pathologique devint effectif et évident parce qu'il prit la forme appropriée dans un cadre de visibilité constitué par la clinique et reposant sur l'ensemble des symptômes observés par les humains »[6]. En transférant des virus de grippe de la clinique au laboratoire par des modèles animaux, les microbiologistes purent les comparer et organiser leur visibilité, ce qui leur permit de passer des symptômes d'une maladie aux signes d'une future pandémie.

L'armée américaine mit en place une Commission sur la grippe en 1941 dirigée par Thomas Francis, qui avait confirmé le premier isolement par les Britanniques d'un virus de grippe avec le soutien de la Fondation Rockefeller. Un des membres de cette équipe était George Hirst, qui avait conçu une technique pour identifier si un virus de grippe était présent dans un échantillon humain. Hirst avait exposé au virus de la grippe un œuf de poulet contenant un embryon vivant âgé de onze jours, et observé que les cellules rouges de cet embryon se collaient les unes aux autres comme si elles se défendaient contre le virus. Hirst appela « agglutination » cette réaction, qui fut ensuite requalifiée en « hémagglutination »[7]. Cette découverte permit à Hirst de fabriquer un test (appelé HI) qui combinait l'injection dans un embryon de poulet de virus de grippe avec l'injection de sérums humains contenant des anticorps contre la grippe, de façon à mesurer l'écart antigénique entre les souches virales. Le modèle expérimental en laboratoire expliquait ainsi, en le rendant visible au microscope, l'obstacle auquel se heurtaient les médecins et les épidémiologistes : les virus de grippe mutent en permanence, ce qui rend difficile la fabrication de vaccins pour les souches à venir à partir de souches existantes. Si la différence entre les souches humaines était visible dans un embryon de poulet, il devenait possible de limiter les pandémies en adaptant les vaccins à la distance entre les souches. Les virus de grippe furent ainsi classés en fonction de la protéine de surface qui commande l'hémagglutination lorsque le virus entre dans la cellule, appelée H (pour hémagglutinine), puis une autre protéine fut identifiée qui joue un rôle dans la sortie du virus de la cellule, appelée N (pour neuraminidase). D'où les noms donnés aux virus de grippe : H1N1, H2N2, H3N2, H5N1…

L'OMS profita de ces découvertes pour annoncer après la guerre que les virus de grippe du monde entier devraient être comparés pour adapter les vaccins à la prochaine souche pandémique. En 1984, le Centre de recherche sur la grippe de l'OMS se définit lui-même comme un musée des virus de la grippe, et demanda aux laboratoires d'envoyer leurs échantillons sous forme desséchée. Il ne s'agissait pas d'un dépôt, mais bien d'un musée : alors qu'un dépôt se contente de stocker et conserver des matériaux, un musée doit les classer et les inventorier pour rendre leurs différences visibles au public à travers des formes d'exposition.

> Les virus desséchés reçus par le Centre seront, autant que possible, testés pour déterminer leur activité et, quand ce sera approprié, passés dans des œufs pour former un stock plus large de matériel desséché. Il constituera ainsi une sorte de musée de souches de grippe desséchées. Tous les laboratoires qui conduisent des recherches sur les relations antigéniques

> entre les souches peuvent demander au Centre d'être tenus informés des souches disponibles et obtenir l'envoi d'une souche particulière. Nous soumettrons régulièrement les souches du musée – ou au moins celles qui semblent importantes et représentatives – à des passages dans des œufs pour maintenir les stocks et éviter les pertes[8].

La technique du passage dans des œufs construite par George Hirst fut ainsi appliquée par le Centre de recherche sur la grippe aux souches virales desséchées qu'ils recevaient des laboratoires, et en retour les laboratoires pouvaient comparer les souches qu'ils recevaient des cliniques à des souches de référence. Au moment où le Conseil international des musées (ICOM) encadrait la circulation des œuvres d'art entre les musées, l'Organisation mondiale de la santé encadrait la circulation des souches virales entre les laboratoires de virologie à des fins de connaissance et de prévention. Cette comparaison globale des virus de grippe implique une industrie massive de production d'embryons de poulet, de la même façon que la visibilité des œuvres d'art dans les musées repose sur le travail invisible des conservateurs. Carlo Caduff décrit ainsi cette circulation des souches entre les laboratoires : « Depuis 1933, les chercheurs biomédicaux et les experts en santé publique ont investi des ressources considérables dans la production et le contrôle d'un flux incessant de souches virales non seulement à travers les espèces, les corps et les tissus, mais aussi à travers les pays, les institutions et les disciplines. C'est ce flot contrôlé de matière biologique qui a permis à la recherche sur la grippe de devenir indépendante de l'occurrence saisonnière d'épidémies de grippe[9]. »

Un changement majeur pour la recherche sur la grippe se produisit dans les années 1970, avec deux événements qui fragilisèrent le projet d'un musée universel à l'OMS. Le premier fut l'émergence d'un virus de grippe porcine H1N1 aux États-Unis – peut-être dû à la sortie du virus de la grippe espagnole d'un laboratoire soviétique – qui déclencha une campagne massive de vaccination après la mort d'un soldat infecté par ce nouveau virus à Fort Dix en 1976. Cette campagne de vaccination, connue sous le nom de « fiasco de la grippe porcine », fut interrompue lorsque 10 % de la population reçut des vaccins et plus de 500 cas de syndromes de Guillain-Barré furent déclarés[10]. Un tel événement montra les difficultés de prévention des pandémies avec des vaccins basés sur les différences entre les souches. Il a également révélé que la circulation des virus grippaux entre les laboratoires n'était pas neutre, puisque les souches virales vivantes peuvent s'échapper des laboratoires et se reproduire dans la population pour provoquer de nouvelles pandémies, ce qui a suscité des inquiétudes croissantes quant au bioterrorisme après la fin de la guerre froide.

Un autre événement a parallèlement changé le projet d'un musée des souches virales. En 1976, l'OMS créa un comité d'experts sur l'écologie des maladies infectieuses sous la direction de son chef des services vétérinaires, Martin Kaplan. Ce comité avait pour rôle d'anticiper l'émergence de nouveaux agents pathogènes dans les réservoirs d'animaux où ils mutent. Parmi les membres importants de ce comité, il y avait Graeme Laver et Robert Webster qui, comme nous l'avons vu au chapitre précédent, avaient constitué une banque de virus de grippe en collectant des échantillons sur des oiseaux du monde entier avec le soutien de Martin Kaplan. Il y avait aussi Kennedy Shortridge, qui fut également formé en Australie sous le patronage de Franck Macfarlane Burnet, et qui venait d'ouvrir le département de microbiologie de la faculté de médecine de l'université de Hong Kong. Comme nous le verrons au chapitre IV, Shortridge soutenait que, puisque la Chine ne faisait pas partie de l'OMS alors que les principales pandémies de grippe avaient pour origine le sud de la Chine, qu'il considérait comme un « épicentre de la grippe », l'OMS manquait de connaissances sur les souches de grippe circulant en Chine. Hong Kong devrait donc devenir une sentinelle où les souches de grippe pourraient être collectées, comparées et envoyées à l'OMS pour contribuer au musée mondial.

Ces deux événements peuvent être décrits comme opérant un passage de la prévention à la préparation dans la stratégie de l'OMS en tant que musée des souches virales. Le premier événement montra que la circulation et la comparaison des souches de grippe posent des problèmes de sécurité, car les virus ont une vie propre qui ne peut être réduite aux distances séparant les formes antigéniques : ils mutent, se réassortissent, s'échappent, déclenchent des réponses immunitaires inattendues… Le second événement révéla qu'une grande partie de la circulation mondiale des virus de la grippe restait inconnue, car des États-nations comme la Chine refusaient de les fournir ou n'avaient tout simplement pas les moyens de les collecter. Lorsqu'il y a des lacunes dans une collection, il faut trouver des stratégies pour les combler[11]. L'invention du stockage des vaccins fut une réponse au premier événement et la mise en place de postes de sentinelle fut une réponse au second. Si la prochaine pandémie ne pouvait être prévue à partir de la comparaison des souches en circulation, il devenait nécessaire de s'y préparer en captant des signaux d'alerte précoce pour limiter les conséquences d'une épidémie.

La simulation des pandémies devint alors une technique majeure de suivi des virus de grippe à l'OMS. Elle fut possible avec la base de données GenBank, une collection de séquences génétiques de souches virales conservées par les Instituts nationaux de la santé aux États-Unis, qui permit aux virologues de comparer en temps réel une nouvelle souche aux souches déjà connues, et d'imaginer à travers des logiciels bioinformatiques d'où elle venait et comment elle pourrait évoluer. Dans un article intitulé « Le musée de l'expérimentateur », Bruno Strasser a montré en quoi GenBank a changé ce qu'il appelle « les économies morales de la biomédecine ». Plutôt que de prendre la place de l'histoire naturelle du XVIIIe siècle, selon Strasser, la biologie expérimentale a redéfini sa méthode de construction de collections dans un centre qui reçoit des données du monde entier : « Ceux qui ont créé les cabinets de curiosité modernes, les jardins royaux des XVIIe et XVIIIe siècles et les grands musées zoologiques des XIXe et XXe siècles ont tous eu à relever le défi de transporter dans un lieu central des spécimens souvent dispersés dans le monde entier, assurant la participation de naturalistes individuels et négociant le statut des spécimens dans leurs collections[12]. »

Alors que les collections d'histoire naturelle exhibaient le pouvoir et la richesse de ceux qui les ont accumulées, Strasser montre que les bases de données contemporaines ont réorganisé ce rêve moderne de la collection par le biais d'une nouvelle économie morale de la science, fondée sur la participation de tous les citoyens à la production du savoir. Selon cette nouvelle norme, l'organisateur de la base de données ne devrait pas être le propriétaire de la collection mais le responsable d'un effort collectif où chaque initiative individuelle est valorisée. Strasser compare ainsi deux bases de données qui étaient en concurrence aux États-Unis avant la création de GenBank : celle qui fut construite par Margaret Dayhoff à la Fondation nationale de la recherche biomédicale à Washington, lancée par la publication en 1965 d'un *Atlas des séquences et des structures des protéines*, et celle qui fut entreprise par Walter Goad au laboratoire de Los Alamos dans le Nouveau-Mexique, qui utilisait les radiations pour distinguer les acides nucléiques dans les séquences de protéines.

> Ni Dayhoff ni Goad n'avaient jamais séquencé une protéine ou un morceau d'ADN ; ils comptaient sur les autres pour y parvenir. Goad a essayé d'acquérir des séquences en masse auprès d'autres collectionneurs, alors que Dayhoff les a obtenues en consultant la littérature et en dialoguant quotidiennement avec ceux qui avaient déterminé les séquences dans leurs laboratoires[13].

Alors que Goad était prêt à partager sa petite collection de séquences de protéines, Dayhoff se considérait comme propriétaire de sa grande collection, à laquelle elle pouvait refuser l'accès aux scientifiques qui en avaient besoin. Un de ses interlocuteurs parmi les biologistes lui reprocha de constituer son propre « terrain de chasse privé », une critique souvent faite par les collectionneurs quand ils se décrivent comme des chasseurs-cueilleurs. À la suite de ces critiques, les Instituts nationaux de la santé financèrent la base de données de Goad et non celle de Dayhoff, ce qui conduisit au développement de GenBank à Los Alamos, avant qu'elle ne soit déplacée au Centre national pour l'information biotechnologique en 1992, dans le Maryland. Strasser affirme que Goad a adapté avec succès les pratiques des collectionneurs de musées à la nouvelle économie morale de la science expérimentale et que Dayhoff a conservé les idées du XVIIIe siècle concernant la propriété des collections[14]. Je dirais plutôt que Goad a trouvé un compromis stable entre les besoins d'institutions pastorales comme les NIH ou l'OMS et les pratiques des « chasseurs de virus », tandis que Dayhoff a développé une vision précautionneuse du travail scientifique qui était insatisfaisante pour les deux parties. Pour les biologistes, la valeur de leurs découvertes vient de leur capacité à suivre les mouvements d'une entité vivante par le séquençage génétique, alors que pour les autorités de santé publique, elle vient d'abord du fait que cette séquence trouve sa place dans une base de données où elle était manquante.

Musées d'ornithologie

Pour défendre cette distinction, je vais me tourner à présent vers les observateurs d'oiseaux. L'argument de ce livre est que les virologues s'identifient avec les virus lorsqu'ils les détectent dans des réservoirs animaux, tout comme les ornithologues s'identifient aux oiseaux lorsqu'ils suivent leurs mouvements dans des environnements naturels. Les deux pratiques scientifiques proviennent de l'histoire naturelle moderne, mais elles ont été profondément transformées par l'utilisation contemporaine des bases de données, qui leur permet de suivre leurs cibles dans un espace virtuel.

Le fondateur de l'école australienne de microbiologie, Franck Macfarlane Burnet, commença sa carrière scientifique par une pratique passionnée de l'observation de la nature, notamment en collectant des scarabées dans la province rurale du Victoria où il était né. Après avoir réussi à transmettre la grippe à des poulets en 1936 – ouvrant la voie menant George Hirst à inventer sa technique d'identification cinq ans plus tard –, il encouragea la collecte d'échantillons sur des oiseaux par ses élèves. Son *Histoire naturelle des maladies infectieuses* s'ouvre sur un éloge des observateurs de la nature dans l'Angleterre de la Révolution industrielle.

> Depuis le XVIIIe siècle, il y a toujours eu des amateurs éclairés, avec une inclination naturelle pour les activités des animaux et des plantes. La plupart de ces naturalistes amateurs, depuis Izrael Walton et Gilbert White, ont écrit sur la façon dont les animaux vivent. Beaucoup d'entre eux ont été attirés par les habitudes des oiseaux pour se nourrir, faire leur

> cour ou leur nid. D'autres ont passé des années à étudier en détail la vie des insectes. Récemment, ce type d'observateur essentiellement amateur a été remplacé par le biologiste professionnel, dont les enquêtes systématiques sur un terrain autrefois connu sous le nom de « nature » ont conféré sa dignité à la science de l'écologie[15].

Selon Burnet, l'observation de la nature comme pratique de loisir a été remplacée par une étude plus systématique de l'écologie en laboratoire, où les êtres vivants sont rigoureusement nommés et classés. Cependant, Burnet ne décrit pas les mutations parallèles de la virologie et de l'ornithologie auxquelles ses propres découvertes ont contribué. Comment l'observation des oiseaux a-t-elle été transformée quand elle fut pratiquée non plus dans une nature sauvage intacte, mais dans une écologie des maladies infectieuses ?

L'histoire de l'ornithologie en Europe montre le rôle des musées dans l'émergence d'une sensibilité aux menaces qui pèsent sur les oiseaux. Stefan Bargheer rappelle que parallèlement à la redécouverte de la campagne anglaise par des naturalistes souvent inspirés par la théologie, la passion des hommes du XVIIIe siècle pour les oiseaux provenait des pratiques de collecte coloniale. Joseph Banks, un botaniste qui succéda plus tard à Isaac Newton à la tête de la Royal Society, participa au premier voyage du capitaine Cook dans l'océan Pacifique entre 1768 et 1771 et rapporta 500 spécimens d'oiseaux et 32 dessins qu'il envoya au British Museum[16]. Bargheer remarque que cette esthétique du musée singularise l'ornithologie britannique par contraste avec celle qui se met en place en Allemagne au même moment. En Grande-Bretagne, l'ornithologie commence par le plaisir de voir et de compter des oiseaux dans l'assemblage qui compose l'habitat (*local patch*) comme si c'était un musée ; en Allemagne, elle est orientée par la gestion de la maison (*Heimat*). Tandis que les ornithologues britanniques ouvraient les ailes des oiseaux pour voir à quoi ils ressemblaient, les ornithologues allemands ouvraient le ventre des oiseaux pour voir ce qu'ils mangeaient. Au XIXe siècle, en Allemagne, les ornithologues classaient les oiseaux entre utiles et nuisibles (ou entre mangeurs de parasites et porteurs de parasites), tandis que les ornithologues britanniques faisaient une distinction majeure entre les oiseaux rares et les oiseaux communs (ou entre exotiques et locaux). Au Royaume-Uni, la valeur des spécimens d'oiseaux dépendait de la manière dont ils complétaient une collection ; en Allemagne, de l'utilité de ces oiseaux pour l'habitat.

Ces constructions nationales ne doivent pas être considérées comme des cadres culturels mais plutôt comme le résultat de compositions variables entre des pratiques de chasse et des techniques pastorales de pouvoir qui se sont hybridées dans la pratique moderne de l'observation des oiseaux, comme le révèle une brève comparaison entre les musées d'ornithologie de Grande-Bretagne, d'Allemagne, de France et des États-Unis. En France, l'écrivain le plus prolifique du XVIIIe siècle sur les oiseaux, source majeure des classifications établies par Buffon et Cuvier lors de l'organisation de la ménagerie du Jardin des Plantes, était responsable des terrains de chasse royaux de Versailles et Marly. Charles-Georges Leroy est célèbre pour avoir critiqué les philosophes qui discutaient de l'âme des animaux à travers un argument empirique : « Seuls les chasseurs peuvent apprécier l'intelligence des animaux. Pour bien les connaître, il faut vivre en société avec eux[17]. » La chasse étant un privilège du souverain qui contrôle à la fois un territoire et son gibier, il y a davantage de membres en France dans la Fédération nationale des chasseurs (1,3 million) que dans la Ligue de protection des oiseaux (35 000). En revanche, en Grande-Bretagne, la Société royale pour la protection des oiseaux compte un million de membres (alors que le nombre de chasseurs enregistrés est de 800 000) et la Société de protection de la nature en Allemagne en comporte 420 000 (pour 300 000 chasseurs enregistrés). Enfin, aux États-Unis, la Société nationale Audubon a 550 000 membres (pour 35 000 chasseurs enregistrés)[18].

Ces nombres peuvent être mis en regard de ceux des collections d'ornithologie des musées, qui montrent différentes pratiques de collecte en fonction des modes de perception des oiseaux. Le British Museum conserve 750 000 spécimens issus de 8 000 espèces d'oiseaux, notamment à travers les voyages de Cook, Gould, Darwin et Wallace. La collection ornithologique de la Smithsonian Institution à Washington contient 640 000 spécimens issus de 8 500 espèces d'oiseaux, notamment grâce aux expéditions organisées par les conservateurs en charge de ces collections Rigdway et Chapman. Le Musée d'histoire naturelle de Berlin conserve 200 000 spécimens de 5 000 espèces d'oiseaux issus des collectes organisées par Lichtenstein, Cabanis et Reichenow ; le Museum national d'histoire naturelle à Paris conserve 130 000 spécimens de 2 500 espèces d'oiseaux, grâce aux voyages de Baudin, Freycinet, Dupeyrret, Dumont d'Urville et Bougainville. La France est également le seul pays au monde où un musée consacré à « la chasse et la conservation de la nature », soutenu par une fondation privée de naturalistes et de chasseurs de gibier (la Fondation François Sommer), est implanté au cœur d'une capitale (dans le très chic quatrième arrondissement de Paris) et expose des spécimens naturels avec des œuvres d'art contemporain pour réfléchir à l'ambivalence de la mise à mort d'animaux.

Depuis la fin du XVIIIe siècle, en effet, les collections d'ornithologie étaient présentées de manière à éduquer les visiteurs sur l'évolution des espèces par une accumulation de cas, selon une rationalité que l'on peut appeler préventive. L'inventeur de cette disposition est le fondateur de l'ornithologie britannique, John Latham. Après avoir étudié l'anatomie avec William Hunter, il devint membre de la Royal Society en 1775 et publia des articles sur les oiseaux dans les rapports de cette société. Il consulta les collections d'oiseaux envoyées par Joseph Banks au British Museum, ainsi que le cabinet de curiosités d'Ashton Lever, qui contenait également des spécimens des voyages de Cook. Il publia *A General Synopsis of Birds* entre 1781 et 1785, en appliquant les principes de classification de Linné ainsi que la division entre les oiseaux terrestres et aquatiques proposée par John Ray[19]. Comme les spécimens rapportés par Cook se dégradaient rapidement, notamment dans le cabinet de Lever, le livre de Latham stabilisa le savoir sur la diversité des oiseaux. Alors que le cabinet de curiosités présentait des oiseaux pour leurs aspects extraordinaires, sans trop se soucier de leur matérialité, les musées d'ornithologie définissaient la rareté d'une espèce d'oiseau par rapport à l'ensemble de la collection et en conservaient la matérialité.

Pour les musées d'ornithologie, la vulnérabilité des matériaux organiques dont sont composés les oiseaux (squelettes, peaux, plumes…) était un problème majeur auquel le nouveau métier de taxidermiste devait faire face[20]. Puisque les musées étaient des réservoirs de connaissance sur la diversité des oiseaux, cette dégradation rapide rappelait aux ornithologues l'ambivalence de l'acte de tuer des oiseaux pour les conserver. Les ornithologues américains étaient particulièrement sensibles à cette ambivalence, car ils étaient d'abord animés par un sentiment d'abondance de la faune sur le territoire de leur jeune pays, avant de découvrir que de nombreuses espèces d'oiseaux s'étaient éteintes du fait de campagnes de chasse massives. Le premier conservateur en ornithologie de la Smithsonian Institution, Robert Rigdway (1850-1929), était passionné par la lecture de livres sur les oiseaux autant que par leur chasse. Son biographe, Daniel Lewis, écrit que son « étude des oiseaux [a] été largement initiée par une observation minutieuse depuis le canon d'une arme à feu[21] ». John Muir disait qu'il avait « des yeux merveilleux, qui contenaient tous les oiseaux de l'Amérique[22] ». Par comparaison avec Jean-Jacques Audubon (1785-1851), souvent considéré comme le fondateur de l'ornithologie américaine alors qu'il cherchait surtout à observer et dessiner les oiseaux de l'Amérique du Nord dans leur habitat, Rigdway était obsédé par la classification, la conservation et l'échange de spécimens d'oiseaux depuis le musée.

Le rêve d'une classification complète des êtres vivants selon les principes de Linné et de Darwin est exprimé par cette définition de la science donnée dans la revue *American Naturalist* en 1882 : « un système de faits et d'idées établi rationnellement, qui confère à une gamme donnée d'objets certitude, assurance, probabilité ou même un doute conscient des raisons de douter[23] ». Le musée devint en effet à la fin du XIXe siècle un lieu de prévision de l'évolution future de la vie à partir d'une série de cas passés. « Les longues rangées de séries d'oiseaux identiques dans les musées […] ont permis aux scientifiques d'identifier des sous-espèces, de capturer des oiseaux en train d'évoluer », écrit Lewis, en rappelant par le verbe « capturer » que la théorie évolutionniste de Darwin est inscrite dans les pratiques des chasseurs et des collecteurs. George Good, qui était directeur adjoint du Musée d'histoire naturelle de la Smithsonian Institution à l'époque où Rigdway était conservateur en charge de l'ornithologie, décrivit cette tension dans son rapport annuel en 1896 : « Le musée national devrait être davantage qu'une maison pleine de spécimens dans des boîtes. Il devrait être une maison pleine d'idées, arrangées avec la plus grande attention pour le système[24]. » La théorie de l'évolution était le critère utilisé par la direction du musée pour donner de la valeur à la matérialité des échantillons d'oiseaux : elle permettait aux conservateurs de hiérarchiser leurs stocks de spécimens suivant des lignées de descendance, et donc de sélectionner parmi tous les spécimens disponibles ceux qui avaient plus de valeur que d'autres. Rigdway préférait ainsi les oiseaux de petite taille aux gros oiseaux, non seulement parce qu'ils étaient moins difficiles à stocker, mais aussi parce qu'ils comblaient souvent les lacunes des collections et facilitaient l'échange avec des collectionneurs privés qui ne leur accordaient pas de valeur[25].

Cependant, cette matérialité des corps des oiseaux revint dans le système d'idées du musée à travers les défis que posait leur dégradation. Lewis remarque que les taxidermistes notaient souvent leur état dépressif durant les mois d'été, ce qu'il explique par le fait que l'arsenic était utilisé au cours de ce mois pour éviter la pourriture de la peau et l'infestation par les insectes[26]. Un nouveau produit, le conservateur dermique de Maynard, devint célèbre dans les musées d'ornithologie au cours des années 1880, car il protégeait les mains des conservateurs de l'empoisonnement à l'arsenic. Les conservateurs qui s'occupaient des spécimens d'oiseaux par le biais de la hiérarchie idéale des systèmes évolutifs souffraient donc des mêmes problèmes que ceux qui affectaient la peau des oiseaux ; ils pouvaient ainsi prendre le point de vue des oiseaux sur leur propre dégradation.

La tension entre une approche cynégétique et une approche pastorale de la conservation des oiseaux devint plus forte dans les années 1930, lorsque l'extinction de nombreuses espèces d'oiseaux dans leurs habitats naturels devint manifeste. En 1934, la marquise de Tavistock écrivit une lettre au rédacteur en chef du journal ornithologique *The Auk* (*L'Aigle*) pour se plaindre de « la destruction sans merci et excessive d'oiseaux rares par l'expédition américaine Whitney » dans les îles du Pacifique[27]. Frank Chapman, conservateur au département d'ornithologie du Musée d'histoire naturelle de New York, qui avait organisé cette expédition, lui répondit que la collecte ne constituait pas une menace pour les oiseaux. Chapman croyait fermement que les spécimens d'oiseaux étaient mieux protégés dans un musée que dans la nature, car ils trouvaient leur place et leur signification dans un cadre évolutionniste. Ce point de vue est clairement exprimé par Edward Nicholson, qui organisa l'enquête d'Oxford sur les oiseaux en 1926 :

> L'amoureux des oiseaux [...] considère les oiseaux comme des êtres vivants et observe leurs mouvements, leurs habitudes et leurs signes de vie ; pour lui, par conséquent, seul l'oiseau vivant est un oiseau, ce n'est plus qu'un cadavre après la mort. Mais le collectionneur regarde toujours même la créature vivante depuis une vitrine – il admire le beau spécimen plutôt que le beau chanteur, et pour lui l'oiseau vivant est toujours une chrysalide prête à être transformée en image parfaite par la magie d'un taxidermiste. [...] Lorsqu'il abat un oiseau, il n'est pas conscient d'avoir détruit quoi que ce soit, mais seulement de l'avoir mis en sécurité[28].

Le cas le plus frappant d'hybridation entre pouvoir cynégétique et pouvoir pastoral en ornithologie peut être trouvé dans le personnage de Günther Niethammer, officier ss du camp de concentration d'Auschwitz, qui publia en 1941 ses « Observations sur la vie des oiseaux à Auschwitz » dans les *Annales du Muséum d'histoire naturelle* de Vienne. Niethammer avait été chargé de l'édition du *Manuel des oiseaux allemands* au musée de Berlin entre 1937 et 1942 et fut embauché à Auschwitz entre octobre 1940 et octobre 1941 pour photographier la vie sauvage autour du camp. Il se présentait comme « une sorte de gardien du gibier (*Jägermeister*) du camp de concentration », ce qui révèle combien la logique pastorale de l'extermination en Allemagne reposait sur des techniques cynégétiques[29].

La politique mondiale de l'ornithologie après la Seconde Guerre mondiale fut à bien des égards une réaction aux échecs des projets nationaux de conservation des oiseaux. Sous la supervision de l'Union internationale pour la conservation de la nature (UICN), des listes d'espèces menacées furent rédigées pour réguler les échanges de spécimens naturels entre les musées d'histoire naturelle et les réserves ornithologiques. S'il peut sembler que l'ornithologie se déplaça des premiers vers les secondes, on peut soutenir que c'est parce que les réserves étaient gérées comme des musées, c'est-à-dire comme des lieux où la diversité des formes de vie doit faire l'objet de soin et de surveillance. En 1946, Peter Scott ouvrit la réserve de Slimbridge en Angleterre pour accueillir un grand nombre d'espèces d'oiseaux sauvages. Il créa le World Wildlife Fund en 1961 pour soutenir financièrement les projets de conservation, comme la réintroduction des grues en Europe, et lança la liste rouge des espèces menacées[30]. Les oiseaux n'étaient alors plus perçus comme des spécimens comblant un manque, mais comme des « espèces indicatrices » d'une tendance à l'extinction[31]. Cette notion fut introduite en 1973 par le naturaliste britannique Norman Moore, lorsqu'il lança l'alerte sur les effets des pesticides sur les oiseaux :

> Alors que la faune devient de plus en plus précieuse pour des raisons économiques, scientifiques et esthétiques, elle développe également une nouvelle valeur. Les changements technologiques actuels sont si vastes et rapides que nous avons besoin d'indicateurs pour nous montrer ce que nous faisons et pour nous aider à prévoir. De plus en plus, on se rend compte que les plantes et les animaux sauvages ont encore un autre rôle à jouer dans le monde moderne : celui d'indicateurs biologiques de problèmes imprévus[32].

La notion d'espèce indicatrice inscrit les techniques de chasse permettant de communiquer avec les animaux dans un espace pastoral où « la faune sauvage » est gérée comme un troupeau ou une population. Les techniques de chasse n'ont jamais disparu des transformations de l'ornithologie dans les musées ou les réserves naturelles, car les oiseaux ont toujours été chassés et surveillés simultanément par des combinaisons entre différentes formes de pouvoir. Les musées ont défini les oiseaux comme des êtres en danger avant que les naturalistes ne se rendent compte de leur extinction dans les réserves naturelles, et ces deux espaces ont œuvré pour la préservation des espèces en danger. Les musées d'ornithologie n'ont pas seulement enfermé les oiseaux comme des artefacts culturels séparés de leurs habitats naturels, mais ils furent aussi les environnements dans lesquels les humains ont pris conscience de la vulnérabilité des oiseaux, ce qui explique que les réserves ornithologiques soient gérées comme des musées. Dans ces réserves, les oiseaux sont observés, classés, soignés et surveillés comme les artefacts conservés dans un musée. Les musées d'ornithologie et les réserves naturelles sont ainsi passés graduellement des techniques de prévention, à travers le cadre évolutionniste qui rendait signifiantes les séries de spécimens, à des techniques de préparation, à travers des scénarios d'extinction qui permettent d'imaginer l'avenir catastrophique des humains et des non-humains. Ce changement a été clairement décrit par le naturaliste et producteur d'émission TV Stephen Moss, dont les livres sur les oiseaux sont très populaires en Grande-Bretagne. En comparant l'extinction d'une espèce d'oiseau à la destruction du travail d'un artiste, Moss établit une analogie entre un habitat naturel et un patrimoine culturel ; mais il montre également que les gestionnaires de ces sites doivent se préparer à ces événements, c'est-à-dire imaginer à quoi ressemblerait le monde sans ces êtres de valeur :

> Je pense souvent à une analogie intéressante entre l'ornithologie et l'art. Qu'est-ce qui importe si toutes les peintures de Raphaël sont détruites ? Supposons qu'elles aient toutes été réunies à la même exposition, qu'il y ait eu un incendie et qu'elles soient toutes détruites, pourquoi est-ce important ? Les gens diraient « Quel terrible désastre », mais il y a encore des photos, ce sont de beaux tableaux, et alors ? Mais bien sûr, cela importe et nous devons expliquer pourquoi cela importe. Je pense que nous sentirions tous que ce serait une tragédie pour la culture humaine. Et je pense que c'est comme cela quand les oiseaux disparaissent[33].

Le concept de réservoir aviaire apparaît donc à la fin des années 1960 au croisement de développements parallèles en ornithologie et en virologie. Si des virus et des oiseaux ont été cultivés et classés dans des laboratoires et des réserves naturelles comme des moutons dans un troupeau, s'ils ont également été surveillés et suivis comme des espèces sauvages dans la nature, l'idée que de nouveaux virus émergent d'oiseaux aquatiques en Chine peut être une autre étape de l'histoire globale des musées. La rencontre entre microbiologistes et ornithologues à Hong Kong, au début du XXIe siècle, s'inscrit ainsi dans une longue généalogie des pratiques de collecte occidentales. En concevant la Chine comme un épicentre des pandémies de grippe, les « chasseurs de virus » visaient à enregistrer la prolifération des espèces naturelles en Chine avant qu'elles ne s'éteignent.

Il y a cependant une différence entre ce rêve d'enregistrement et la préparation aux pandémies. Si la préparation réintroduit les pratiques des chasseurs dans les méthodes de collecte qui définissent la science moderne, puisqu'elle conduit à imaginer le futur à partir des pathogènes portés par les oiseaux, c'est que l'idéal d'une collection universelle par le savoir a été remplacé par l'imagination des vulnérabilités dans les infrastructures. Paula Findlen a montré que la collecte dans les cabinets du XVIe siècle consistait « à établir des magasins pour surveiller le flux d'objets et d'informations. [...] Alors que nous percevons le musée d'histoire naturelle comme un laboratoire de recherche ou un lieu d'éducation publique, les collectionneurs du XVIe siècle l'ont compris comme un lieu de stockage de l'imaginaire collectif de leur société[34] ». Les musées ont été conçus comme un stock d'objets organisé par un principe théorique pour éduquer le public. Carla Yanni écrit ainsi : « Comme les biologistes ont tendance à étudier les organismes en laboratoire ou sur le terrain, ils n'ont pas besoin d'étudier les musées, contrairement aux paléontologues et aux taxonomistes du XIXe siècle. [...] Plutôt que d'admettre leur obsolescence, les musées d'histoire naturelle se sont tournés vers l'éducation du public en matière de conservation[35]. » Ce qui a changé avec le passage de la prévention à la préparation, c'est donc que la valeur des collections vient moins de leur intégration dans un ordre rationnel de progrès que de leur exposition à un désastre commun.

Les réservoirs aviaires peuvent donc être inscrits dans une tendance historique plus générale, que Nelia Dias et Fernando Vidal ont analysée comme une « sensibilité aux espèces en danger » caractérisée par « l'expansion des formes muséales de gestion »[36]. Dans cette nouvelle vision du monde, la valeur des êtres vivants ne provient pas de leur accumulation à des fins de profit sous forme de produits standardisés, mais de l'imagination des menaces futures qui instaure une liste de priorités et de scénarios d'interaction. Si la valeur environnementale des êtres vivants n'est pas intrinsèque mais dépend des pratiques de collecte, de stockage et de classification, comme le soulignent fortement Dias et

Vidal, alors les réservoirs aviaires créent bien de la valeur en représentant les oiseaux à travers les pathogènes dont ils sont porteurs.

Musées d'anthropologie

Tandis que les débats sur les techniques de préparation aux pandémies tournent souvent autour de leur capacité à prédire un événement qui ne se produit jamais, je me concentre dans ce livre sur les infrastructures de collecte qui ont rendu ces prédictions possibles. En travaillant dans un musée où les déclarations publiques comptent moins que les artefacts exposés, j'ai interrogé les énoncés prophétiques sur la grippe aviaire non pas depuis les événements futurs qu'ils prédisent mais depuis les êtres vivants qu'ils transforment dans le présent. Les anthropologues peuvent discuter sur un pied d'égalité avec les microbiologistes et les ornithologues dans le traitement de la grippe aviaire car ils partagent la même généalogie des musées occidentaux, à savoir une forme d'accumulation qui produit des connaissances en reliant un centre à ses périphéries. En montrant comment ces disciplines ont construit des savoirs pour anticiper le futur, nous pouvons comprendre en quoi ils peuvent disposer leurs objets dans le présent de façon « curatoriale », c'est-à-dire à la fois attentive (*care*) et critique (*curating*)[37]. Je vais maintenant décrire comment le passage de la prévention à la préparation affecte les musées dans lesquels les anthropologues pensent et travaillent. Après avoir vu comment les anthropologues ont répondu aux demandes d'expertise en matière de maladies zoonotiques en définissant le social comme un domaine ontologique et comme un espace ethnographique, il s'agit à présent de décrire les pratiques de collecte et de conservation qu'ils ont adoptées. Si l'anthropologie s'est développée dans les pays occidentaux au cours des deux derniers siècles comme une pratique scientifique reliant les universités et les musées, j'examinerai en particulier ses transformations en France, où j'ai appris à devenir anthropologue après un détour par les États-Unis.

Le musée du quai Branly a été créé en 1996 par le président Jacques Chirac en réunissant deux types de collections : celles de l'ancien Musée de l'Homme et celles du Musée des arts d'Afrique, d'Amérique et d'Océanie. La généalogie de ces deux collections explique les problèmes posés par leur fusion. Le Musée de l'Homme a été créé en 1938 par Paul Rivet et Georges-Henri Rivière avec les anciennes collections du Musée d'ethnographie du Trocadéro. Il contenait des artefacts provenant de dons aux cabinets royaux (notamment d'Amérique), de trésors des expéditions impériales (notamment dans le Pacifique) ainsi que de crânes utilisés dans la phrénologie républicaine (issus notamment d'Afrique). Spécialiste des cultures et des langues d'Amérique du Sud, cofondateur de l'Institut d'ethnologie de l'université de Paris avec Lucien Lévy-Bruhl et Marcel Mauss en 1928, Rivet encouragea les missions ethnographiques au cours desquelles des objets étaient rassemblés, documentés et stockés, comme la mission Dakar-Djibouti organisée par Marcel Griaule entre 1931 et 1933 ou les expéditions de Claude Lévi-Strauss en Amazonie en 1935 et 1938. Dans la tradition des Lumières, le Musée de l'Homme se présentait comme une réserve d'objets permettant d'étudier toutes les cultures du monde depuis Paris. C'était à la fois un laboratoire pour l'information contenue dans les objets et un espace d'exposition pour leur valeur esthétique.

Rivet s'allia à Rivière pour exposer ses collections selon le nouveau goût de « l'art primitif » développé par des artistes surréalistes. Tous deux étaient des acteurs clés du Conseil international des musées, une section de l'UNESCO qui joua après 1945 un rôle similaire pour l'anthropologie à celui de l'OMS pour la virologie et de l'UICN pour l'ornithologie. Rivière fut nommé directeur de l'ICOM entre 1948 et 1965 ; parallèlement, entre 1937 et 1967 il mit en œuvre le Musée des arts et traditions populaires. À l'ICOM, Rivet soutint le rôle des musées dans l'éducation du public et dans la recherche scientifique, bien que son engagement socialiste et sa foi dans le progrès humain furent ternis à la fin de sa vie par son refus de l'indépendance de l'Algérie[38]. Il définit ainsi la mission de l'ICOM :

> Contribuer par tous les moyens à sa disposition (presse, conférences, émissions de radio, etc.) à la création dans le monde d'institutions publiques consacrées aux sciences de la vie, pour étendre la culture scientifique et faire connaître l'importance de la recherche et des découvertes scientifiques et de leurs résultats sur le développement humain[39].

Le Musée des arts d'Afrique, d'Amérique et d'Océanie fut créé en 1969 par André Malraux, alors ministre de la Culture du Général de Gaulle. Il défendit l'idée d'un musée imaginaire dans lequel toutes les cultures du monde communiqueraient de manière affective, en rupture avec la conception structuraliste des cultures développée à la même époque par Claude Lévi-Strauss au Collège de France[40]. Les collections ethnographiques présentées au Palais de la Porte-Dorée, sur le site de l'ancien Musée des colonies, devaient susciter chez le visiteur des émotions universelles, telles que la peur du sacré ou la quête des origines humaines.

Placé sous la double tutelle du ministère de la Culture et du ministère de la Recherche, le musée du quai Branly résultait de la tension entre ces deux points de vue sur les artefacts ethnographiques. Avec ses 300 000 objets et 500 000 documents, il est l'un des plus grands musées « d'art non occidental » ou de « cultures du monde », mais il échappe au cadre de tous les autres musées d'ethnographie. La plupart des anthropologues, à la suite de Louis Dumont, ont critiqué la création du quai Branly parce que Jacques Chirac affirmait que l'idée d'un « musée des arts premiers » lui avait été suggérée par un collectionneur et marchand d'art africain, Jacques Kerchache[41]. Claude Lévi-Strauss apporta son soutien à ce projet car, selon lui, le Musée de l'Homme ne garantissait pas la conservation des collections ethnographiques, dont certains objets furent volés et vendus sur le marché de l'art. Il déclarait en 1992 : « J'ai toujours dit et pensé que les musées sont faits d'abord pour les objets et ensuite seulement pour les visiteurs, même si je vais à l'encontre des idées à la mode. La fonction première des musées, c'est la conservation[42]. »

Pour remplir cette fonction de manière contemporaine, le musée du quai Branly a investi dans deux innovations technologiques majeures : la sécurité et le numérique. L'architecte Jean Nouvel a conçu une réserve ouverte à l'entrée du musée pour les instruments de musique et une réserve fermée sous le musée pour tous les autres artefacts. La réserve fermée n'est accessible qu'à deux personnes (sur les 400 travaillant au musée) qui utilisent la reconnaissance digitale pour ouvrir ses portes. Tous les artefacts acquis ou prêtés pour des expositions temporaires entrent dans les réserves par une pièce où l'oxygène est éliminé selon une technique appelée « anoxie », de telle sorte que les insectes qu'ils contiennent meurent en quelques jours. Les réserves sont protégées par une paroi d'argile qui doit absorber l'eau en cas de crue de la Seine. La numérisation des collections renverse cette politique d'accès restreint : tous les artefacts de la collection sont disponibles sur Internet via un logiciel appelé TMS (The Museum System), avec des documents sur leurs origines et leur composition. Les visiteurs souhaitant avoir accès aux collections doivent contacter le conservateur en charge plusieurs semaines à l'avance pour recevoir un rendez-vous à la muséothèque, en sorte que les images d'objets virtuelles compensent la difficulté d'accéder aux objets eux-mêmes[43].

Les expositions présentées par le musée reflètent cette politique d'accès ambivalente. Dans l'exposition permanente, présentée sur le « plateau des collections », les chefs-d'œuvre du musée sont visibles dans un éclairage sombre avec peu d'information sur les cartels ou les écrans de façon à laisser le visiteur éprouver le choc esthétique de ces objets. Les expositions temporaires éclairent des aspects différents des collections en les associant à des arguments historiques, esthétiques ou philosophiques. Si les visiteurs ont un accès indirect aux objets dans les vitrines des expositions, celles-ci jouent sur différentes formes d'éclairage – au sens matériel et intellectuel – pour susciter des réflexions sur la diversité des cultures. Bien que l'exposition permanente soit organisée comme un « tour du monde », aucun récit général n'est proposé qui apporterait une cohérence définitive à la diversité des artefacts. Le musée du quai Branly se présente ainsi comme une expression polyphonique de la mondialisation.

Ce refus catégorique du récit du progrès partagé par les anthropologues du Musée de l'Homme et cette esthétique assumée de l'obscurité affective héritée du Musée des arts d'Afrique, d'Amérique et d'Océanie – laissant de côté les collections asiatiques anciennes, conservées au musée Guimet de l'autre côté de la Seine – marquent le passage de la prévention à la préparation. Les artefacts ethnographiques sont considérés comme des matériaux vulnérables dont la valeur a augmenté sur le marché de l'art, et qui doivent être conservés pour leur valeur scientifique, esthétique et financière. Le musée du quai Branly n'est pas confronté à la menace de disparition des sociétés dont ces objets sont issus, comme l'ancien Musée de l'Homme, basé sur un scénario d'évolution des sociétés primitives aux sociétés civilisées, mais à la menace de destruction des objets eux-mêmes et des différentes valeurs qu'elles contiennent, en fonction d'un scénario d'extinction des écologies dans lesquelles elles sont conservées[44].

Les artefacts ethnographiques sont principalement composés de matériaux organiques (bois, peau, crânes, plumes, salive...) qui peuvent être facilement dégradés par leur exposition à des bactéries ou à des insectes. La conservation préventive, conçue pour calculer le temps de dégradation des matériaux de l'art européen classique, tels que le bois ou la pierre, doit donc être adaptée à des matériaux qui n'ont pas été pensés pour être stockés dans un musée. Si les technologies permettent de préserver les artefacts ethnographiques au-delà de leur espérance de vie, les discussions sur la durée de la préservation impliquent des choix politiques sur la valeur des artefacts considérés comme patrimoine national et bénéficiant de ces technologies coûteuses. C'est l'un des principaux arguments mobilisés dans le débat sur la restitution des artefacts ethnographiques aux sociétés dont ils sont issus : ils devraient être présentés à un grand nombre de visiteurs pour justifier l'investissement dans leur conservation. Les artefacts étant prêtés à d'autres musées, une évaluation de leur état de conservation est effectuée avant l'octroi du prêt, afin de calculer le coût d'assurance du prêt ; mais les assurances ne peuvent couvrir des événements catastrophiques tels que leur destruction massive par une catastrophe naturelle. Objets contestés et vulnérables, les artefacts ethnographiques doivent être à la fois exposés et sécurisés pour que leur vie sociale puisse continuer[45]. Alors que James Clifford définissait les musées dans les années 1990 comme des « zones de contact » pour caractériser leur ouverture aux flux de personnes et de biens dans un monde post-moderne[46], ils peuvent être redéfinis aujourd'hui comme des zones de contagion dans le monde de la biosécurité.

Les techniques de préparation comme les sentinelles, les simulations et le stockage ont été appliquées au même moment dans les collections ethnographiques du musée du quai Branly et dans les réserves ornithologiques de Hong Kong. La réserve ouverte d'instruments de musique à l'entrée du musée a été redéfinie comme un *hotspot* (« point chaud ») de l'infestation lorsqu'une carte fut construite pour signaler la présence des insectes avec une technologie permettant d'enregistrer les ultra-sons que font les insectes lorsqu'ils grignotent le bois, appelée « Requiem pour xylophages ». Cette carte montrait que les instruments de musique situés près du vestiaire étaient plus exposés aux mites transportées par les visiteurs. Les instruments de musique, qui ont peu de valeur sur le marché de « l'art tribal », peuvent donc être définis comme des sentinelles pour les menaces qui affectent tous les artefacts du musée. Si l'infestation est une menace constante et mineure, car elle érode lentement les objets en bois, l'inondation est une menace exceptionnelle beaucoup plus redoutable, car elle pourrait endommager tous les objets composés de matériaux organiques ainsi que les documents. Une crue majeure de la Seine étant attendue chaque siècle, des exercices d'évacuation des collections sont organisés chaque année, une fois pour les documents et une fois pour les artefacts. Le personnel du musée participe à ces exercices avec enthousiasme, car c'est l'une des seules possibilités pour eux d'avoir un accès direct aux objets, qu'ils déplacent vers les espaces d'exposition comme des victimes potentielles d'une catastrophe en attente de soin et de soutien. À côté de ces exercices réalistes simulant des catastrophes naturelles, le musée du quai Branly crée aussi des scénarios utilisant des applications numériques et de la réalité augmentée qui permettent aux visiteurs d'interagir avec les objets : ceux-ci racontent leur histoire, de leur création à leur entrée dans les collections, exorcisant ainsi le spectre de leur potentielle restitution.

Dans son programme de gestion des risques, le musée du quai Branly a classé ses objets en fonction de leur niveau de priorité pour l'évacuation en cas d'inondation. De façon surprenante, cet ordre n'est pas déterminé par la vulnérabilité des matériaux à l'exposition à l'eau mais par la valeur des artefacts sur le marché de l'art. Ainsi, une statue de bois coûteuse en provenance d'Afrique serait classée première pour l'évacuation, bien qu'elle puisse certainement résister aux inondations pendant quelques heures, tandis qu'une série d'herbes botaniques du Vietnam ou de crânes en sucre du Mexique seraient classées troisièmes en raison de leur valeur moins élevée sur le marché de l'art. En ce sens, nous pouvons décrire les réserves comme une forme de stockage prioritaire comparable à celle que nous verrons pour les vaccins dans le chapitre VI.

En tant qu'anthropologue ayant travaillé au Département de la recherche et de l'enseignement du musée du quai Branly, je n'étais pas responsable de la conservation ou de la documentation d'objets ethnographiques mais de la réflexion sur leurs conditions de production et d'exposition. Les questions que je me suis posées sont les suivantes : comment les artefacts ethnographiques sont-ils passés d'objets de prévention à des objets de préparation ? Comment les écologies de la conservation ont-elles muté d'un paradigme de l'évolution à un paradigme de l'extinction ? Et comment ce changement dans la gestion pastorale de leurs collections a-t-il permis aux conservateurs d'expérimenter les significations et les utilisations des artefacts dans les sociétés de chasseurs où la plupart d'entre elles ont été fabriquées ?

Je suis ainsi passé d'une anthropologie de la santé mondiale à une anthropologie de l'art mondial, qui forment les deux faces des écologies contemporaines de la conservation.

Si des techniques telles que les sentinelles, les simulations et le stockage passent du calcul des risques à l'imaginaire d'une catastrophe, ma tâche en tant qu'anthropologue est de décrire cet imaginaire et de demander comment il peut transformer nos écologies de conservation. De la même manière que je ne documente pas les collections ethnographiques dans un musée (les conservateurs, formés à l'histoire de l'art, le font mieux que moi), je n'enquête pas sur les risques d'infection dans une ferme, un laboratoire ou une réserve naturelle (les épidémiologistes le font mieux que moi avec leur formation en statistique). En utilisant des méthodes classiques de l'anthropologie, en combinant la description ethnographique et la réflexion théorique, je retrace la manière dont les images émergent, agissent, circulent et s'exposent lorsque les humains interagissent avec les oiseaux et les virus lors de crises de santé publique.

Dans la première partie de cet ouvrage, j'ai présenté l'histoire des réservoirs aviaires du point de vue occidental, en montrant comment les agents pathogènes passant des oiseaux aux humains ont changé la façon dont les maladies animales ont été problématisées en favorisant des alliances entre microbiologistes et observateurs d'oiseaux. La seconde partie du livre présentera des analyses plus ethnographiques des techniques de préparation du point de vue asiatique : comment des sociétés telles que Hong Kong, Taïwan et Singapour ont-elles réfléchi à leur position en tant que sentinelles de la grippe aviaire ? Comment l'idée de la préparation au niveau aviaire est-elle inscrite dans les modes de perception des événements futurs et dans les relations avec les oiseaux en Chine ? Comment les techniques de préparation que nous avons vu apparaître dans la science occidentale et la santé mondiale – les sentinelles, les simulations et les formes de stockage – fonctionnent-elles dans des territoires asiatiques singuliers ?

2nd ABF
Tainan, Taiwan

SECONDE PARTIE

Techniques de préparation

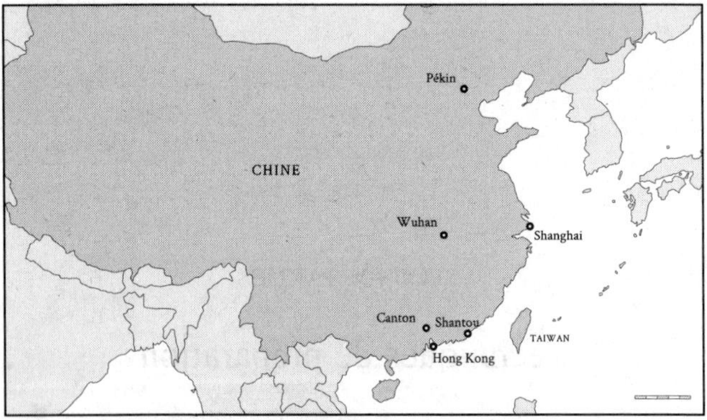
Pékin
CHINE
Wuhan
Shanghai
Canton
Shantou
Hong Kong
TAIWAN

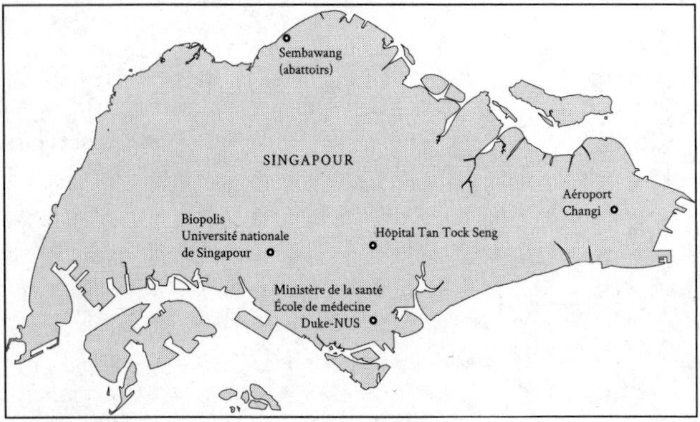
Sembawang
(abattoirs)
SINGAPOUR
Aéroport
Changi
Biopolis
Université nationale
de Singapour
Hôpital Tan Tock Seng
Ministère de la santé
École de médecine
Duke-NUS

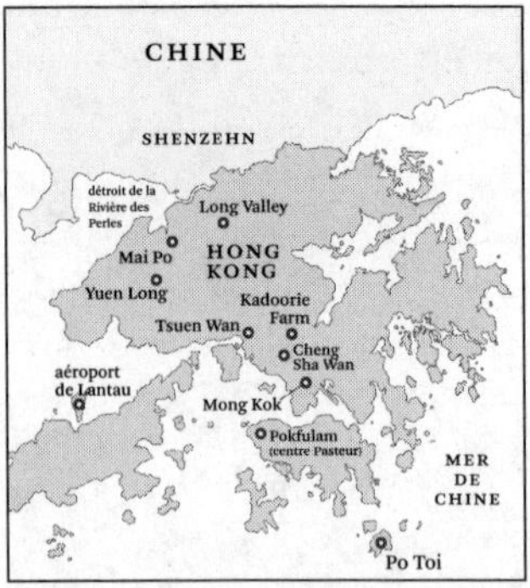
CHINE
SHENZEHN
détroit de la
Rivière des
Perles
Long Valley
Mai Po
HONG
KONG
Yuen Long
Kadoorie
Farm
Tsuen Wan
Cheng
Sha Wan
aéroport
de Lantau
Mong Kok
Pokfulam
(centre Pasteur)
MER
DE
CHINE
Po Toi

CHINE
CONTI-
NENTALE
Danshui
aéroport de Taoyuan
Taipei
Xiamen
Kinmen
détroit de
Taïwan
Dasyueshan
Taichung
Huben
TAÏWAN
Tainan
Kenting

IV

Sentinelles et signaux d'alerte précoce

Dans toutes les sociétés, les techniques de divination ont permis aux humains de lire sur les oiseaux des signes des menaces futures. Mais l'utilisation récente d'oiseaux sentinelles repose sur un nouveau principe selon lequel les signes envoyés par des animaux dans la nature sont analogues aux signes observés entre les cellules d'un organisme en laboratoire. Ce principe permet de connecter ce qui s'observe en laboratoire avec ce qui se passe dans des environnements plus larges comme un élevage industriel de volailles, un territoire menacé par la grippe ou l'environnement global dans lequel les oiseaux sont menacés d'extinction. Avec la notion de « signalisation cellulaire », l'immunologie a décrit un système complexe par lequel l'organisme construit une frontière flexible entre soi et autrui, et qui peut être leurré par de mauvais signaux. Si la sentinelle envoie des signaux d'alerte précoce depuis les frontières de l'organisme, ces signes doivent être interprétés pour que l'organisme réagisse de façon adéquate. En commençant par une ethnographie des poulets sentinelles à Hong Kong, j'analyserai les différents niveaux où se pose la question de la confiance dans les signaux envoyés par les sentinelles.

Les poulets sentinelles

À l'été 2009, je travaillais dans un élevage de volailles à Ha Tsuen, près de la ville de Yuen Long dans les Nouveaux Territoires de Hong Kong. Cette ferme avait été infectée par le virus H5N1 six mois plus tôt et avait reçu la visite de microbiologistes, de journalistes et d'un anthropologue – j'étais le seul qui ai souhaité rester. Le propriétaire de la ferme, Wang Yichuan, était aussi à la tête de l'Association des éleveurs de volaille de Hong Kong. Ce syndicat avait été fondé en 1949, avec 145 fermes élevant plus d'un millier de poulets chacune. Après le projet d'abandon volontaire formulé par le gouvernement en 1997 pour encourager les fermiers à prendre leur retraite, il n'y avait plus en 2009 que 29 fermes licenciées, élevant chacune environ 50 000 poulets.

Wang Yichuan se décrivait comme un éleveur moderne. Il communiquait régulièrement avec les médias, qui décrivaient son entreprise comme une « ferme modèle » (*mofan nonchang*). Ancien chauffeur routier, il avait acheté sa ferme en 1994 après avoir lu dans un journal l'histoire d'un Chinois de Singapour qui avait fait fortune en élevant des poulets. Sa femme, dont les parents pratiquaient déjà l'élevage de volaille, lui avait conseillé de ne pas se lancer dans ce commerce, qu'elle trouvait fatigant et risqué. Wang rencontra ses premières difficultés avec le traitement des déchets des cochons, ce qui lui valut des plaintes de ses voisins. Ensuite, après 1997, ses soucis furent causés par la grippe aviaire. Il était alors fréquent de retrouver dix poulets morts par jour, disait-il, mais quand il en découvrit deux cents le 6 décembre 2009, il réalisa que quelque chose n'allait pas. En outre, et ce fait était plus alarmant, la moitié de ces poulets décédés étaient des « poulets sentinelles » (*shaobingji*).

En chinois, *shaobingji* signifie littéralement « poulet soldat siffleur ». Une sentinelle est un soldat qui envoie des signaux depuis des postes avancés sur le front[1]. Cette centaine de poulets sentinelles qui étaient morts à la ferme de Wang Yichuan n'avaient pas été vaccinés contre le H5N1. Leur mort signifiait donc que la ferme avait été infectée par le virus de la grippe aviaire, transmissible aux hommes. Les poulets apparaissent ici comme les alliés des hommes dans la guerre contre les virus de la grippe, en mourant les premiers sur la ligne du front. Le terme « sentinelle » capte bien ce mélange de techniques agricoles, de mesures de santé publique et de préoccupations militaires qui est au cœur des dispositifs de biosécurité – et qu'on retrouve aussi dans des expressions comme « projet d'abandon volontaire » (*Voluntary Surrender Scheme*) ou « ferme modèle ».

En 2003, à la suite de deux épidémies dans le district de Yuen Long, le gouvernement de Hong Kong avait imposé la vaccination obligatoire pour tous les poulets élevés sur le territoire. Les fermiers devaient vacciner leurs poulets avec un vaccin contenant un adjuvant, constitué d'une émulsion d'huile, et un antigène fait à partir de germes tués de H5N2, produit par le laboratoire Intervet aux Pays-Bas. Les poulets étaient vaccinés à l'âge de 9 à 11 jours, avec une piqûre de rappel 4 semaines plus tard, et encore après, à 150 jours, lors de la sélection des poules pondeuses. Les poulets non vaccinés étaient placés à l'extrémité des rangées de cages, avec un ratio de 60 poulets sentinelles pour un ensemble de 3 500 poulets ou 500 pondeuses. Le personnel du Département de l'agriculture et de la conservation du gouvernement (Agriculture Fisheries and Conservation Department) visitait les fermes chaque semaine pour vérifier que les poulets vaccinés étaient immunisés et que les poulets sentinelle étaient sains.

L'usage de poulets sentinelles n'est pas restreint au cas de la grippe aviaire. On peut aussi y avoir recours pour la maladie de Newcastle, qui ne touche que la volaille mais avec des effets véritablement dévastateurs[2]. Cette technique peut aussi permettre de prévenir d'une maladie qui engendre plus de dommages chez les hommes que chez les oiseaux, comme le virus de la Rivière Ross ou le virus de l'encéphalite de la vallée de Murray en Australie. Dans ce cas, les poulets sont placés dans des cages réparties sur l'ensemble d'un territoire afin qu'ils soient piqués par des moustiques, et des prélèvements permettent d'observer s'il y a séroconversion, c'est-à-dire s'ils ont développé des anticorps contre ces virus[3]. Les oiseaux sauvages peuvent aussi être considérés comme des sentinelles quand ils meurent massivement d'une nouvelle maladie infectieuse, comme le virus du Nil occidental aux États-Unis[4]. Les oiseaux ont des systèmes immunitaires et respiratoires très différents de ceux des humains, mais ils produisent des anticorps pour les pathogènes qu'ils ont en commun, et, du fait de leur capacité à absorber de larges quantités d'oxygène, ils peuvent détecter la toxicité dans l'atmosphère avant qu'elle n'affecte les humains. Ceci explique pourquoi les canaris étaient utilisés dans les mines de charbon au XIXe siècle pour avertir en cas d'émanations de gaz dangereux. Si les symptômes des maladies sont très différents chez les oiseaux et les humains (par exemple, les poulets infectés par la grippe aviaire sont touchés au niveau du tube digestif, qui devient alors comme une bouillie de sang, tandis que les humains sont infectés au niveau de l'appareil respiratoire, ce qui cause des pneumonies), leur signalement d'une espèce à une autre peut être considéré comme clair. S'il est moins spontané d'avoir de l'empathie pour des oiseaux grippés que pour des vaches folles, il est plus facile de faire des oiseaux des sentinelles, puisqu'ils sont plus petits, plus nombreux, et plus mobiles.

Une fois la mort des poulets sentinelles rapportée au gouvernement, un groupe d'experts fut envoyé à la ferme de Wang Yichuan pour enquêter sur les causes de l'épidémie. Cette équipe était dirigée par Yuen Kwok-Yung, chef du Département de microbiologie de l'université de Hong Kong et du comité scientifique sur les maladies émergentes et les zoonoses au Centre pour la protection de la santé (Center for Health Protection). Après avoir travaillé comme chirurgien pour la police de Hong Kong, Yuen Kwok-Yung avait été le premier à signaler des cas de H5N1 hautement pathogène en 1997[5]. Il était aussi un fervent défenseur des mesures de biosécurité dans les fermes et les marchés, qu'il concevait comme un moyen de préserver les traditions de consommation de poulet vivant tout en protégeant la population de la grippe aviaire[6]. Sur la couverture du *South China Morning Post*, le principal quotidien anglophone de Hong Kong, Yuen Kwok-Yung était représenté penché sur Wang Yichuan – le chasseur de virus au-dessus de l'éleveur pastoraliste.

Plusieurs rumeurs avaient cours dans les médias. Certains disaient que le virus était arrivé par l'intermédiaire d'œufs de contrebande originaires de Chine continentale, d'autres soutenaient qu'il venait des oiseaux sauvages, tandis que d'autres accusaient le vaccin hollandais. L'équipe d'experts avait pour tâche de mettre ces rumeurs à l'épreuve de la virologie. Les poulets sentinelles étaient le point de départ de l'enquête, puisque c'est sur eux qu'avait été repérée la présence du virus à la ferme. Le taux de mortalité dans les cages des pondeuses atteignait 83 % pour les poulets sentinelles et 7 % pour le reste du groupe ; dans l'étable voisine, il était de 43 % pour les poulets sentinelles et de 0,2 % pour les autres. Les pondeuses sont plus susceptibles d'être infectées que les volailles de chair car elles sont davantage en contact avec les ouvriers, du fait de leurs inséminations régulières, tandis que les volailles de chair ne sortent jamais de leurs cages. Près de 2 500 prélèvements furent faits dans des fermes avoisinantes sur des poulets sentinelles et des poulets vaccinés ; ils s'avérèrent négatifs. Les espèces d'oiseaux sauvages dont on avait découvert précédemment qu'elles étaient infectées par le H5N1, comme les aigrettes et les moineaux, avaient été aperçues près de la ferme, mais tous les échantillons prélevés sur ces oiseaux étaient également négatifs.

Les échantillons collectés dans les deux étables montrèrent que le virus H5N1 appartenait à la souche appelée « 2.3.4 », qui circulait parmi les volailles et les oiseaux sauvages en Chine du Sud et au Vietnam. Par conséquent, les experts en conclurent que la source exacte du virus ne serait pas identifiable : cela pouvait être aussi bien des gens venus à la ferme que des oiseaux sauvages, ou même le vent. Les œufs de contrebande furent donc exclus, puisque la ferme faisait naître ses propres poussins. Mais les experts ajoutèrent toutefois que le virus pouvait avoir été amplifié par deux facteurs. Le premier était le manque de respect (« des irrégularités dans l'observation ») des mesures de biosécurité : les ouvriers ne portaient ni masques ni gants, et oubliaient souvent de nettoyer leurs bottes dans les bassins à l'entrée des étables ; le responsable mélangeait désinfectant et lessive dans les bassins ; les filets qui entouraient les bâtiments étaient troués, de sorte que les moineaux pouvaient passer à travers. L'autre facteur était la concentration de poulets sentinelles à l'extrémité des rangées de cages : cette concentration induisait une lourde charge virale et constituait donc un véritable défi pour l'immunité des poulets vaccinés – ce qui signifiait paradoxalement qu'un excès de biosécurité pouvait fonctionner comme un amplificateur de virus. Il fut alors recommandé de renforcer les mesures de biosécurité et de disperser les poulets sentinelles parmi les poulets vaccinés[7].

Wang Yichuan avait accepté de se plier aux mesures de biosécurité définies par le gouvernement. Après l'épidémie, ses six ouvriers furent envoyés à l'hôpital pour faire un bilan de santé, ses deux filles partirent chez leurs grands-parents, et il resta avec sa femme dans sa ferme sous quarantaine. Il dut abattre et enterrer les 70 000 poulets vivant dans la ferme ainsi que les 25 000 œufs fertilisés, nettoyer tout l'équipement et changer les filets. « Il ne reste plus la moindre plume », me dit-il fièrement. À l'époque où je travaillais dans sa ferme, il élevait 30 000 poulets (sa licence l'autorisait à en élever 100 000) et il n'employait que quatre ouvriers ; mais il avait acheté une autre ferme en Chine continentale, où il employait quatre autres ouvriers, et il traversait régulièrement la frontière pour ses affaires. « La grippe aviaire est un risque que je suis prêt à prendre, me dit-il, parce que j'aime bien le commerce de la volaille. Tu peux perdre beaucoup, mais tu peux aussi gagner beaucoup ! » Il me parla de la façon dont les marchands chinois avaient conquis le monde entier, de l'armée de Gengis Khan aux hommes d'affaires chinois d'aujourd'hui. Il insistait pour parler *guoyu*, la langue nationale, plutôt que *guangdonghua*, le dialecte local. Quand je lui demandai ce qu'il pensait des rumeurs sur les causes de l'épidémie, il me dit qu'il comprenait que les journalistes aient besoin « d'ajouter du sel et du vinaigre », mais qu'il préférait parler d'une manière directe et transparente (*touming*). Tandis que les autres fermiers alimentaient la rumeur selon laquelle sa ferme avait été infectée par des œufs de contrebande, Wang Yichuan croyait fermement que le H5N1 avait été apporté par des moineaux.

Ses collègues de l'Association des éleveurs de volaille de Hong Kong se moquaient gentiment de lui en disant qu'il se conduisait « comme un bon élève ». Il n'y eut pas beaucoup de solidarité entre les éleveurs de volaille confrontés à l'épidémie, me dit Wang Yichuan, et peu d'entre eux l'aidèrent à nettoyer sa ferme. La plupart des éleveurs expliquaient la peur de la grippe aviaire par les conditions de vie à Hong Kong, qu'ils comparaient ironiquement à la vie stressante des poulets. « Personne dans le monde entier n'a réagi comme le gouvernement de Hong Kong », me dit l'un d'entre eux. « Tous les êtres humains ont des maladies. Les poulets meurent, mais ils n'ont pas nécessairement un virus. À Hong Kong, les gens sont stressés parce qu'ils vivent concentrés dans des immeubles, comme des poulets dans une cage. » Yuen Long, un village traditionnel transformé en ville nouvelle grâce à la construction de logements publics depuis le début des années 1990, comptait alors un demi-million d'habitants, et subissait des taux élevés d'immigration, de chômage et de suicide. Elle était connue à Hong Kong sous le nom de « ville de la tristesse[8] ».

Les ouvriers de Wang Yichuan étaient tous originaires de Chine continentale. Je passai la plupart de mon temps avec un jeune homme venant de Canton, Li Qigui, qui était chargé de nourrir les poulets et de nettoyer leurs déjections. Chaque jour, nous prenions les grains de maïs contenus dans des sacs importés de Chine continentale pour les déverser dans un vaste silo. Nous apportions ensuite les grains dans des charrettes vers les mangeoires disposées sur le côté des cages, sous le souffle puissant d'imposants ventilateurs. Les cages étaient placées les unes sur les autres, en échelle, ce qui permettait à l'ouvrier de déposer la nourriture au fur et à mesure en descendant, mais aussi aux poulets de déféquer dans l'espace vide situé sous la cage. Dans l'après-midi, nous devions nettoyer une grande quantité de matière fécale apportée par une pelle mécanique sur le côté des cages. À l'aide de pelles manuelles, nous déversions cette matière odorante dans des poubelles qui étaient ensuite collectées par des camions tous les deux jours. Parfois, des poulets morts étaient mis dans des sacs en plastique et jetés dans ces poubelles. Ce travail me permit de voir l'élevage de volaille comme une usine métabolique, produisant conjointement du matériel vivant et du déchet fécal en quantité équivalente. Il était tentant d'imaginer tous les virus contenus dans la poubelle dont l'odeur rayonnait à travers toute la ferme.

Je passai aussi du temps avec Yan Yuren, une femme âgée qui avait quitté sa famille dans le Fujian pour venir travailler dans cette ferme cinq ans plus tôt. Elle s'occupait des jeunes poussins et des pondeuses en leur donnant des médicaments et des vaccins par une longue aiguille (*dazheng*). Cette aiguille intriguait Li Qigui, qui m'interrogea plusieurs fois à ce propos parce qu'il pensait que j'étais un expert de la grippe aviaire. Yan Yuren me montra les poulets sentinelles à l'extrémité de chaque rangée et me dit qu'ils étaient envoyés au marché s'ils étaient en bonne santé. Elle me dit aussi qu'elle ne pouvait pas les disperser au milieu des autres comme le demandait le gouvernement, parce qu'alors elle ne saurait plus lesquels étaient vaccinés et lesquels ne l'étaient pas. Elle me demanda de nourrir les poussins avec un sac rempli de nourriture enrichie, et de commencer par filtrer tous les insectes (*zhong*) du sac, en passant son contenu dans une machine à rotation. *Zhong* est un terme fréquemment employé pour faire référence aux insectes en Chine ancienne : c'était apparemment un souci plus important pour Yan Yuren que les virus de la ferme[9].

Yan Yuren préparait aussi à manger, pour nous et pour les autres ouvriers, deux hommes entre deux âges qui s'occupaient de rénover les hangars nettoyés. Je fus surpris de voir qu'elle cuisinait du porc, du poisson, des légumes et du riz, mais jamais de poulet. Quand je demandai s'ils mangeaient du poulet, elle demanda à Madame Wang d'en tuer un – elle le faisait souvent « pour les amis », dit-elle. Nous mangeâmes du poulet un soir au dîner, après avoir pris une douche et retiré nos vêtements, comme si manger du poulet impliquait de marquer une rupture avec leur fréquentation quotidienne[10]. Pour accentuer le contraste avec les repas ordinaires, j'avais apporté une bouteille de vin rouge, que mes collègues de travail regardèrent avec perplexité. Ils finirent par la boire dans leur bol à la fin du repas, avec le poulet, comme une sorte de soupe. Je découvris plus tard que le vin chinois (*maotai*) est blanc et peut être préparé avec le poulet, tandis que le vin rouge ressemble par contraste à du sang. Le simple fait de partager du vin était un signe révélateur des conditions qui avaient rendu ce partage possible : l'abattage de poulets pour la production alimentaire[11]. Nous finîmes le vin après le repas, en regardant à la télévision une série sur l'Armée populaire de libération.

À la fin de chaque semaine, un couple d'intermédiaires de commerce passait dans la nuit pour apporter un millier de poulets au marché de gros. Les poulets dormaient quand ils étaient tirés de leur cage et stockés ensuite dans des cages rouges, d'une façon visiblement stressante. Sur le sol, leurs plumes et leurs déjections devaient être nettoyées après le passage des marchands. Le camion était lui aussi nettoyé à l'eau à la fin de chaque opération. Une nuit, je fis la route avec eux jusqu'au marché central. Sur le chemin, ils me parlèrent des universités américaines où ils voulaient envoyer leur fils. Ils semblaient avoir un bon niveau de vie, grâce à leur statut d'intermédiaires nécessaires dans un marché florissant. Quand ils arrivaient au marché, les cages rouges étaient posées au sol, en attendant l'ouverture des enchères à 6 heures du matin. D'autres camions arrivaient de Chine continentale, avec des poulets vivants stockés dans des cages jaunes. Ces derniers avaient été contrôlés au poste de contrôle des frontières de Sheung Tsui, et ils étaient à nouveau examinés et nettoyés au marché. Chaque jour, environ 10 000 poulets arrivaient de Chine continentale, et le même nombre venait des fermes de Hong Kong – un poulet de Hong Kong valait deux fois plus cher qu'un poulet de Chine continentale (environ 60 dollars à Hong Kong contre 30 en Chine continentale). Ils étaient ensuite envoyés dans des marchés de vente au détail sur tout le territoire, où ils étaient vendus aux consommateurs qui pouvaient les choisir vivants.

En quittant le village de Ha Tsuen dans le camion, nous passâmes devant des conteneurs attendant leur départ pour les rives du delta de la rivière des Perles. On pouvait y lire ce slogan : « Nous transportons, nous prenons soin » (*we carry, we care*). Cette formulation me sembla parfaitement saisir la mission de Hong Kong, située aux portes de « l'atelier du monde » : transporter des biens jusqu'à un marché impliquait de prendre soin de leur sécurité. Les questions de santé publique qui apparurent durant les épidémies de grippe aviaire, avec toutes les oppositions qu'elles révélèrent entre un poulet bon à manger et un mauvais poulet infecté, entre une marchandise profitable et un être vivant dangereux, dissimulent les relations de soin impliquées dans la production d'êtres vivants qui rend la consommation possible[12]. Les poulets sentinelles, utilisés comme des indicateurs de ces épidémies extraordinaires et pourtant consommés comme des poulets ordinaires, sécurisaient la chaîne alimentaire de manière emblématique : ni pures marchandises, ni purs êtres vivants, mais signes des menaces futures et des bienfaits à venir.

Les postes sentinelles

De même que les poulets sentinelles alertaient le fermier sur la présence de H5N1 depuis l'extrémité des rangées de cages, de même Hong Kong alertait le reste du monde sur les risques de pandémie depuis sa position à la périphérie de la Chine. Nous sommes désormais en mesure de comprendre la citation des microbiologistes de l'université de Hong Kong que je mentionnais auparavant : « les études sur l'écologie de la grippe réalisées à Hong Kong dans les années 1970, dans lesquelles Hong Kong occupa un poste de sentinelle, indiquèrent pour la première fois qu'il était possible de se préparer à la grippe au niveau aviaire[13]. » Que signifie pour le territoire de Hong Kong cette requalification en poste de sentinelle pour la grippe aviaire à l'échelle mondiale ? Comment cela rend-il compte des relations entre Hong Kong, la Chine et le reste du monde ? L'analogie entre les poulets sentinelles, les poulets vaccinés et le responsable de la ferme d'un côté, et les citoyens de Hong Kong, leurs voisins chinois et leur gouvernement de l'autre, permet d'étudier les modes d'identification entre les hommes et les oiseaux dans l'anticipation des pandémies de grippe aviaire.

Le marché central de Cheung Sha Wan était situé au cœur de Kowloon, une des zones les plus denses du monde. Il se trouvait près du Metropark Hotel, où la crise du SRAS démarra pour les citoyens de Hong Kong en 2003. Quand j'entendis parler de l'épidémie de H5N1 en décembre 2008, je me rendis à Cheung Sha Wan, où je pus prendre des photographies des poulets vivants gazés sous les yeux des journalistes. Ces 10 000 poulets provenaient d'une ferme qui se trouvait à 3 kilomètres de celle de Wang Yichuan, et ils étaient abattus par mesure de précaution[14]. Étant donné qu'une autre ferme voisine dut aussi abattre 18 000 poulets, et que Wang Yichuan avait dû tuer les 70 000 poulets dans sa ferme, cela signifie que 100 000 poulets furent abattus en raison de l'épidémie. Les abattages dans le marché central étaient la face publique des abattages massifs qui avaient lieu dans les fermes. Lors des épidémies précédentes de H5N1, en 2001 et 2002, le nombre de poulets abattus s'éleva respectivement à 1,2 million et à 900 000, ce qui donne une indication du déclin de l'élevage de poulets à Hong Kong. Le premier abattage massif en Asie remonte toutefois à novembre 1997, après les premiers cas de H5N1 observés chez les hommes et les oiseaux : entre 1,3 et 1,5 million de volailles furent alors abattues. Une équipe de fonctionnaires du Département de l'agriculture fut chargée de superviser la régularité des pratiques d'abattage. « La plupart n'avaient jamais vu de volaille vivante auparavant. Ils durent apprendre. Maintenant certains d'entre eux sont devenus experts dans l'abattage de poulets », dit le chef du Département[15].

Le tout premier abattage massif de poulets au monde à des fins de précaution contre la grippe aviaire eut lieu en 1983 en Pennsylvanie : 17 millions d'oiseaux furent abattus en raison d'un virus H5N2 hautement pathogène, qui n'était pas transmissible aux humains, mais se répandait rapidement dans une zone où l'élevage de volailles était intensif[16]. En 1995, *The New Republic* citait les propos suivants de Robert Webster : « La population de volaille en Pennsylvanie [en 1983] est comme le monde aujourd'hui. Qu'aurions-nous fait si le virus s'était transmis aux hommes ? Nous sommes des millions de "poulets" à attendre d'être infectés. » L'auteur de l'article, Malcolm Gladwell, soulignait les problèmes posés par cette analogie : « Les êtres humains ne vivent pas collés les uns aux autres dans des cages bondées. Ils n'avalent pas leurs propres déjections. Ils ont le cerveau et les capacités nécessaires pour se prémunir de la maladie et de la contagion. Les gens ne sont pas des poulets. Donc pourquoi sommes-nous tout d'un coup convaincus que nous en sommes[17] ? » Il semble toutefois que cette analogie faisait sens pour le gouvernement de Hong Kong, du moins quand il dut faire face aux événements qui survinrent au milieu des années 1990.

La directrice du Département de la santé du gouvernement de Hong Kong en 1997 était Margaret Chan, qui quitta son poste après la crise du SRAS en 2003 et qui prit ensuite la direction de l'OMS en 2005. Les citoyens de Hong Kong gardent en mémoire des images d'elle lorsqu'elle se rendait aux marchés de volailles sous les caméras de télévision en disant : « Je mange du poulet, vous pouvez en manger aussi. » Un de ses conseillers à l'OMS me rapporta cet échange avec elle lors d'une réunion de crise en 1997 : « – Tuez tous les poulets ! – Mais s'il reste encore des virus ? – Alors, tuez tous les canards ! – Mais si ça ne marche pas non plus ? – Alors il faudra me tuer ! » Cette citation affirme de façon particulièrement frappante le rôle de l'empereur en situation de crise sanitaire, qui coïncide souvent avec des changements de régime ou des révolutions (*geming*). Dans cette conception analogique codifiée par la tradition confucéenne, le souverain, ou l'un de ses représentants, doit passer l'épreuve du sacrifice, c'est-à-dire qu'il doit essayer de rassembler tous les êtres vivants (*wu wei*), dont la prolifération constitue l'univers (« tout ce qui existe sous le ciel », *tianxia*), et tuer des animaux rituels (cochons, poulets et bœufs) au milieu de l'espace politique[18]. Pour les autorités chinoises, la grippe aviaire trouve ses sources dans l'intense trafic qui a cours entre hommes et animaux (*renliu wuliu* [人流物流]), où *ren* signifie à la fois l'homme et la vertu, *wu* les animaux et les êtres vivants en général, et *liu* à la fois le flot et la grippe. Chaque année, quand la population migrante de travailleurs chinois (*liuming*) rentre chez elle, les autorités craignent qu'elle ne diffuse des maladies contagieuses (*ganbing*)[19].

Chez les citoyens de Hong Kong, cet abattage massif d'oiseaux en 1997 produisit un sentiment ambivalent de soulagement mêlé de crainte. Alors que l'Armée populaire de libération entrait dans Hong Kong pour affirmer la souveraineté de Pékin, cet abattage pouvait être perçu soit comme un geste de protection pastorale pour les hommes, soit comme le signe d'une menace politique à venir envoyée par les animaux[20]. Si les citoyens de Hong Kong redoutaient d'être écrasés par l'armée chinoise, ils voyaient les poulets abattus massivement par les autorités agricoles du territoire. Un proverbe chinois parle de « tuer les poulets pour avertir les singes » (*sha ji jing hou*). L'abattage massif des poulets était l'indice de la souveraineté restaurée de la Chine sur Hong Kong, et rappelait peut-être la mobilisation de Mao Zedong en 1958 contre les moineaux, considérés comme des nuisibles[21].

De nombreux citoyens de Hong Kong avaient fui la République populaire de Chine après 1949 pour venir travailler dans des conditions difficiles, et les volailles de basse-cour leur fournissaient à la fois une compagnie et une source de protéines. En 2006, l'élevage de volailles de basse-cour fut interdit pour éviter la propagation de la grippe aviaire. Mais les citoyens de Hong Kong, toutes générations confondues, restèrent attachés à la consommation de volaille vivante élevée sur leur territoire, en dépit des encouragements du gouvernement à acheter des poulets importés de Chine continentale. Ils continuèrent à se rendre au marché de volailles vivantes, appelé aussi

« marché au détail » (*retail market*) ou « marché humide » (*wet market*), où les poulets étaient abattus sous les yeux de leurs acheteurs qui pouvaient alors vérifier leur état de santé[22]. L'abattage massif des poulets de Hong Kong, bien qu'il soit présenté comme une manière de prendre soin des citoyens, fut donc perçu comme la destruction d'un lien ancien entre les gens ordinaires et leurs volailles, et comme une façon d'accroître la dépendance de Hong Kong envers la Chine continentale, tandis que l'abattage quotidien de volailles vivantes au marché préservait, paradoxalement, ces formes d'attachement.

Ce geste sacrificiel, toutefois, n'était pas seulement l'expression d'un pouvoir souverain exercé d'en haut, puisque sa rationalité était partagée par la plupart des acteurs qui contestaient pourtant ses conséquences économiques et éthiques. Des membres de l'Association bouddhiste de Hong Kong priaient pour les âmes des poulets morts tout le long des frontières du territoire ; plutôt que de détruire les corps des poulets au centre du territoire, ces moines laissaient leurs âmes s'échapper de façon à ce qu'il n'y ait pas de mauvais *karma* lors de leur prochaine réincarnation. L'Association avait interdit une pratique religieuse appelée *fangsheng*, soit littéralement « relâcher la vie », ou « laisser la vie », qui consistait à acheter des oiseaux au marché et à les relâcher dans des parcs naturels, parce que beaucoup de ces oiseaux libérés étaient retrouvés morts, parfois infectés par la grippe aviaire. Dans les festivals taoïstes *jiao* organisés dans les villages des Nouveaux Territoires, les autorités sanitaires imposèrent aussi d'arrêter de tuer les coqs au début de ces fêtes végétariennes qui duraient trois jours et qui célébraient les divinités de l'environnement. L'abattage du coq, dont le sang était répandu aux frontières du village, visait à évacuer les mauvaises énergies du site du festival.

Les adeptes du bouddhisme et du taoïsme que je croisais m'expliquèrent que l'émergence du H5N1 renvoyait aux mauvaises énergies ou au mauvais *karma* produits par une consommation croissante de viande de poulet, et me dirent que les poulets se vengeaient des hommes en leur envoyant des pathogènes. Si le gouvernement de Hong Kong apportait son soutien à l'élevage industriel et au système de distribution de la viande que ces religieux contestaient, ils partageaient toutefois la même vision de Hong Kong comme un territoire confiné qui devait être protégé des menaces venant de l'extérieur. Les taoïstes et les bouddhistes pouvaient critiquer ce qu'ils percevaient comme un sacrifice « confucianiste » pour restaurer le pouvoir souverain à une période de changement de régime, mais ils avaient en partage la même ontologie « analogiste », pour reprendre les termes de Philippe Descola, ou, pour emprunter à Michel Foucault sa description du pouvoir souverain, les mêmes techniques de « faire mourir et laisser vivre ».

Les microbiologistes de Hong Kong, à l'inverse, ont développé une perspective différente sur la grippe aviaire. Bien que la plupart d'entre eux n'étaient pas natifs de Hong Kong – ils venaient d'Australie, du Sri Lanka et de Chine –, ils contribuèrent à la reconfiguration de la nouvelle identité de Hong Kong comme poste de sentinelle sous souveraineté chinoise. Le département de microbiologie de l'Université médicale de Hong Kong (HKU) avait été créé en 1972 par Kennedy Shortridge, un collègue de Robert Webster à l'université de Melbourne et au comité d'experts sur l'écologie de la grippe à l'OMS. Lorsque le virus pandémique de la grippe, qui fit environ un million de victimes dans le monde entier, fut identifié pour la première fois à Hong Kong en 1968 – on l'appela « la grippe de Hong Kong » –, Shortridge prédit que la prochaine pandémie apparaîtrait aussi en Chine du Sud.

La République populaire de Chine n'étant pas membre de l'OMS, elle ne partageait pas les informations relatives à la circulation des souches de grippe sur son territoire, et ne considérait pas la grippe comme un problème de santé publique majeur. Shortridge se constitua un réseau de relations personnelles (*guanxi*) avec des vétérinaires dans le Guangdong, et collecta avec eux des échantillons de virus de la grippe chez les canards et les cochons de la région. Il proposa ensuite de décrire l'écologie de la Chine du Sud – où les canards étaient utilisés en tant que pesticides dans les rizières, à proximité rapprochée des hommes et des cochons – comme un « épicentre de la grippe » pour le reste du monde. « La région de Chine du Sud voisine de Hong Kong, avec sa population dense et son élevage intensif », écrivit-il avec le spécialiste britannique de la grippe Charles Stuart-Harris, « est un contexte idéal pour que surviennent des événements tels que l'échange de virus entre des espèces hôtes[23]. » En renfort de cette hypothèse, il faisait remarquer que le caractère chinois pour « maison » (*jia* [家]) représentait un cochon sous un toit – comme si on pouvait voir les mutations des virus venant des oiseaux en regardant les traits variés de ce caractère traditionnel.

Quand les premiers cas de grippe aviaire apparurent en février 1997, Shortridge se rendit dans les marchés aux volailles d'où il lança l'alerte. Il y avait à l'époque un millier de marchés de volailles vivantes à Hong Kong, et dans certains d'entre eux, 36 % des poulets étaient positifs au H5N1. Il raconta ensuite que les corps des poulets morts dans les marchés de Hong Kong lui rappelaient les descriptions que lui faisait sa mère des victimes de la pandémie de grippe dans son Queensland natal en 1918[24]. Sa stratégie avait été de trouver les virus de la grippe chez les oiseaux avant qu'ils ne soient rendus moins virulents par les cochons pour en faire un vaccin pour les humains. Mais il était impossible de faire un vaccin pour un virus qui passait directement des poulets aux hommes et qui était mortel pour les deux espèces, car les vaccins contre la grippe sont cultivés sur des embryons de poulets[25]. Il recommanda par conséquent à Margaret Chan de faire abattre toutes les volailles vivantes sur le territoire de Hong Kong, afin d'éradiquer le réservoir animal du H5N1.

« Nous n'avons pas fait un abattage sélectif (*culling*), mais un massacre (*slaughter*) », me dit Shortridge dans un entretien[26]. Quand je lui demandai comment ils avaient fait pour que cet abattage massif soit accepté par les citoyens de Hong Kong, il me répondit qu'il avait recommandé, cinq ans plus tôt, une suspension des courses de chevaux à Hong Kong parce qu'il y avait une épidémie de grippe équine – mortelle pour les chevaux, mais non transmissible à l'homme[27]. Dans une ville où les courses de chevaux sont l'unique occasion de parier, et où le Jockey Club est l'association la plus fortunée, cette suspension était plus préjudiciable pour beaucoup de citoyens de Hong Kong que l'abattage de leurs volailles de basse-cour. Shortridge justifia plus tard cet abattage des volailles infectées comme une mesure de préemption :

> Les volailles furent abattues, marché après marché, à mesure que les signes devenaient évidents, ce qui conduisit à l'abattage préemptif de toutes les volailles pour éviter une infection à l'homme. La détection et la réaction précoces furent aussi préconisées en 2002 et 2003. Ainsi les conditions étaient réunies pour que la préparation aux épidémies de grippe ne se fasse pas seulement au niveau humain, mais aussi, ce qui est encore mieux, au niveau aviaire, avec pour idéal d'éradiquer un virus avant même qu'il n'infecte l'homme, afin d'éviter un épisode de grippe

> ou une pandémie. En 1997, le monde était probablement à un ou deux événements mutationnels près d'une pandémie, tandis qu'en 2002, grâce à la détection précoce, il en aurait peut-être fallu trois ou quatre[28].

Nous voyons ici que Shortridge décrit dans le langage des probabilités, en évaluant le nombre d'événements mutationnels nécessaires pour que le virus devienne une pandémie, une technique de préparation qui repose essentiellement sur l'imagination, puisqu'il fait appel aux mémoires familiales de la pandémie de grippe de 1918 ou aux caractères chinois qui renforcent sa conception de « l'épicentre de la grippe ». Tandis que Margaret Chan parlait de précaution, Shortridge parlait de préemption : tous deux créaient ainsi des hybrides entre la prévention classique et les nouvelles techniques de préparation qui émergeaient à l'époque[29].

Le scénario envisagé par Shortridge – une pandémie partant des animaux en Chine du Sud – fut confirmé par la crise du SRAS. En novembre 2002, quand les premiers cas d'une mystérieuse pneumonie apparurent à Canton, 30 oiseaux sauvages infectés par le H5N1 furent découverts à Penfold Park, près d'un champ de course de chevaux, bientôt suivis par des volailles infectées dans des fermes et des marchés[30]. Alors que les premiers cas de SRAS apparaissaient dans les hôpitaux de Hong Kong en mars 2003, la maladie se diffusant par voie aérienne dans les salles d'urgence, les microbiologistes de l'université de Hong Kong perdirent deux semaines à faire des tests pour rechercher le virus de la grippe aviaire, sans parvenir à identifier ce nouveau virus. La crise du SRAS fut considérée comme un échec de santé publique à Hong Kong parce que la maladie se répandit rapidement à travers les salles d'urgence des hôpitaux ou bien à travers les canalisations des logements de la classe moyenne. Ce phénomène explique le départ de Margaret Chan du ministère de la Santé et la réorganisation qui s'en suivit avec la création d'un Centre de protection de la santé dédié à la gestion des crises[31]. Cependant la crise du SRAS fut présentée comme un succès pour la détection précoce des zoonoses.

Ce succès fut attribué, à juste titre, aux activités de deux microbiologistes de l'université de Hong Kong, qui furent alors présentés dans les médias comme de véritables héros ayant révélé les chemins suivis par le SRAS pour circuler entre les animaux entre les humains[32]. Le 18 mars 2003, Malik Peiris identifia le virus qui avait causé cette nouvelle maladie en faisant une culture d'échantillons humains sur des cellules de chien et de singe : il découvrit qu'il s'agissait d'un coronavirus, soit un virus usuellement bénin avec une grande capside en forme de couronne, devenu mortel du fait d'une mutation dans sa protéine d'attachement[33]. Il observa que le virus pouvait survivre pendant deux jours hors d'une cellule et qu'il pouvait se transmettre par des gouttelettes. Peiris était né au Sri Lanka et avait été formé à la microbiologie à Oxford ; avant de venir à Hong Kong pour étudier la grippe, il avait conduit des recherches innovantes dans son pays natal, en collaborant avec des vétérinaires pour étudier la diffusion de l'encéphalite japonaise par le déplacement des fermes à cochons, ce qui l'avait conduit à réfléchir très tôt au rôle du bétail sur les maladies infectieuses émergentes[34].

L'autre héros était Guan Yi, qui était né dans la région rurale du Jiangsu, avait étudié la virologie avec Robert Webster à Memphis à partir de 1989, et était retourné à Hong Kong en 1997 pour « retracer » le virus de la grippe aviaire[35]. En février et mars 2003, grâce à ses connexions avec le chef de l'Institut des maladies respiratoires de Canton, Zhong Nanshan, Guan Yi traversa la frontière entre

Hong Kong et la Chine continentale pour collecter des échantillons, d'abord dans les hôpitaux, puis dans les marchés de Canton et Shenzhen. Il put ainsi montrer en mai de cette même année que le coronavirus était présent chez les civettes palmistes masquées (*paguma larvata*) – un rongeur utilisé dans des préparations, en médecine traditionnelle chinoise, pour soigner des maladies respiratoires – et chez les chauves-souris – originaires des forêts du sud de la Chine et particulièrement nombreuses à proximité des villes chinoises[36]. Avec ces deux découvertes, la chaîne de causalité était tracée : le coronavirus circulait parmi les chauves-souris et se diffusait chez les hommes par le « véhicule intermédiaire » que fournissaient les civettes en causant des pathologies respiratoires nouvelles. La politique d'éradication fut par conséquent appliquée aux marchés chinois, et la consommation de civettes interdite.

La crise du SRAS confirma ainsi – bien que rétrospectivement – l'importance d'une détection précoce des nouvelles maladies infectieuses. Par contraste, elle renforça l'idée que Hong Kong se faisait de la Chine continentale comme un lieu de menaces dont les signaux précoces sont toujours brouillés. Aux premiers moments de la crise, à l'hiver 2002, des rumeurs arrivèrent à Hong Kong indiquant que les gens à Canton achetaient du vinaigre pour se soigner d'une mystérieuse maladie. Mais il n'y avait pas d'informations disponibles sur cette maladie jusqu'à ce qu'elles parviennent à Hong Kong par l'intermédiaire d'un médecin, qui avait traité des patients à Canton et avait infecté environ dix personnes au Metropark Hotel de Kowloon le 21 février. Quand la maladie se répandit au reste de la Chine et du monde – Vietnam, Taïwan, Singapour, Philippines et Canada –, le gouvernement de Pékin, qui était alors en plein dans la tourmente politique du seizième congrès du Parti communiste qui devait officialiser la transition de Jiang Zemin à Hu Jintao à la tête du pays, refusa de communiquer des informations à l'OMS. Le 9 avril 2003, *Time Asia*, basé à Hong Kong, publia la lettre d'un médecin de Pékin qui accusait le gouvernement chinois de cacher ses cas de SRAS[37].

La pression mondiale exercée sur la Chine contraignit le nouveau gouvernement dirigé par Hu Jintao et Wen Jiabao à mettre en place une campagne de santé publique offensive contre le SRAS en imposant des quarantaines, en prescrivant des masques et en construisant des hôpitaux dans tout le pays. À la fin de l'épidémie, en juin 2003, le virus avait contaminé environ 5 000 personnes en Chine, dont 350 moururent, et 1 800 personnes à Hong Kong, dont 300 moururent. En dépit du caractère incertain des statistiques chinoises, le taux de mortalité à Hong Kong semble avoir été supérieur du fait de la forte densité urbaine et des premières réactions de panique, tandis que la médecine traditionnelle chinoise utilisée en Chine continentale a pu avoir des effets à long terme sur la maladie[38]. Si la crise du SRAS avait duré plus longtemps, l'économie de Hong Kong aurait sombré dans la banqueroute car tous les vols et tous les échanges furent suspendus pendant plusieurs mois. Les atouts qui avaient fait de Hong Kong un « petit dragon » – sa population dense, travailleuse et qualifiée, sa position de carrefour en Asie orientale – apparurent alors comme des vulnérabilités.

La stratégie des microbiologistes de l'université de Hong Kong consista à transformer cette vulnérabilité en un nouvel avantage. La crise du SRAS changea le statut de Hong Kong de porte d'entrée pour le commerce international à celui de poste de sentinelle pour la santé globale. Avant la Seconde Guerre mondiale, Hong Kong était « l'entrepôt » où les marchandises chinoises étaient vérifiées pour être envoyées dans le reste du monde[39]. Pendant la Guerre froide, en dépit de l'embargo américain et de l'essor d'une industrie du *made in Hong Kong*, rendue possible par l'arrivée d'une force de travail peu chère, cette fonction fut maintenue[40]. Dans les années 1990, avec l'ouverture et la modernisation de l'économie chinoise, Hong Kong devint un centre financier et commercial, où se rédigeaient les contrats entre les droits chinois et occidentaux. Après 1997, du fait de la crise financière asiatique et de la volonté de Jiang Zemin de faire de Shanghaï le nouveau centre commercial et financier de la Chine, l'identité de Hong Kong fut sérieusement remise en question.

La grippe aviaire et le SRAS furent l'occasion pour les élites de Hong Kong de présenter leur position entre la Chine et le reste du monde comme un site de détection précoce des menaces sur la santé publique et l'environnement. Si la bonne infrastructure hospitalière était une conséquence de la politique d'État-providence importée par le régime colonial en réponse aux émeutes de 1967[41], le SRAS conduisit à un renforcement de la gestion de crise et de la recherche biologique. La commémoration de la découverte du bacille de la peste en 1894 par Alexandre Yersin fut une façon de réaffirmer le rôle de Hong Kong dans la recherche mondiale sur les maladies infectieuses[42]. Durant la « crise de la mélamine » en 2009, quand 300 000 bébés chinois furent intoxiqués par de la poudre de lait contenant un additif chimique, le Centre pour la sécurité alimentaire procéda à des vérifications de tous les produits laitiers commercialisés sur le territoire et bannit ceux qui venaient du continent[43]. Quand le H5N1 se diffusa en Asie du sud-est, au Japon, en Russie et en Europe en 2005, Margaret Chan, alors à la tête de l'OMS, recommanda aux gouvernements concernés de suivre les mesures qui avaient été appliquées à Hong Kong depuis 1997. Comme Shortridge, Peiris et Guan l'affirment dans les propos précédemment cités,

Hong Kong était devenu un laboratoire expérimental pour la préparation au niveau animal.

Cette redéfinition de Hong Kong en poste de sentinelle était inséparable de la réflexion que ses citoyens menaient sur leur identité en tant que société démocratique dans une économie néo-libérale globalisée. Alors que le gouvernement de Tung Chee Wah, un riche homme d'affaires de Hong Kong choisi par les autorités de Pékin, était critiqué pour ne pas être intervenu pendant la crise du SRAS, 500 000 personnes manifestèrent au parc Victoria le 1er juillet 2003, juste à la fin de la crise du SRAS, pour protester contre un amendement à la loi fondamentale qui prévoyait d'accroître les mesures de sécurité et de restreindre les libertés civiques. Des manifestations contre la souveraineté de Pékin sont organisées chaque année le 4 juin pour commémorer le massacre de la place de Tian'anmen en 1989. Entre septembre et décembre 2014, 100 000 personnes occupèrent les rues de Hong Kong pour protester contre le contrôle du Parti communiste sur les candidats à l'élection du chef du gouvernement – un événement resté célèbre sous le nom de « mouvement des parapluies ». Entre juin et novembre 2019, des manifestations massives suivies d'occupations d'universités par les étudiants répondirent à une proposition de loi du gouvernement de Hong Kong sur l'extradition en Chine de citoyens hongkongais ayant commis des crimes hors du territoire. Alors que la grippe de Hong Kong en 1968 avait été un test pour les relations entre le gouvernement britannique et le Parti communiste après les grandes grèves que celui-ci avait organisées[44], et alors que l'émergence du H5N1 en 1997 avait été un test pour le nouveau gouvernement chinois, chargé de protéger sa population en se débarrassant de son économie volaillère, la crise du SRAS, quant à elle, mit à l'épreuve la « région administrative spéciale », selon la règle « un pays, deux systèmes » qui garantissait le libre-échange et les libertés publiques pour 50 ans[45].

Comment cette définition de Hong Kong comme poste de sentinelle transforme-t-elle les relations de ses citoyens aux oiseaux ? Il faut aller au-delà de l'identification empathique avec la volaille « sacrifiée » par le nouveau régime chinois, qui définit les citoyens de Hong Kong comme des citoyens démocrates et libéraux par opposition à leurs voisins chinois, afin d'examiner leurs relations plus ordinaires avec les oiseaux sur leur territoire. Si Hong Kong est une sentinelle en quête de signes de menaces futures, elle ne devrait pas jouer ce rôle uniquement au niveau politique du gouvernement qui réglemente un territoire, mais également au niveau des relations quotidiennes entre les citoyens et leur environnement. Après avoir décrit comment les chasseurs de virus s'identifient avec les virus lorsqu'ils les surveillent dans les élevages de poulets et les marchés, nous pouvons maintenant voir comment les observateurs d'oiseaux s'identifient avec les oiseaux qu'ils suivent dans leurs voies de migration. Si les citoyens de Hong Kong s'identifient aux poulets domestiques lorsqu'ils s'imaginent prisonniers du géant chinois sur un territoire où ils vivent confinés comme dans des cages, ils peuvent aussi s'identifier aux oiseaux sauvages lorsqu'ils prennent l'avion pour faire du tourisme ou pour s'installer dans d'autres territoires anglophones.

Des sentinelles pour l'environnement

Lorsque des oiseaux infectés par le H5N1 furent découverts en 2005 sur les rives du lac Qinghai, au nord-ouest de la Chine, puis sur les frontières de la Russie avec l'Europe, les autorités sanitaires posèrent aux ornithologues la question suivante : des oiseaux grippés peuvent-ils voler ? La

Société pour la conservation de la vie sauvage (Wildlife Conservation Society), une puissante association internationale basée aux États-Unis, développa, en collaboration avec des organisations internationales en charge de la santé humaine et animale (l'OMS, l'OIE et la FAO), le programme *One World, One Health* pour étudier au niveau global les interfaces entre les hommes, les animaux et leur environnement[46]. Cette alliance entre des groupes environnementaux, des virologues et des représentants de la santé mondiale fut l'un des principaux effets de l'émergence du H5N1. Elle produisit de nouvelles formes de sentinelles, non seulement au niveau d'une ferme ou d'un territoire mais aussi au niveau des voies migratoires.

Le terme de *migratory flyway*, que l'on peut traduire par « itinéraire migratoire aérien », est un concept forgé en 1931 par l'ornithologue américain Frederick Lincoln pour décrire les itinéraires empruntés par les oiseaux en vue de rejoindre les sites d'alimentation entre leurs habitats d'été et d'hiver[47]. Hong Kong se situe ainsi sur l'itinéraire migratoire aérien qui relie l'Asie orientale et l'Australie. On estime à environ 500 le nombre d'espèces qui résident ou migrent sur son territoire. Cette diversité attire, par conséquent, des *birdwatchers* du monde entier. La Société ornithologique de Hong Kong (Hong Kong Birdwatching Society, HKBWS) fut fondée en 1957 par des fonctionnaires britanniques qui voulaient établir une liste des espèces d'oiseaux présentes sur le territoire à des fins de conservation. Sir John Chapple, commandant des forces britanniques à Hong Kong et ami du gouverneur Edward Youde, lui-même grand amateur d'observation des oiseaux, était responsable de la surveillance des marais du Mai Po. Ce territoire, situé à l'extrémité du delta de la rivière des Perles, était une zone de passage aussi bien pour les réfugiés chinois que pour les oiseaux migrateurs.

En 2008, dans le *Bulletin de la Société d'ornithologie de Hong Kong*, Sir Chapple explique comment les officiers britanniques ont transformé le contrôle militaire exercé sur ce territoire en atout écologique :

> Contrôler militairement le territoire signifiait contrôler l'accès ; patrouiller à la recherche d'immigrants illégaux (la nouvelle classification pour les réfugiés) signifiait exercer une surveillance constante sur toute la région, ce qui permit d'aider à supprimer les pièges placés illégalement à l'intérieur des clôtures ; le fait que l'accès aux routes ait été contrôlé permit de développer des études environnementales et facilita la construction de voies de passage et de caches[48].

La manière dont les Britanniques pratiquaient le *bird-watching* était ainsi liée à un projet politique de cartographie et de défense du territoire. Les marais de Mai Po devinrent une réserve naturelle quand le gouvernement confia leur gestion au Fonds mondial de protection de la vie sauvage (WWF) en 1984[49]. Les pêcheurs qui venaient chercher des crevettes dans les bassins (appelés *gei wai*) furent engagés par le parc pour surveiller ces bassins à marée basse et attirer les oiseaux. Avec les dix mille oiseaux migrateurs qui venaient chaque année se nourrir dans les marais, le parc devint en 1995 une « zone humide d'importance internationale » selon la Convention de Ramsar. Le premier responsable de la réserve, David Melville, avait auparavant occupé le poste de *Government Ornithologist* entre 1974 et 1980. Le WWF continue d'ailleurs à former les Chinois continentaux à la protection de l'environnement, notamment dans la région voisine du Fujian, et leur apprend à préserver les zones humides. L'association organise aussi une « course aux oiseaux » (*bird race*) chaque année à Hong Kong, au cours de laquelle des équipes s'affrontent sur le nombre d'oiseaux observés en un jour sur tout le territoire. Le *birdwatching* était donc pour les élites coloniales britanniques à la fois un loisir et le prolongement des habitudes visuelles de l'armée surveillant les frontières avec la Chine et se préparant à un éventuel conflit à travers une émulation militaire[50].

Les Britanniques membres de la Société ornithologique de Hong Kong participèrent aussi à une enquête sur les pathologies des animaux migrateurs (Migratory Animal Pathological Survey, ou MAPS), menée par l'ornithologue Elliott McClure et le colonel Charles Barnes de 1963 à 1971 pour l'armée américaine. Ce projet impliquait d'attraper et de baguer des oiseaux dans toute l'Asie orientale pour mesurer la diffusion de l'encéphalite japonaise. Treize équipes en provenance de neuf pays y participèrent, baguant plus d'un million d'oiseaux de 1 218 espèces différentes[51]. Si les quartiers généraux de ce projet se trouvaient à Tokyo et Bangkok, Hong Kong était le centre de référence où les étiquettes trouvées sur les oiseaux tout le long de la voie migratoire devaient être envoyées. Ce projet donna lieu à la première production massive de données statistiques sur les oiseaux d'Asie orientale, mais il fut aussi la première tentative de conversion d'une campagne militaire pour la biosécurité en une préoccupation environnementale pour la biodiversité[52].

Pour ces deux raisons, sa position à l'extrémité du delta de la rivière des Perles et sa situation en plein milieu de l'itinéraire migratoire aérien entre l'Asie orientale et l'Australie, Hong Kong devint une sentinelle démocratique pour les menaces environnementales communes aux oiseaux et aux humains, où s'impliquèrent un nombre croissant de citoyens dans la protection de l'environnement. Après la rétrocession de Hong Kong à la Chine en 1997, le nombre de Chinois membres de la HKBWS dépassa celui des expatriés, s'élevant à 1 500 membres en 2007, ce qui en fit la plus importante association environnementale de Hong Kong. La direction de la Société fut confiée à Chiu Ying Lam, alors directeur de l'Observatoire de Hong Kong, qui avait été le premier Chinois à devenir membre de la Société en 1976. Quand je l'ai rencontré, il me raconta comment il avait fait du *birdwatching* une pratique populaire parmi la nouvelle classe moyenne qui découvrait alors les loisirs et la nature, et non plus seulement une pratique réservée à une élite militaire coloniale.

> Avant, ils partaient du principe que tout le monde avait une voiture : j'ai commencé à organiser des excursions à Mai Po pour les membres. Avant, ils pensaient que les amateurs devaient arriver au lever du soleil : j'ai proposé que l'excursion commence à 8 heures du matin. De cette façon, nous avions davantage de gens ordinaires[53].

Le plus grand succès de la HKBWS, qui contribua à attirer de nouveaux membres, fut la protection de la région appelée « Long Valley », au nord des Nouveaux Territoires. Cette zone humide agricole était menacée par un projet d'implantation d'une ligne de chemin de fer prévue par le Kowloon-Canton Railway (KCR). La HKBWS montra que Long Valley était l'habitat de plus de 210 espèces d'oiseaux, et argumenta que la plupart d'entre eux avaient déjà disparu d'habitats similaires de l'autre côté de la frontière avec la Chine continentale. Ils se livrèrent à une campagne de sensibilisation de l'opinion publique entre 1999 et 2001, et firent en sorte que la ligne de chemin de fer soit transformée en un tunnel souterrain qui n'affecterait pas l'habitat. Chiu Ying Lam raconte ainsi cette mobilisation :

> À ce moment-là, nous n'avions, virtuellement, aucune chance de gagner puisque nous nous battions contre une compagnie de chemin de fer qui était riche et puissante.

> Nous étions aussi étiquetés comme « un tout petit groupe de *birdwatchers* ». Mais les *birdwatchers* firent tout ce qu'ils purent : certains écrivirent des courriers, d'autres proposèrent leurs idées, d'autres aidèrent à la mise en relation avec d'autres ONG et les médias, d'autres s'engagèrent dans des actions en justice, etc.[54].

La protection de Long Valley fut une expérience formatrice pour la HKBWS dans la gestion de ses relations avec le public. Des informations sur le mouvement firent souvent la une du *South China Morning Post*, le plus important journal anglophone de Hong Kong. Des experts du réseau *BirdLife International* vinrent à Hong Kong pour examiner l'impact environnemental du projet du KCR et montrèrent que la valeur en termes de conservation de la zone humide avait été minimisée. Mike Kilburn, qui était un membre actif du Comité de conservation de la HKBWS, écrivit un article sur Long Valley dans le journal *World Bird Watch* en 2000[55].

Le succès de la mobilisation à Long Valley encouragea la Société ornithologique à résister aux mesures du gouvernement concernant les risques de transmission de la grippe aviaire des oiseaux sauvages aux hommes. En mars 2004, le gouvernement ferma la réserve de Mai Po parce qu'un oiseau sauvage infecté par le H5N1 avait été retrouvé à moins de trois kilomètres de la réserve. Cette décision fut critiquée comme une mesure de précaution excessive[56] ; mais elle fut ensuite répétée tous les ans ou presque, avec un moratoire de 21 jours imposé à la réserve chaque fois que des oiseaux morts étaient retrouvés dans les environs. Les *birdwatchers* de Hong Kong soutenaient que les oiseaux retrouvés porteurs du H5N1 appartenaient à des espèces résidentes et non migratoires, et qu'il n'y avait par conséquent aucun sens à fermer Mai Po plutôt que les parcs à oiseaux de Kowloon. Tandis que les citadins pouvaient être en contact avec des plumes ou des déjections d'oiseaux, disaient-ils, « on ne peut pas attraper la grippe aviaire avec des jumelles ! »[57]. Les *birdwatchers* avaient recours à l'ornithologie et à la « logique élémentaire » pour critiquer les « raisonnements archaïques » du gouvernement attribuant aux oiseaux sauvages la responsabilité de la grippe aviaire. Il était plus simple, disaient-ils, de fermer une ancienne institution coloniale où se rendaient quelques milliers d'écotouristes chaque année que de fermer des espaces urbains où des citoyens sont en contact quotidien avec des oiseaux sauvages ou des volailles. Mais cette rationalité économique niait selon eux le savoir accumulé depuis deux siècles par les groupes d'amateurs, coloniaux et postcoloniaux, passionnés par l'observation des oiseaux.

En mai 2007, Mike Kilburn organisa avec Malik Peiris une conférence commune avec la HKBWS et le Département de microbiologie de l'université de Hong Kong. Ils montrèrent aux journalistes une carte où les cas de H5N1 sur des oiseaux sauvages avaient été signalés. Il apparaissait clairement que la plupart des cas avaient été observés à Kowloon, et la carte faisait d'ailleurs étrangement penser à celle de la crise du SRAS, qui avait commencé à Kowloon. L'« épicentre » de diffusion du H5N1 par les oiseaux sauvages était le marché aux oiseaux, où, comme le soutint Mike Kilburn, des oiseaux sauvages étaient commercialisés d'une manière illégale que le gouvernement se refusait à encadrer. Il me raconta cette conférence quelques mois plus tard :

> Mai Po est probablement la zone où sont faits le plus grand nombre de tests sur les oiseaux sauvages, et on n'y a découvert aucun oiseau sauvage infecté. Je sais qu'un

ou deux oiseaux morts ont été trouvés dans le coin. Mais en conclure que ce sont les oiseaux migratoires qui propagent la mort aux hommes, c'est totalement absurde. Ce qui me frustre, c'est qu'on ait fait si peu de recherche sur le commerce des oiseaux sauvages. Mais le fait est que les oiseaux sont une bonne façon pour le gouvernement de détourner l'accusation. Si vous dites « abattez les oiseaux », vous devez faire face à quelques groupes d'écologistes. Si vous dites « fermez les élevages de volailles », c'est l'industrie agricole mondiale qu'il faut affronter[58].

Mike Kilburn opposait ainsi le savoir ordinaire des *birdwatchers*, fondé sur une surveillance régulière de la biodiversité, aux craintes d'une poignée d'alarmistes, fondées sur quelques cas. Il était fier de mentionner que le Département de l'agriculture, de la pêche et de la conservation de l'environnement (Agriculture, Fisheries and Conservation Department, AFCD) avait chargé la HKBWS de la réalisation d'une étude sur les oiseaux aquatiques dans les marais du Mai Po et d'une étude sur les aigrettes dans tout le territoire[59]. Les compétences développées par les *birdwatchers* pour identifier et compter les espèces d'oiseaux furent utilisées par le gouvernement pour procéder à une évaluation générale de la biodiversité du territoire.

Cela fait cinquante ans que nous avons des données sur les oiseaux à Hong Kong, me dit-il. Cela nous confère une autorité que personne ne peut remettre en question, puisque la Société a été initiée par des *birdwatchers* anglais qui avaient ce modèle d'association d'amateurs. Nous notons les oiseaux que nous voyons, nous envoyons ces données (*records*) à la Société à la fin de l'année, et elles sont disponibles pour quiconque voudrait s'en servir. Le Département de la conservation de l'environnement m'a avoué que quand ils essaient de faire le point sur la biodiversité d'une région, ils ne voient pas l'intérêt d'essayer de faire mieux que la société des *birdwatchers*[60].

Si la HKBWS joue le rôle de sentinelle collective à l'échelle du territoire, la position spécifique de sentinelle individuelle fut inventée par l'un de ses membres, Geoff Welsh. Formé à l'observation des oiseaux durant son adolescence en Angleterre, il travailla comme homme d'affaires à Hong Kong, et, à sa retraite, il se remit à pratiquer ce qu'il percevait comme un hobby, mais en y investissant la même rigueur que celle qu'il avait apprise au cours de sa carrière. Chaque semaine, il passait trois jours à Po Toi, une île au sud de Hong Kong habitée par quelques pêcheurs, où il comptait les oiseaux marins. Il postait ensuite ses données et ses images sur le site de la Société, où elles étaient particulièrement appréciées par les autres membres de l'association parce qu'elles offraient la meilleure démonstration possible de l'extinction de certaines espèces résidentes et de l'arrivée d'autres espèces. Tandis que les autres *birdwatchers* pratiquaient la surveillance comme un hobby, retournant de manière aléatoire aux mêmes endroits, Geoff Welsh le faisait de manière systématique, faisant d'une île déserte un poste de sentinelle. Toutefois, il tenait à ne pas se présenter comme un militant écologiste alertant du changement climatique : il se contentait de produire des données de qualité, laissant aux autres le soin de les interpréter. « J'adore les nombres, me dit-il. J'ai fait cela toute ma vie[61]. »

L'aptitude des citoyens de Hong Kong à construire une sentinelle démocratique sous la menace de la grippe aviaire peut être comparée au travail politique qui fut accompli à la même époque par les *birdwatchers* taïwanais. Les destins politiques de Hong Kong et de Taïwan sont liés car la Chine prétend inclure ces deux territoires dans sa politique de « grande nation » réunifiée, et tous deux ont répondu à cette prétention en réaffirmant leurs identités démocratiques, créant ainsi de nouvelles formes de sociétés civiles au sein de l'espace culturel chinois. La principale différence entre les deux villes est que Hong Kong, après avoir été une colonie britannique pendant 150 ans, est passée sous souveraineté chinoise tandis que Taïwan est un pays indépendant qui s'est présenté comme la véritable Chine depuis 1949 avec le soutien des États-Unis sous le nom de « République de Chine », bien qu'elle ne soit plus reconnue officiellement par la plupart des États souverains. Une autre différence importante tient au fait que les minorités de Hong Kong sont les Européens et les Indiens, renforçant ainsi son ancrage dans les routes commerciales entre l'Est et l'Ouest, tandis qu'à Taïwan les minorités sont les Aborigènes, ouvrant ainsi à une politique d'« indigénisation » qui détache Taïwan du continent chinois et qui l'ancre davantage dans l'océan Pacifique et dans les diasporas micronésiennes.

En quoi ces différences politiques influencent-elles la façon dont les sociétés de *birdwatchers* se constituent comme des sentinelles pour la surveillance des menaces environnementales ? Puisque ce sont deux îles dans la mer de Chine, Hong Kong et Taïwan sont des sites essentiels sur l'itinéraire aérien migratoire entre l'Asie orientale et l'Australie, et elles accueillent les mêmes espèces d'oiseaux. Pourtant, du fait de leurs différences de taille et d'écosystème, elles n'ont pas les mêmes oiseaux résidents : à Taïwan, on trouve beaucoup plus d'oiseaux forestiers vivant dans les montagnes qui occupent la plus grande partie de l'île, alors que Hong Kong héberge davantage d'oiseaux aquatiques venus se nourrir dans le détroit de la rivière des Perles. Par conséquent, il y a à Taïwan, par contraste avec Hong Kong, toute une politique de recherche des « espèces endémiques » dans le cadre du processus d'« indigénisation ». Si les *birdwatchers* de Hong Kong tendent à privilégier les oiseaux migratoires – la perception par un amateur entraîné d'un spécimen « vu pour la première fois » dans un environnement familier –, ceux de Taïwan sont plus intéressés par les oiseaux résidents – avec l'espoir d'attirer des « éco-touristes » grâce à des espèces d'oiseaux que ces derniers n'ont vu nulle part ailleurs.

Alors que les ornithologues britanniques et japonais ont collecté de nombreux spécimens d'oiseaux taïwanais au XIXe et au début du XXe siècle, le développement du *birdwatching* à Taïwan commença avec Sheldon Severinghaus dans les années 1970. Ancien étudiant de l'université Cornell aux États-Unis et enseignant le français et l'anglais à l'université Tunghai à Taichung, il était en charge de l'enquête sur les pathologies des animaux migratoires à Taïwan. Par l'intermédiaire de ce programme, il forma des « travailleurs chinois » à attraper et baguer les oiseaux[62]. Parmi eux, certains devinrent d'éminents *birdwatchers*, notamment Lucia Liu, qui étudia l'ornithologie à Cornell et qui devint son épouse, ainsi que Peter Chen, qui étudia l'écologie aux États-Unis et enseigna ensuite à l'université Tunghai. Tandis que Sheldon Severinghaus avait publié le premier guide de terrain sur les oiseaux de Taïwan en anglais et chinois en 1970, Lucia Liu Severinghaus, spécialiste d'ornithologie à l'Academia Sinica à Taipei, édita les trois volumes de *The Avifauna of Taïwan* en 2010[63].

Le *birdwatching* se développa à Taïwan parallèlement à la démocratisation de la société civile. Comme il était interdit de déclarer une association libre à Taïwan sous la loi martiale, un *bird club* fut instauré à Taipei, en 1973, pour les Occidentaux qui voulaient pratiquer le *birdwatching*, sous le tutorat de l'Association pour la protection animale présidée par Chiang Kai-Shek lui-même. Des clubs du même genre furent créés à Taichung en 1975 et à Kaohsiung en 1979. Sous le régime militaire, le port de jumelles en public était associé à des activités d'espionnage et réservé à des spécialistes habilités. Les premiers membres non occidentaux du club furent Lucia Liu, Peter Chen et You Hanting, appelé « Hunter You », qui avaient été formés à la gestion des parcs naturels aux États-Unis et qui avaient fait carrière à l'office du tourisme national de Taïwan[64]. Lucia Liu rappelle comment le club s'ouvrit à des membres non occidentaux :

> Les premières réunions avaient lieu au domicile de l'un des Occidentaux, et en général, il y avait une douzaine d'Occidentaux, deux ou trois Chinois pour autant que je m'en souvienne, mais essentiellement des Occidentaux. À la fin des années 1970, il n'y avait presque plus d'Occidentaux, il ne restait que des Chinois. J'étais aux États-Unis à l'époque pour mes études, mais mon mari retourna travailler à Taïwan dans les années 1980. Quand il participait aux sorties organisées par la Société des oiseaux de Taipei, il était le seul Occidental, tous les autres étaient Chinois. Et c'était difficile à l'époque : les voitures individuelles étaient rares, les jumelles étaient rares, les gens se retrouvaient et prenaient le bus pour aller là où ils avaient décidé d'aller, et ils partageaient les quelques paires de jumelles qu'ils avaient. Pour ce qui est de l'observation des oiseaux, c'était vraiment une période difficile. Mais les gens étaient vraiment intéressés, ils venaient toutes les semaines, et le groupe ne faisait que s'agrandir[65].

La levée de la loi martiale en 1987 offrit non seulement la possibilité d'organiser davantage d'activités publiques de *birdwatching*, mais aussi un temps plus grand d'activités de loisir en dehors du travail pour la classe moyenne. Le nombre de sociétés passant à 19, elles formèrent une fédération qui devint membre du réseau *BirdLife International* en 1996, et qui compte aujourd'hui 5 000 membres. Du fait de la politique d'indigénisation menée par le président du Parti démocrate progressiste (DPP), Chen Shui-bian, la Société chinoise des oiseaux sauvages devint la Fédération des oiseaux sauvages de Taïwan autour des années 2000 – elle reprit son nom antérieur en 2008, après la chute de Chen Shui-bian. Le sociologue Michael Hsiao note à ce propos que « cette organisation initialement apolitique fut progressivement entraînée vers l'activisme politique du fait de la destruction croissante de l'environnement naturel de Taïwan, car celle-ci entrait fortement en contradiction avec les croyances qui sont au fondement de la Société[66]. » Cet activisme démocratique conduisit les *birdwatchers* taïwanais à percevoir des signaux d'alerte sur les oiseaux, au risque de se faire leurrer par des signaux inadéquats.

En 1996, la création de la réserve naturelle de Guandu, après dix ans de campagne contre des projets immobiliers, fut le premier succès de la fédération[67]. Ce parc en banlieue de Taipei est l'habitat d'oiseaux aquatiques et attire environ 10 000 personnes chaque année, au mois d'octobre, pour la foire aux oiseaux de la Fédération. Le rôle de ce parc peut tout à fait être comparé au rôle joué par Mai Po dans la pratique du *birdwatching* à Hong Kong. On peut mentionner une autre mobilisation qui présente un contraste intéressant avec la défense de Long Valley, et qui eut lieu à la même période. La Société chinoise des oiseaux sauvages soutenait le combat des villageois de Huben, dans le comté de Yunlin, contre un projet d'extraction de gravier. Ils avançaient l'argument selon lequel le site de Hushan était l'habitat de la brève migratrice (*pitta nympha*), un oiseau migratoire très coloré considéré comme une espèce endémique à Taïwan. Ils lancèrent une pétition internationale, avec pour slogan « Sauvez l'habitat des pittas – arrêtez l'extraction de gravier », qui recueillit plus de 10 000 signatures, dont

95 % étaient celles des villageois de Huben. Le Conseil de l'agriculture fit une étude sur le nombre d'oiseaux reproducteurs parmi les brèves migratrices, et estima qu'il y en avait 40 dans le comté de Yunlin. Le 14 juin 2000, le président Chen Shui-bian, nouvellement élu, déclara : « Si Taïwan perdait les brèves migratrices, non seulement nous perdrions la plus jolie chose qu'on puisse trouver à Taïwan, mais le monde en serait lui aussi appauvri. » À la suite de cela, le village de Huben fut désigné Zone importante pour la conservation des oiseaux (*Important Bird Area*) par l'ONG Birdlife International, et Village écologique par le gouvernement de la République de Chine[68]. Toutefois, des études ultérieures dirigées par l'Institut des espèces endémiques montrèrent que les brèves migratrices vivaient dans toute l'île de Taïwan, et attribuèrent les causes de son déclin à la déforestation de Bornéo où elles passaient l'hiver. Par conséquent, après un long processus d'évaluation des risques pour l'environnement, la construction d'un barrage dans le village de Huben fut autorisée en 2008.

L'échec de la mobilisation des *birdwatchers* à Huben, qui coïncide avec la fin de la présidence démocratique à Taïwan, peut s'expliquer par le fait qu'elle s'était organisée autour d'une « espèce vedette », c'est-à-dire une espèce dotée d'une forte valeur iconique ou symbolique qui attirait différents acteurs « aux marges » des mouvements environnementaux[69]. À l'inverse, la HKBWS n'avait pas focalisé son attention sur une seule espèce de Long Valley, mais elle avait insisté sur la valeur écologique de l'habitat géré par des villageois locaux. Pour consolider la politique de conservation dans cette région agricole, les membres de la HKBWS avaient demandé aux *birdwatchers* de venir régulièrement dans la région et de poster les images qu'ils prenaient des oiseaux sur le site web de la Société. Les mouvements environnementaux parallèles de Long Valley et de Huben peuvent être décrits comme deux manières de lancer l'alerte sur le destin des oiseaux. Tandis que la protection d'une espèce vedette s'expose aux risques que des études viennent montrer qu'elle n'est pas si menacée qu'on ne le croit, la conservation d'un territoire sentinelle, dans un espace frontière où les effets de la destruction environnementale sont visibles à long terme, se présente comme une démarche plus durable.

Un autre contraste entre les mobilisations de *birdwatchers* à Hong Kong et Taïwan est instructif. Un territoire à Taïwan occupe en effet une position tout à fait comparable à celle de Long Valley : Kinmen, une île sur les côtes de la Mer de Chine, très proche de la ville portuaire de Xiamen, qui était restée propriété de la République de Chine et devint le site d'une série de combats entre les deux Chine[70]. Les membres de la Société des oiseaux sauvages de Kinmen lancèrent une pétition contre la construction d'un pont entre Kinmen et Xiamen qui, selon eux, détruiraient la riche biodiversité de l'île, préservée par un demi-siècle de présence militaire. Ils furent soutenus par la Société des oiseaux sauvages de Xiamen, qui montra que, avec le même écosystème et un niveau supérieur de développement, bon nombre des espèces qu'on pouvait trouver à Kinmen avaient disparu de Xiamen. Mais les habitants de l'île étaient quant à eux favorables au projet de construction, arguant du fait qu'après un demi-siècle d'isolement militaire le pont ferait venir des touristes pour profiter du riche patrimoine culturel (des maisons Hakka du XVIIe siècle, des musées de la guerre) et naturel (réserves de vie sauvage, vignes produisant un alcool réputé). À la différence de Hong Kong, ils ne parvinrent pas à faire d'une sentinelle militaire une sentinelle environnementale parce que les menaces n'étaient pas perçues par la population comme étant suffisamment élevées pour provoquer une mobilisation locale.

Le succès des *birdwatchers* de Hong Kong en tant que sentinelle environnementale peut donc être expliqué par le fait qu'ils ont emprunté un chemin de crête entre deux périls qui se sont manifestés à Taïwan : une alerte excessive (comme dans la mobilisation pour protéger la brève migratrice de Huben en tant qu'espèce endémique) et un défaut d'alerte (comme le manque d'engagement des habitants de Kinmen pour protéger leur territoire). Le sort des oiseaux de Hong Kong produisit des signaux particulièrement expressifs à mi-chemin entre la valeur symbolique d'une espèce vedette et la perception confuse des menaces sur tout un environnement. Cela soulève une question générale pour les dispositifs de sentinelle : comment émettre un signal d'alerte adéquat d'une manière durable ? La réponse à cette question, qui est devenue cruciale du fait de la mondialisation des menaces environnementales, peut être trouvée dans les travaux de recherche fondamentale des immunologistes à l'échelle de l'organisme.

Les cellules sentinelles

Après avoir élargi l'enquête des sentinelles d'une ferme singulière à celles d'un territoire local et d'un environnement régional, il est maintenant nécessaire de descendre en granularité vers le niveau de l'organisme, où la découverte des « cellules sentinelles » a conduit les immunologistes à s'interroger sur ce qui faisait échouer ou réussir les signaux d'alerte précoce. Je ne m'intéresserai pas ici à l'immunologie comme discours métaphorique sur les défenses du corps contre des agresseurs extérieurs – même si le terme « immunologie » a, en lui-même, cette connotation militaire[71]. J'étudierai plutôt la façon dont les relations entre le soi et le non-soi sont problématisées par les immunologistes au niveau de l'organisme, d'une manière qui devient signifiante à de plus hauts niveaux de constitution des dispositifs sentinelles[72]. Si les menaces à l'encontre du soi peuvent être tenues pour réelles – qu'il s'agisse d'une grippe pandémique ou d'autres changements environnementaux suscitant des perturbations –, comment des signaux d'alerte précoce sont-ils produits aux différents niveaux de la vie par des dispositifs de sentinelles ?

J'ai entendu parler de cellules sentinelles pour la première fois alors que je suivais le travail de Jean Millet au Centre de recherche Pasteur de l'université de Hong Kong, où j'étais chercheur invité pour l'année 2008-2009. Dans ce centre de recherche et d'enseignement créé en 1999 par l'Institut Pasteur de Paris, je suivais de manière régulière les réunions de laboratoire et les conférences, où je pouvais m'instruire sur les fondamentaux de la virologie, de l'immunologie et de l'imagerie cellulaire. Mais cela me prit toute une année pour oser demander à un chercheur si je pouvais observer des expériences de laboratoire, à cause des règles strictes en matière de biosécurité qui conditionnaient la possibilité d'y entrer et des contraintes temporelles qu'elles imposaient. Le Centre Pasteur avait un niveau 2 en matière de biosécurité (BSL-2), en vertu duquel ses chercheurs étaient autorisés à travailler sur des particules de type viral pour étudier leurs mécanismes d'entrée et de sortie dans les cellules ; mais ils devaient se rendre dans un laboratoire de niveau 3 (BSL-3), au Département de microbiologie de l'université de Hong Kong, s'ils voulaient faire des expérimentations avec des virus vivants sur des animaux. Les deux laboratoires travaillaient en collaboration sur les virus de la grippe aviaire, du SRAS et de la dengue, qui d'un point de vue pathologique soulevaient des problèmes comparables – à la différence de virus plus mortels, comme la variole ou Ebola, qui nécessitent un laboratoire de niveau 4 (BSL-4). Mais le Centre Pasteur était spécialisé dans les signaux produits par les relations entre cellules et virus.

Jean Millet était né de parents asiatiques et avait fait ses études au lycée français de Hong Kong. Il venait de rentrer à Hong Kong, après un doctorat réalisé à l'Institut Pasteur de Paris, et il travaillait en tant que postdoctorant sur des coronavirus comme ceux qui avaient causé le SRAS. Il occupait de ce fait une position intermédiaire entre les chercheurs asiatiques et les chercheurs français travaillant au laboratoire, qui rencontraient des difficultés de communication entre eux. Tandis que les premiers considéraient ces virus comme de dangereuses menaces pour la communauté, les seconds les voyaient comme des opportunités pour capter des financements internationaux et travailler sur les mécanismes fondamentaux des interactions entre virus et cellules. Jean pouvait exprimer l'imaginaire politique des citoyens de Hong Kong dans le langage scientifique de la biologie française, ce qui était pour moi d'une aide précieuse.

Ses expériences visaient à identifier les protéines responsables de l'attachement du virus du SRAS aux cellules qu'il envahit. Hors du laboratoire de niveau 2, il avait réalisé des tests en double hybride sur des levures, qui avaient montré que la protéine « ezrine » de la cellule interagissait avec la protéine « spike » du virus. « La levure sent bon, me dit-il, on se croirait dans une usine de fabrication de gâteaux ! » La recherche sur les levures est une pierre angulaire de la microbiologie pasteurienne : le Centre Pasteur de Hong Kong avait été créé initialement pour établir la cartographie du génome de la levure, avant de se tourner vers les nouvelles maladies infectieuses après la crise du SRAS. Jean confirma ensuite ses hypothèses au laboratoire de niveau 2, en combinant des particules de type viral – composées du squelette d'un rétrovirus VIH et de protéines spike d'un coronavirus du SRAS – avec des cellules épithéliales de rein prélevées sur un singe. Ces combinaisons révélèrent les premières étapes de l'infection des cellules, mais elles restèrent non infectieuses.

Ces cellules étaient stockées dans un réfrigérateur pour rester « fraîches ». J'avais assisté à des réunions de laboratoire au cours desquelles les chercheurs discutaient le niveau de « fraîcheur » requis pour que les cellules puissent produire des signaux d'infection significatifs. Après vingt infections, les cellules sont considérées comme « vieilles » et doivent être jetées, parce qu'elles ne sont plus en mesure d'envoyer des signaux corrects aux autres cellules. Pour maintenir cette fraîcheur, les cellules sont alimentées par un milieu nutritif contenant du sérum de veau, du CO_2 et un liquide intitulé PBS qui évite les chocs osmotiques quand on les sort de leur récipient[73]. En observant le travail de Jean au laboratoire de niveau 2, je pensais aux analogies qu'il présentait avec la « ferme modèle » de Wang Yichuan où j'avais travaillé dans des conditions élevées de biosécurité ; mais ici, les cellules avaient pris la place des poulets en tant qu'objets d'attention[74].

Jean prit des particules virales d'une boîte et les inséra dans 27 puits contenant des cellules et dans 27 autres puits pour une expérience placébo. « Je ne sais pas quels récipients contiennent des cellules et quels sont ceux qui n'en contiennent pas, dit-il. Je dois accomplir les gestes de manière très répétitive pour ne pas être stressé quand je manipule les virus. » Son stress n'avait pas pour origine la peur du caractère mortel du virus mais plutôt le désir d'arriver à un résultat significatif. Jean m'expliqua que les mesures de biosécurité dans le laboratoire visaient moins à protéger les chercheurs des risques de contamination qu'à protéger l'expérience d'un pathogène qui viendrait perturber les résultats.

Les résultats apparurent après quelques minutes. Tout d'abord, les cellules restaient au fond du puits tandis que les virus surnageaient à la surface. Ensuite, quand l'infection se produisit, les cellules convergèrent les unes vers les autres, et la plupart d'entre elles furent détruites. Jean expliqua ce phénomène en parlant d'un surpeuplement et endossa pour un moment la perspective des cellules infectées : « Les filles, il n'y a plus de place pour nous, il faut nous éliminer ! » Après ce processus, il resta quelques cellules : elles avaient l'air « heureuses », me dit Jean, ce qui signifiait que l'information génétique des virus et celle des cellules correspondaient[75]. Pour expliquer qu'il puisse se projeter mentalement dans la cellule interagissant avec les virus, Jean fit référence à l'idée de la cytogénéticienne Barbara McClintock d'une « sympathie pour l'organisme ». McClintock avait révolutionné l'étude des cellules en observant la transposition des gènes dans des cellules de maïs[76]. Elle insista sur la nécessité de « cultiver » ou d'« élever » les cellules pour comprendre leurs mécanismes. Puisque le premier virus fut étudié sur un plant de tabac[77], prendre la perspective d'une cellule végétale permet aux virologues de comprendre comment les virus perturbent l'organisme.

Jean me montra, sur un microscope électronique, des images d'infections produites par ses collègues au laboratoire de niveau 3. Ces images confirmaient les résultats qu'il avait obtenus avec les particules virales au laboratoire de niveau 2. La fluorescence révélait les interactions entre les protéines des cellules et celles des virus, indiquant une co-localisation. Alors qu'il choisissait les images au hasard, Jean qualifiait certaines infections de « jolies » et d'autres de « moches ». Dans ce second cas, les cellules explosaient littéralement, libérant de grandes quantités de virus qui sautaient alors sur d'autres cellules, ce que les biologistes appellent une « mort sale » ou plus précisément une « nécrose ». Dans le premier cas, à l'inverse, les autres cellules déployaient leur bras comme si elles appelaient à l'aide, et les virus passaient de l'une à l'autre en empruntant les ponts ainsi formés. Ce processus est qualifié de « mort propre », ou « apoptose », dans la mesure où l'information à propos du virus est communiquée aux autres cellules de façon à ce qu'elles puissent se défendre. Tandis que les premières images ressemblaient à un champ de bataille opposant de grandes cellules à de petits virus, les secondes montraient un réseau de cellules signalant le passage des virus.

Les cellules déployant leurs bras étaient appelées les « cellules dendritiques » du fait des analogies possibles avec les dendrons dans les synapses du cerveau[78]. On les appelait aussi « cellules sentinelles » ou « cellules présentatrices d'antigènes » parce qu'elles se déplaçaient sur la première ligne de défense du système immunitaire pour capter l'information en provenance d'un pathogène. Le système immunitaire est conçu comme un ensemble de cellules, occupant entre 15 et 20 % du corps humain, qui communiquent les unes avec les autres pour signaler la perturbation causée par un agent biologique étranger. Une distinction a récemment été établie entre immunité innée – qu'on peut retrouver chez n'importe quel être vivant et qui a particulièrement fait l'objet d'études chez les plantes et les insectes –, et immunité adaptative – qui n'existe que chez les vertébrés, et qui ouvre un espace pour la mémorisation des rencontres biologiques, cultivé par la technique de vaccination. Tandis que l'immunité innée est produite par des cellules qui reconnaissent des pathogènes spécifiques, comme le récepteur de type Toll découvert chez la mouche par Jules Hoffman et chez la souris par Bruce Beutler, l'immunité adaptative est activée par des cellules qui peuvent détecter l'information de n'importe quel pathogène, comme les cellules dendritiques étudiées par Ralph Steinman chez la souris et l'homme. Hoffman, Beutler et Steinmann reçurent le prix Nobel de médecine en 2011 pour ces découvertes qui révolutionnèrent l'immunologie.

Philippe Kourilsky, ancien directeur de l'Institut Pasteur à Paris et professeur d'immunologie moléculaire au Collège de France, définit les cellules dendritiques comme des « sentinelles professionnelles[79] ». Tandis que toutes les cellules du système immunitaire surveillent quotidiennement les perturbations dans l'organisme, les cellules dendritiques sont les seules à pouvoir activer une réponse immunologique à un pathogène inconnu. Elles possèdent des centaines de capteurs, qui détectent des protéines spécifiques dans les pathogènes, et des récepteurs qui peuvent s'attacher à d'autres cellules immunitaires (cellules B, cellules T, macrophages, cellules NK, etc.). Pour s'attacher ainsi, elles ont besoin de molécules chimiques appelées « cytokines » et « chimiokines », qui forment une cascade de signalisation, décrite par les pathologistes comme une « inflammation » : il s'agit d'un processus normal par lequel le corps traite et régule une information anormale[80]. Si les cellules dendritiques ne sont pas les premières à détecter l'infection (soit une concentration de chimiokines et de cytokines plus élevée que la normale), elles orchestrent les réponses de l'ensemble du système immunitaire en interprétant les signaux reçus et en orientant les réponses qui leur sont faites, amplifiant ainsi l'alerte[81].

Philippe Kourilsky prend l'exemple de ce qui arrive quand un individu se frotte les yeux après avoir serré la main de quelqu'un qui porte le virus de la grippe. Les cellules T du système immunitaire inné essaient de reconnaître l'antigène du virus, mais étant donné que le virus de la grippe est instable, et dans la mesure où il y a « seulement » un milliard de cellules T spécifiques dans l'organisme, elles doivent apporter l'antigène aux cellules dendritiques du système adaptatif. Ces cellules ont la capacité d'analyser l'information portée par 50 000 cellules T et de trouver le récepteur adapté pour un nouveau virus. Elles peuvent ainsi être décrites, d'après l'anthropologue David Napier, comme « des moteurs de recherche de l'information (nuisible ou utile) présente de manière latente dans les virus[82] ». Si l'information nécessaire pour réagir à un pathogène inconnu est déjà présente dans l'organisme, les cellules dendritiques sont les synapses hautement mobiles qui peuvent se déplacer dans l'organisme pour la faire correspondre à l'information du pathogène.

Ce processus de recherche est crucial pour la vie de l'organisme. Quand les cellules transportent une information qu'elles ne reconnaissent pas, elles peuvent entrer en apoptose ou essayer de communiquer cette information pour survivre. « Tout est affaire de signaux dans un monde de cellules dominé par l'apoptose, écrit Kourilsky. Une cellule qui ne reçoit pas des signaux de survie est vouée au suicide. La normalité des cellules constituantes du vivant est ainsi vérifiée par les autres de multiples manières[83]. » Kourilsky compare les cellules dendritiques à « une armée de drones déployés dans l'organisme, dotés d'instructions générales, mais capables d'ajuster leurs objectifs précis en fonction de l'environnement qu'ils rencontrent » – avec une différence majeure qui tient au fait que cette armée de drones n'est pas commandée par un centre, mais par un champ de médiateurs chimiques qui détectent constamment de nouveaux événements dans le corps vivant[84].

Si l'on suit cette nouvelle conception du système immunitaire comme un réseau de surveillance captant constamment de nouvelles informations, les pathologies ne peuvent alors plus être expliquées par l'invasion d'un agent étranger – on reconnaît de plus en plus que l'organisme co-évolue de manière symbiotique avec les microbes qu'il contient, ce qui rend difficile le fait de considérer qu'un microbe soit totalement étranger à l'organisme – mais par un échec du système à activer de manière adéquate sa cascade de signaux. De nombreux chercheurs se sont focalisés sur l'auto-immunité, un processus par lequel l'organisme envoie ses défenses immunitaires contre ses propres tissus[85]. Mais les recherches développées au Centre Pasteur de l'université de Hong Kong sur les nouvelles maladies infectieuses ouvraient d'autres voies.

Malik Peiris, qui fut nommé directeur scientifique de ce Centre en 2007, supposait que la mortalité des virus de la grippe aviaire chez l'homme était due à un excès de médiateurs chimiques qui envahissaient le conduit respiratoire, ce qu'il appelait une « tempête de cytokines[86] ». Cette hypothèse faisait l'objet de nombreuses discussions parmi les experts de la grippe, et Robert Webster proclamait notamment qu'elle n'avait pas été confirmée chez la souris[87]. Mais elle se fondait sur les premiers travaux menés par Peiris sur la pathologie du virus de la dengue, un mécanisme connu sous le nom d'« amélioration dépendant des anticorps[88] ». Le virus de la dengue est ainsi plus mortel quand l'organisme est infecté par deux souches différentes du virus, ce qui peut s'expliquer par le fait que le système immunitaire produit des anticorps pour la première souche qui deviennent ensuite excessifs pour la seconde. La létalité des virus émergents peut ainsi être liée à une panique du système immunitaire quand on lui présente la mauvaise information[89].

Selon cette hypothèse, les cellules dendritiques jouent un rôle essentiel, puisqu'elles agissent comme les régulateurs d'une réponse immunitaire adaptative. L'hypothèse de Peiris et de son équipe est que ces cellules sentinelles sont contournées par les virus mortels comme le H5N1 ou le coronavirus du SRAS, qui les leurrent ou les piègent en masquant leur profil antigénique. L'immunologiste italien Alberto Mantovani a ainsi montré que certaines protéines agissent comme des « récepteurs leurres » (*decoy receptors*) ou des « pièges moléculaires » qui inhibent la production inflammatoire de cytokines et de chimiokines. Les virus, selon cette hypothèse, pourraient imiter ces protéines pour « récupérer » comme des charognards (*scavenge*) la réponse inflammatoire[90]. Les innovations pharmaceutiques en vaccinologie essaient de simuler ces protéines leurres sur ordinateur pour réguler le système immunitaire.

Le vocabulaire du « leurre » et du « charognard » utilisé en microbiologie vient du monde de la chasse. Un charognard est un prédateur qui profite de l'état vulnérable de sa proie pour l'attraper. Un leurre imite le comportement d'un prédateur pour piéger et attirer sa proie. En Angleterre, les *duck decoys* (« leurres pour canards ») sont des structures en bois qui sont construites à proximité d'un étang : un chien – réel ou faux – est placé de l'autre côté de l'étang et les canards nagent tous ensemble dans sa direction pour l'effrayer. Un leurre (*decoy*) est plus qu'un appât (*lure*), qui attire les animaux sur la base d'un désir biologique ; un leurre attribue des intentions, ou du moins des comportements intelligents, à l'animal qu'il permet d'attraper. Quand le vocabulaire de la chasse est appliqué aux relations entre virus et cellules, il décrit les stratégies par lesquelles les virus évitent les défenses des cellules ou dissimulent leur information pour entrer dans les cellules. Philippe Kourilsky note ainsi : « Lorsque j'écris qu'un prédateur se nourrit de sa proie, cela ne veut pas forcément dire qu'il la dévore. Les agents infectieux sont de minuscules prédateurs qui se développent (aux dépens, par exemple, de l'être humain) en prélevant de l'énergie et en détournant à leur profit des dispositifs biologiques de leur hôte[91] ». Les relations entre prédateurs et proies ne reposent pas sur le meurtre et la dévoration, qui sont des extrémités accidentelles, mais sur la communication par signaux dans un environnement partagé.

Par conséquent, quand un être humain est tué par un virus dont il devrait être l'hôte, comme un virus de la grippe aviaire, il s'agit en fait d'une surréaction à un leurre fabriqué par le virus pour faciliter son entrée dans l'hôte. Les cellules dendritiques sont intelligentes, mais quand leur comportement est imité par les agents qu'elles sont censées attraper, leur intelligence devient un handicap, puisqu'elles envoient de mauvais signaux d'alerte au reste du système immunitaire. Les pathologies du système immunitaire peuvent donc être analysées comme des défaillances de la signalisation lorsque les cellules sentinelles sont attirées par un leurre. Cela met en lumière d'autres niveaux – politique et écologique – où les dispositifs sentinelles régulent les relations entre le soi et le non-soi. Cette production excessive de signes au niveau des cellules caractérise-t-elle également les sentinelles à d'autres niveaux, de sorte qu'on pourrait parler d'une ontologie commune aux dispositifs de sentinelles ?

Des comportements sentinelles

Cette hypothèse sur les fonctions et les dysfonctions des cellules dendritiques dans le système immunitaire peut être comparée aux recherches qui ont été faites à la même période sur les perturbateurs endocriniens. Dans ces deux domaines de recherche, les oiseaux portent les signes d'une catastrophe qui menace les humains, et rendent visible un nouveau mode de signalement qui se développe à différents niveaux.

L'alerte sur les perturbateurs endocriniens fut donnée par Theo Colborn, qui suivait les pas de Rachel Carson dans son étude sur la santé environnementale – Colborn remporta le prix Rachel Carson en 1999. À la fin des années 1980, cette zoologue participa à un projet de recherche canadien étudiant l'impact des pesticides sur la santé des animaux dans les Grands Lacs au nord des États-Unis. Elle n'observa pas de cancer chez les poissons qui aurait pu expliquer leur déclin, mais par contre, elle découvrit que les mouettes avaient cessé de couver leurs œufs et que leur taux de reproduction chutait. Elle compara ces résultats aux expériences de Michael Fry à l'université de Californie, qui avait injecté des œufs de mouette prélevés dans des zones non contaminées par l'insecticide DDT et trouvé des « cellules de type féminin dans des testicules ». Elle se référait aussi aux recherches de Frederick vom Saal sur le système endocrinien. Ce dernier avait montré que la disposition des embryons de souris dans le ventre les exposait à un échange d'hormones entre mâles et femelles – une femelle placée entre deux mâles dans l'utérus est plus agressive qu'une femelle placée entre deux femelles. Si les hormones produites par des glandes (ovaires, thyroïde, hypophyse) sont transportées par le sang et envoient des messages aux organes sur les manières de se développer, alors le sexe dépend de l'exposition environnementale dans le ventre, et pas seulement des chromosomes X et Y. De même que les médiateurs chimiques dans le système immunitaire, les hormones agissent dans un champ de signaux qu'elles sont faites pour réguler – ce qui permet de parler d'un « système endocrinien ».

Le fait de rassembler ces différents types de données conduisit Theo Colborn à « aller au-delà du cancer[92] » et à proposer un nouveau paradigme pour expliquer les effets des produits chimiques sur l'organisme, paradigme qui devint célèbre grâce à la déclaration de Wingspread en 1991 à travers laquelle zoologues et endocrinologues lancèrent l'alerte sur les perturbateurs endocriniens. Les produits chimiques comme le DDT, le distilbène ou le PCB imitent les hormones car leur structure est similaire. Ils trompent le système endocrinien et le perturbent en s'attachant à ses récepteurs. Colborn décrit leur comportement comme « furtif » : ils entrent dans le corps à une dose inférieure au niveau de perceptibilité toxicologique et sont rejetés s'ils entrent à de plus fortes doses. Il est par conséquent nécessaire de sortir du paradigme du cancer, selon lequel c'est « la dose qui fait le poison », et d'inventer des modes de perception des signaux d'alerte précoce à basse dose. Le comportement féminisé des mouettes mâles qui couvent des œufs dans la région des Grands Lacs est un exemple de « signal faible » parce que, même si les mouettes ne décèdent pas d'un tel comportement, il menace le destin de leur espèce et celui des humains avec lesquels elles partagent leur environnement[93]. Les mouettes, du fait de leur position dans la chaîne trophique en tant que prédateurs de poisson, agissent comme des amplificateurs de la pollution qui affecte l'environnement dans l'ensemble de la région.

Dans cette histoire de recherche biologique à la fois fascinante et effrayante, la notion de sentinelle – même si Colborn ne l'utilise pas – permet de décrire quatre niveaux de signalisation : l'interaction entre les perturbateurs endocriniens et le système hormonal ; « la mouette mâle féminisée » ; les Grands Lacs comme territoire politique entre le Canada et les États-Unis ; et enfin l'Amérique du Nord comme environnement sauvage affecté par la pollution chimique d'origine industrielle. À ces quatre niveaux, le problème pour les scientifiques est de percevoir de manière adéquate des signaux d'alerte précoce qui sont rendus confus par le comportement trompeur des industries chimiques et des agents qu'elles produisent. Une forme de science citoyenne est alors nécessaire pour multiplier les informations bloquées par l'industrie, telles que l'engagement d'observateurs d'oiseaux à Hong Kong ou la création par Theo Colborn de réseaux de surveillance des perturbations chimiques qui semblent causer des maladies chez ceux qui vivent à proximité des plateformes de fracturation[94]. Les perturbateurs endocriniens affectent les prédateurs – aussi bien les espèces sauvages que les scientifiques qui les « chassent » pour comprendre les raisons de leur déclin – parce qu'ils agissent eux-mêmes comme des prédateurs, en leurrant ceux qui essaient de les attraper.

Une autre recherche peut être comparée à celle des experts de la grippe aviaire de Hong Kong : celle qui fut menée au même moment par le couple d'ornithologues israéliens Amotz et Avishag Zahavi. Tous deux ont élaboré une théorie de l'évolution connue sous le nom du « principe du handicap », après avoir observé pendant vingt ans des cratéropes écaillés, une espèce de passereau qui vit dans le désert du Néguev. Les oiseaux s'étant accoutumés à leur présence, ils pouvaient observer leur comportement sans les déranger. Certains des cratéropes, appelés « sentinelles », restaient posés sur une branche pendant que les autres mangeaient, et ils piaillaient bruyamment à l'approche d'un prédateur. Mais parfois, les autres oiseaux, au lieu de fuir, rejoignaient les sentinelles pour piailler encore plus fort. « Pourquoi, se demandent les Zahavi, les cratéropes augmentent-ils le volume de leurs cris à un niveau sonore qui peut alerter le prédateur de leur présence précisément au moment où le prédateur est dans les parages – et avant même qu'il ait pu remarquer la présence du groupe camouflé[95] ? »

Quand Amotz Zahavi appelle ces oiseaux des « sentinelles », il fait référence à son expérience dans l'armée israélienne aux frontières des pays arabes[96]. Mais cela ne signifie pas pour autant qu'il projette sa vision de la société sur le comportement des oiseaux ; au contraire, il découvre aux frontières entre Israël et ses pays voisins de nouvelles manières de lancer des signaux qui refondent les bases de la biologie. Zahavi compare le comportement des oiseaux sentinelles à la queue du paon, une énigme classique dans la théorie de l'évolution de Darwin. Avertir le prédateur constitue un handicap selon une rationalité utilitariste, puisque les signaux d'alarme augmentent le risque d'être pris, mais ils confèrent aussi un certain prestige à ceux qui agissent comme des sentinelles. Les sentinelles envoient ce que Zahavi appelle des « signaux coûteux » : elles indiquent au prédateur qu'il a été vu et qu'il perdrait son temps à essayer d'attraper sa proie, de la même manière que la queue du paon indique à ses rivaux qu'ils perdraient le combat pour l'accouplement avec une femelle. Les sentinelles établissent une communication entre prédateur et proie, ou entre deux rivaux sexuels, de sorte que les deux parties puissent évaluer les bénéfices de cette interaction incertaine. « Si les cratéropes signalent au prédateur qu'ils l'ont vu, alors les deux parties sont gagnantes. Le prédateur va chercher de quoi s'alimenter ailleurs, pour essayer de surprendre d'autres proies, les cratéropes peuvent finir leur repas. Cela fait sens pour les cratéropes de se signaler au prédateur, et cela fait sens pour le prédateur de prêter attention à leur signal[97]. » Plutôt que de se battre effectivement avec leurs prédateurs ou leurs rivaux, les sentinelles les menacent, c'est-à-dire qu'elles leur envoient des signaux en vue d'une possible rencontre qui reste incertaine pour les deux camps.

Les observations des Zahavi sont devenues des cas d'école dans l'anthropologie néo-darwinienne, qui repose sur une vision utilitaire des individus maximisant leur potentiel génétique ; mais elles poussent ce paradigme à sa limite en révélant de nouvelles formes de communication entre les individus qui échappent au calcul d'utilité. Tandis que le comportement des oiseaux sentinelles a souvent été expliqué comme une forme de sacrifice altruiste de l'individu pour le groupe, Zahavi affirme que les individus ont une motivation égoïste à montrer leur prestige. Il ne regarde pas la relation entre l'individu et le groupe sous l'angle de la sélection sexuelle, mais sous l'angle de la relation entre des individus à travers des signaux de communication. « La sélection par le signal diffère de la sélection sexuelle au sens où elle inclut tous les signaux – pas seulement ceux qui affectent les potentiels partenaires et rivaux sexuels, mais aussi les signaux envoyés à tous les autres rivaux, partenaires ou ennemis, ou n'importe qui d'autre. […] La théorie de la sélection par le signal offre ainsi de nouvelles manières d'examiner toutes les espèces sur terre, des organismes microscopiques jusqu'à l'humanité elle-même[98]. » Tout comme Malik Peiris avait abandonné la conception des virus de la grippe aviaire comme ennemis et Theo Colborn s'était écarté du paradigme des doses toxiques en cancérologie, Amotz Zahavi a refusé la description sacrificielle des oiseaux sentinelles dans l'analyse de la chaîne complexe de signaux qui oriente les comportements sentinelles.

Zahavi prit part à une conférence sur « l'immunologie comme science cognitive » à l'Institut Weizmann des sciences en 1994 pour expliquer comment des pathogènes non virulents deviennent virulents, c'est-à-dire comment ils peuvent détruire la cellule qui doit les accueillir. Il aborda la relation entre le pathogène et la cellule sous l'angle de la communication par signaux, la décrivant comme un échange d'informations sur les propriétés des deux partenaires. « Si l'hôte ne coopère pas, écrit-il, il est plus avantageux pour le parasite d'agir de manière virulente ; c'est donc avec le soutien de l'hôte qu'un phénotype non virulent devient virulent[99]. » Pour Zahavi, il n'y a pas de faux signaux : les signaux transmettent toujours de l'information, même quand ils passent de la menace à la violence. La virulence biologique ou la violence politique apparaissent comme des excès de communication lorsque deux prédateurs se leurrent l'un l'autre.

En revanche, la communication par signaux coûteux est pour Zahavi un espace de création esthétique ou de fiction. Tout en empruntant ses modèles à la compétition et à la séduction sexuelles, qui sont au centre de la biologie néo-darwinienne, il oriente la description des relations de chasse vers la danse[100]. Si les comportements sentinelles oscillent entre un défaut de communication et un excès de communication, de quoi parlent-ils ? La « théorie des signaux coûteux » de Zahavi montre qu'ils communiquent sur la valeur de la sentinelle[101]. On comprend alors pourquoi les dispositifs de sentinelle utilisent la fiction pour faire croire que la menace est déjà là et pour produire de la confiance dans la capacité du système à maîtriser cette menace. Ils accumulent les signes en une forme de consommation ostentatoire. Zahavi résumait ainsi sa théorie du handicap « en une idée très simple : le gaspillage peut être signifiant, car en gaspillant, on prouve qu'on a suffisamment de richesses pour en gaspiller et plus encore. L'investissement – le gaspillage lui-même – est précisément ce qui rend l'annonce fiable[102] ». Si les signes doivent tendre à l'excès pour être considérés comme fiables, c'est qu'ils n'ont pas de valeur en eux-mêmes mais seulement en fonction des comportements futurs de ceux qui les produisent[103].

La théorie de Zahavi répond ainsi à la question posée dans ce chapitre : comment expliquer le fait que les sentinelles produisent une signalisation excessive à différents niveaux ? Une question corrélée serait : pourquoi les oiseaux sont-ils de bons opérateurs pour les comportements sentinelles ? Les recherches de Theo Colborn dans les Grands Lacs et d'Amotz Zahavi en Israël montrent, de même que celles de Malik Peiris à Hong Kong, que les oiseaux sont particulièrement aptes, étant donnée leur position dans la chaîne de prédation, à envoyer des signaux d'alerte précoce, comme le font à d'autres niveaux les cellules immunitaires et les territoires politiques de taille réduite comme Hong Kong. Les comportements des sentinelles oscillent entre un défaut et un excès de signaux d'alerte précoce, entre sous-évaluation et sur-réaction. J'ai identifié quatre niveaux où l'on peut observer ces comportements sur des oiseaux : au niveau d'une ferme, où ils sont perçus à la fois comme une marchandise et comme un être vivant nécessitant des soins ; au niveau d'un territoire, où ils peuvent être perçus comme des symboles de la menace politique ou des signes avant-coureurs de pandémies ; au niveau environnemental, où ils peuvent être identifiés comme des espèces vedettes ou comme des habitants ordinaires d'un habitat ; au niveau de la cellule, où les virus de la grippe aviaire peuvent perturber la cascade de signalisation du système immunitaire. À ces différents niveaux, les signes deviennent des valeurs lorsqu'ils transforment la potentialité du leurre en fiction et instituent un imaginaire commun. Les réservoirs aviaires sont les sites où ces signes sont perçus par les humains pour se préparer aux menaces futures. Il nous reste voir comment ces signes fonctionnent en pratique et comment ils produisent de la valeur.

V

Simulations et scénarios inverses

Depuis les années 1990, les techniques de simulation se sont multipliées dans le monde de la gestion des désastres. L'objectif affiché de ces simulations est de répéter une situation catastrophique pour mieux s'y préparer, en faisant comme si la catastrophe avait déjà eu lieu pour en limiter les dégâts. Deux sortes de simulation peuvent être distinguées : les exercices virtuels, qui s'appuient sur des programmes informatiques et qui se déroulent à l'intérieur d'un bâtiment, et les exercices réels, qui impliquent des acteurs dans un lieu extérieur[1]. Ces deux techniques utilisent des scénarios du pire cas imaginés par des professionnels de la gestion des désastres formés à l'écriture de fiction. J'ai pu observer des simulations de pandémie de grippe aviaire dans les pratiques des microbiologistes et des autorités de santé publique à Singapour et Hong Kong, mais aussi dans celles des ornithologues à Taïwan. Dans ce chapitre, je décris comment les acteurs en charge de la grippe aviaire ont simulé la transmission de pathogènes potentiellement pandémiques des oiseaux aux humains.

Je montrerai que les techniques de simulation sont des formes transitoires entre les pratiques de chasse des microbiologistes et des observateurs d'oiseaux, qui communiquent au moyen de sentinelles en prenant la perspective des pathogènes à travers les réservoirs animaux, et les techniques plus pastorales des autorités de santé publique, qui planifient la gestion des menaces pandémiques dans la population au moyen du stockage des vaccins. La simulation des maladies aviaires n'est pas seulement une technique de santé publique mais aussi une pratique environnementale : elle ne prépare pas seulement à une pandémie catastrophique mais aussi, plus fondamentalement, à des rencontres incertaines entre humains et animaux, ou entre prédateurs et proies[2].

Alors que les généalogies des techniques de simulation commencent généralement par les débats sur les désastres nucléaires au cours de la Seconde Guerre mondiale, mon analyse discute les concepts de simulation, de performance, de rituel et de jeu à travers l'ethnographie des sociétés de chasseurs. La perspective des animaux n'a pas été prise dans les études des simulations de désastres parce que celles-ci ont été décrites comme des techniques pastorales de biopouvoir, laissant ainsi de côté ce que l'anthropologie des sociétés de chasseurs montre sur l'action rituelle. Les chasseurs de virus et les observateurs d'oiseaux simulent la rencontre des humains et des oiseaux comme une catastrophe afin de mettre en scène les relations entre les espèces. L'approche des sentinelles développée dans le chapitre précédent sera donc adoptée ici pour des simulations qui semblent davantage appartenir à une tradition pastorale de protection de la population contre un ennemi. Comment la pandémie future est-elle imaginée à travers des scénarios qui impliquent des hommes, des animaux et des artefacts ?

Pour analyser les simulations de maladies aviaires, j'utilise les notions de scénario inverse et de rituel réflexif. Les scénarios de pandémie ou d'extinction d'espèce connectent les hommes et les animaux de façon réaliste pour jouer sur l'imagination de ce qui pourrait arriver si un pathogène émergeait. En utilisant les réservoirs aviaires comme des miroirs dans lesquels l'angoisse au sujet des menaces pandémiques se reflète, les hommes échangent leurs points de vue avec les animaux dans un futur imaginé où leurs relations sont inversées. Les simulations peuvent ainsi être situées dans un espace anthropologique entre le jeu et le rituel.

Exercices virtuels et scénarios renversés

En juillet 2013, je rendis visite à Gavin Smith, qui était alors professeur associé à l'École de médecine Duke de l'Université nationale de Singapour. J'avais connu Gavin à Hong Kong alors qu'il travaillait au laboratoire d'État pour les maladies infectieuses émergentes créé par Guan Yi au département de microbiologie de l'université de Hong Kong. Né en Australie, Gavin avait étudié la botanique et l'écologie à l'université de Melbourne, puis il vint à Hong Kong pour une thèse de systématique moléculaire sous la direction de Guan Yi. Gavin avait d'abord étudié le génome des champignons, puis celui du coronavirus du SRAS[3], puis enfin celui des virus de grippe aviaire. Il décrivait le développement de sa recherche comme une réduction de la taille des êtres vivants qu'il séquençait et un raffinement des données génétiques qu'il produisait. Âgé d'une quarantaine d'années, Gavin était un des experts les plus renommés parmi les spécialistes de la grippe, et il bénéficiait du soutien de Robert Webster, avec lequel il avait signé des articles dans *Science* et *Nature*. Toujours de bonne humeur, parlant rapidement, mais prenant le temps de discuter avec ses interlocuteurs, il était politiquement engagé dans la défense de l'environnement, et voyait dans la lutte contre la grippe aviaire une occasion de se mobiliser contre l'élevage industriel de volailles ou la pollution atmosphérique.

Gavin avait quitté Hong Kong en 2012 pour s'établir avec sa famille à Singapour. Il fut suivi par son collègue Vijaykrishna Dhanasekaran (appelé Vijay) qui quitta également Hong Kong pour un poste de professeur assistant à l'École de médecine Duke. Le dernier membre de son équipe à Hong Kong, Justin Bahl, était parti pour l'université du Texas, mais il était associé à l'École de Duke et il continuait à signer des articles avec eux. À Hong Kong, ils avaient développé une recherche fondamentale sur l'évolution moléculaire des virus de grippe, en s'appuyant sur la collaboration entre le Laboratoire d'État sur les maladies infectieuses et l'université de Shantou. Cette université avait été créée en 1990 par l'homme d'affaires hongkongais Li Ka-Shing dans sa province de naissance du Guangdong, avec l'approbation et le soutien administratif des autorités chinoises. Elle fournissait au Laboratoire d'État sur les maladies infectieuses des échantillons collectés dans les marchés aux volailles de la province du Fujian, ce qui rendait possible une surveillance en temps réel des souches virales émergeant dans cet autre « épicentre » de la grippe pandémique. Mais après que les publications de Gavin et de son équipe eurent montré le rôle de l'élevage industriel de volailles en Chine dans l'émergence de ces nouvelles souches[4], les autorités du Guangdong avaient restreint l'accès des virologistes de Hong Kong à ces échantillons. Au grand dépit de son patron Guan Yi, Gavin déménagea à Singapour où il avait plus de liberté pour continuer sa recherche et davantage de financements des institutions internationales. Il s'était déplacé de la sentinelle, où il pouvait suivre les mutations des virus aux bords de l'épicentre des pandémies, vers un lieu où il pouvait simuler l'évolution des virus avec des ordinateurs très puissants.

Singapour était alors considérée comme le nouveau « pôle d'excellence » de la recherche biologique. Cette ville-État, fondée en 1965 par Lee-Kwan Yew à l'extrémité de la péninsule malaise, avait converti son pouvoir industriel et financier, lié à sa position sur les routes de commerce entre l'Est et l'Ouest, en une économie de savoir et d'information, avec un fort investissement dans les biotechnologies. Au début des années 2000, le gouvernement de Singapour lança Biopolis, un réseau de chercheurs en sciences biomédicales venus des secteurs privé et public, attirant des universitaires du monde entier par des avantages financiers et technologiques. Avec ses sept bâtiments connectés par des passerelles en verre, il accueillait cinq instituts de recherche. L'un d'eux, l'Institut génomique de Singapour, était dirigé par Edison Liu. Né à Hong Kong, il avait fait sa carrière aux États-Unis avant de venir à Singapour pour diriger l'Institut génomique. Il fut aussi le président de l'Initiative Génome Humain entre 2008 et 2013, et réussit à déplacer le siège de ce consortium international de Londres à Singapour en 2014. Il devint l'un des « héros scientifiques » visibles dans les médias durant la crise du SRAS, lorsque Singapour entra en compétition avec Hong Kong et Atlanta pour réaliser la première carte génétique du coronavirus, une compétition qu'elle faillit gagner[5].

Cependant, Gavin ne travaillait pas à Biopolis, qui est situé près du campus principal de l'Université nationale de Singapour dans la partie est de la ville. Son bureau était localisé à côté du ministère de la Santé et de l'Hôpital Général de Singapour dans le centre de la ville. L'École de médecine de Duke avait été créée en 2005 pour développer la formation en haute technologie médicale sur le modèle de l'École de médecine de l'université Duke en Caroline du Nord. Le programme sur les maladies infectieuses émergentes, par lequel Gavin avait été recruté, était dirigé par Wang Linfa, qui pilotait également une équipe de recherche sur les virus des chauves-souris au Laboratoire de santé animale de Geelong, en Australie. Né à Shanghaï, formé à l'université de Californie à Davis, Wang Linfa était éditeur en chef du journal *Virology*, où Gavin était éditeur associé. Son programme animait des projets de surveillance des maladies infectieuses émergentes, notamment la grippe et d'autres maladies respiratoires, à Singapour et dans le reste de l'Asie du Sud-Est[6].

La carrière de Gavin connut un tournant important lorsque son équipe publia deux articles influents au sommet de la pandémie de H1N1 en 2009. Le premier, intitulé « Dater l'émergence des virus de pandémie de grippe », fut publié dans les *Proceedings of the National Academy of Sciences* juste après l'émergence du virus H1N1 au Mexique en avril 2009, mais il avait été écrit avant cet événement et s'appuyait sur des données accumulées au cours des années précédentes. Il montrait que des composants génétiques du virus H1N1 de 1918 circulaient parmi les porcs et les humains dès 1911, ce qui remettait en question l'opinion commune selon laquelle le virus de la « grippe espagnole » était passé directement des oiseaux aux humains. Dans le contexte de la nouvelle « grippe porcine », cet article soulignait la nécessité de surveiller les porcs pour détecter des virus de grippe avant que ces derniers ne deviennent pandémiques. « Si de futures pandémies émergent de cette façon, concluaient Gavin et son équipe, cet intervalle pourrait fournir une occasion pour les autorités de santé d'intervenir afin de limiter les effets d'une pandémie ou même d'éviter son émergence[7]. »

Cette conclusion fut immédiatement renforcée dans le second article par lequel l'équipe de Gavin se fit connaître, intitulé « Origines et génomique évolutionnaire de l'épidémie de grippe porcine H1N1 », publié dans *Nature* à la fin de 2009, avec une version Wiki en ligne dès juillet 2009. Cet article montrait qu'un virus « jumeau » portant les mêmes composants génétiques que le H1N1 pandémique avait été identifié sur des cochons à Hong Kong en 2004. L'administration américaine en charge de la régulation de l'alimentation et des médicaments (la Food and Drug Administration, ou FDA) cita cet article pour prouver que le virus de grippe pandémique H1N1 ne venait pas d'Amérique du Nord, mais d'Asie[8]. Gavin et son équipe précisèrent que les résultats ne devaient pas conduire à blâmer l'industrie du porc en Chine, mais au contraire à reconnaître qu'il y avait une meilleure surveillance des réservoirs animaux de la grippe à Hong Kong qu'aux États-Unis. « Malgré une surveillance généralisée de la grippe chez les humains, le manque de surveillance systématique chez les porcs a rendu possibles la persistance non détectée et l'évolution de cette souche potentiellement pandémique pendant de nombreuses années[9]. »

En juillet 2009, je suivis un cours organisé par le Centre Pasteur de l'université de Hong Kong en bio-informatique, dans lequel Gavin, Vijay et Justin expliquèrent à des étudiants en virologie comment obtenir ce genre de résultats. La bio-informatique est une méthode de traitement de la grande quantité de données disponible en ligne – notamment sur le site du Centre national d'information sur les biotechnologies, GenBank – en utilisant les logiciels appropriés. Ces logiciels, appelés BLAST (Basic Local Alignment Search Tool) ou MSA (Multiple Sequence Analysis), calculent la probabilité que des séquences génétiques dérivent les unes des autres. Une telle procédure, dite d'alignement, vise à approcher la relation réelle de descendance entre les virus et à dessiner le meilleur « arbre phylogénétique ». Elle est fondée sur l'hypothèse darwinienne selon laquelle la vie évolue de façon rationnelle pour maximiser ses capacités d'adaptation. Adrian MacKenzie, spécialiste en *science studies*, explique ainsi que « le problème réel de la bio-informatique est de calculer l'"optimum d'alignement", le nombre minimum de changements nécessaires pour passer d'une séquence à une autre. La bio-informatique tient quasiment pour axiome fondamental que l'alignement optimal exprime une similitude ou une parenté entre des entités biochimiques »[10].

Gavin et son équipe expliquaient bien, cependant, que la bio-informatique n'est pas seulement un calcul des probabilités mais qu'elle implique aussi un travail d'imagination virtuelle basée sur l'expérience réelle. Dans la construction d'un arbre phylogénétique, le savoir biologique est nécessaire car certaines corrélations proposées par l'ordinateur sont dépourvues de sens du point de vue de l'évolution, lorsqu'elles sont dues à des erreurs dans le séquençage ou à l'effacement de certains gènes. Pour décider quelles corrélations prendre en compte et lesquelles laisser de côté, les virologistes utilisent d'autres logiciels (comme Bootstrap, Jukes Cantor ou Tamura) qui fournissent la probabilité des corrélations en fonction d'un scénario. Vijay m'expliquait ainsi : « imagine que j'aie séquencé un virus, je veux connaître son évolution, savoir d'où il vient. Je télécharge toutes les séquences sur GenBank, puis je fais les alignements pour savoir quels nucléotides sont importants. Mais s'il y a quelque chose d'obscur dans la séquence, je vérifie la référence et je demande à ceux qui l'ont fournie quand ils ont fait l'analyse[11] ». La corrélation logique entre les séquences sur l'ordinateur devait être confirmée par les dérivations chronologiques entre les souches.

Gavin ouvrait le cours de bio-informatique par une simulation du travail informatique qu'ils avaient fait quelques mois auparavant sur le virus H1N1. « Imaginez que nous avons reçu cette nouvelle séquence d'Atlanta. Copiez-la sur Blast, et prenez autant d'information qu'il est possible. Faites un arbre si large que vous ne pourrez pas l'imprimer sur une feuille de papier : ce sera un bon matériel de départ avant de réduire votre recherche[12]. » Gavin et son équipe expliquaient qu'à la différence des autres virologistes travaillant sur des virus de grippe, ils avaient décidé de modéliser les huit segments de l'ARN de ces virus, et non seulement les deux segments qui codent pour les protéines H et N, considérées habituellement comme les marqueurs les plus signifiants pour les dérives antigéniques. Ils pouvaient ainsi fabriquer huit arbres d'évolution parallèles qui, par leurs similarités, donnaient une indication de l'évolution réelle du virus de grippe. Comme me le dit Justin plus tard, il valait mieux commencer avec une grande quantité de données pour la réduire progressivement afin d'atteindre un résultat signifiant.

> Chaque fois que nous réduisons l'information, nous devons vérifier qu'elle est consistante. Nous suivons la méthode de la chaîne de Markov pour contrôler chaque pas en avant par un retour sur l'information des étapes précédentes. Nous essayons de nous approcher de l'arbre réel qui explique les séquences génétiques : ce que nous appelons l'arbre d'évolution absolu[13].

Les images produites par Gavin et son équipe étaient impressionnantes. En remontant « l'horloge moléculaire » à partir des relations de parenté estimées entre les virus, la bio-informatique permettait aux virologistes de voir les branches où les ruptures évolutionnaires se produisaient et où les pathogènes sautaient d'une espèce à une autre. En suivant les continuités entre les séquences génétiques, ils montraient les discontinuités entre les niches évolutionnaires. Justin me dit que lorsqu'un virus passe d'une espèce à une autre, il inaugure une nouvelle série de lignes d'évolution, car la pression immunitaire de l'environnement crée un « goulet d'étranglement évolutionnaire » dans lequel cette mutation peut se répliquer. En retraçant ces lignes, les virologistes atteignent ce qu'ils appellent « le plus récent ancêtre commun ». « J'adore ces arbres », s'exclamait Justin. La quantité d'information fournie par une seule image était corrélée à l'unité d'une hypothèse évolutionnaire retraçant cette information à un ancêtre commun[14]. L'image fournissait une idée des changements discontinus dans un jeu continu de mutations.

Les historiens des sciences et des arts ont montré le rôle des arbres phylogénétiques dans la nouvelle culture visuelle inaugurée par le darwinisme[15]. Mais j'étais surtout intrigué par la façon dont Gavin et son équipe avaient transformé ces images à travers un mode de raisonnement par anticipation que l'on peut appeler « scénario inverse ». Natasha Schull propose ce terme dans son travail sur les joueurs de poker en ligne pour décrire la façon dont ceux-ci « font face aux futurs nécessairement incertains de chaque donne en les ramenant à un point dans le passé et en les confrontant à une diversité de solutions qui en émerge selon un processus d'embranchement[16] ». Ce terme s'applique bien à la « génétique inverse », une technique par laquelle les « chasseurs de virus » reconstruisent les virus du passé et imaginent des futurs potentiels pour l'évolution des pathogènes[17]. De la même façon qu'un joueur de poker en ligne se demande combien il aurait gagné s'il avait joué telle ou telle carte, Gavin et son équipe imaginaient ce qui se serait passé si le virus H1N1 était apparu chez des porcs avant

1918 ou 2009. « Nous essayons d'apprendre des événements passés et des virus qui circulent dans le présent pour essayer de comprendre les scénarios possibles si quelque chose émerge », expliquait Gavin sur sa page web[18].

À travers la simulation informatique, les virologistes voient ainsi la vie des virus comme si elle pouvait être gérée sur un ordinateur. À la manière des traders et des chasseurs, ils doivent imaginer les mouvements potentiels des pathogènes dans les réservoirs animaux pour les anticiper aussi vite que possible, en utilisant les logiciels de bio-informatique comme des pièges ou des leurres. Dans leur perspective, les risques de mutation pandémique des virus de grippe deviennent similaires aux risques des produits financiers que les traders, joueurs sophistiqués équipés d'ordinateurs puissants, suivent sur leurs écrans. Vincent Lépinay montre ainsi qu'avec la création des produits dérivés sur les marchés financiers mondiaux, « le lieu de l'incertitude s'est déplacé : c'était autrefois le marché d'un produit sécurisé avec son joueur d'échecs, mais c'est maintenant le portefeuille avec ses corrélations intrinsèques contenues dans une formule ». Pour expliquer ce qu'est un portefeuille, Lépinay prend une métaphore de la sauvagerie utilisée par les traders : « L'animation imprévisible de ces portefeuilles ressemble aux comportements d'organismes sauvages, et, de façon non surprenante, le terme "bête" vient fréquemment dans les conservations des traders au sujet de leurs produits[19] ». Les traders sont souvent décrits comme des enfants qui jouent sur leurs ordinateurs avec des produits financiers risqués et simulent des crises financières pour augmenter leur valeur, mais ils peuvent aussi être comparés à des virologistes anticipant la prochaine pandémie par la surveillance des réservoirs animaux[20]. De la même manière, la joie presque enfantine qui anime l'équipe de Gavin vient de leur rêve biologique de gérer les ruptures évolutionnaires et de jouer en ligne avec des pathogènes potentiellement pandémiques. Si la simulation est un travail de l'imagination plutôt qu'un calcul de probabilités, elle apparaît comme un jeu rationnel avec les « bêtes sauvages » créées par la nature et transformées sur l'écran en séquences génétiques.

Exercices réels et scénarios réalistes

Après ma visite à Gavin Smith à l'École de médecine Duke, je me suis rendu dans un bâtiment adjacent pour rencontrer Jeffery Cutter, un épidémiologiste qui dirigeait le département des maladies contagieuses au ministère de la Santé de Singapour. Jeffery Cutter était en charge de la coordination des exercices de préparation pour les maladies infectieuses à Singapour. « Il y a 50 millions de passagers chaque année à l'aéroport de Changi, me dit-il, donc il y a une forte probabilité que des maladies infectieuses émergentes arrivent à Singapour. Nous devons être prêts[21]. » Pendant la crise du SRAS, dit-il, 238 personnes furent infectées à Singapour par ce nouveau coronavirus entre mars et mai, dont 33 sont mortes. Elles étaient toutes traitées à l'hôpital Tan Tock Seng, qui avait été désigné par le gouvernement comme un centre d'isolement pour les personnes infectées par le SRAS, et où trois infirmières moururent de la maladie. Au sommet de la crise, toutes les écoles du territoire furent fermées pour dix jours, et l'obligation de rester à la maison fut imposée à 6 000 personnes qui avaient été en contact rapproché avec une personne infectée par le SRAS[22]. Le Premier ministre de l'époque, Goh Chok Tong, annonça publiquement que le SRAS pourrait devenir la plus grande crise que Singapour ait à affronter depuis l'indépendance. Quand un journaliste lui demanda s'il était alarmiste, Goh répondit : « Je pense que je suis réaliste car nous ne savons pas encore comment cela va se développer. C'est un problème global, et nous sommes au début de l'épidémie[23]. » Dix ans après, le ministère de la Santé se préparait pour l'arrivée d'un nouveau coronavirus, causant le « syndrome respiratoire du Moyen-Orient » (MERS), qui avait émergé en 2012 en Arabie Saoudite et s'était répandu au reste du monde, infectant une cinquantaine de personnes et en tuant près de la moitié en juillet 2013.

Jeffery Cutter me présenta Yoong-Cheong Wong, chef du Département de préparation aux urgences et de riposte au ministère de la Santé. M. Wong était un ancien policier en charge de l'organisation des exercices pour les maladies infectieuses émergentes dans les hôpitaux. Le premier exercice national concernant la grippe à Singapour fut organisé en 2006 après les premiers cas suspects de transmission interhumaine du H5N1 en Thaïlande. Appelé *Sparrowhawk* (« Epervier »), il était organisé en deux étapes : une réunion interne de bureau pour évaluer les plans de réponse aux pandémies dans six hôpitaux du territoire entre avril et juin, et un exercice pratique les 21-22 juillet, au cours duquel ces six hôpitaux devaient gérer des patients potentiels et partager l'information sur leurs mouvements. M. Wong m'expliqua qu'un millier de personnes étaient impliquées dans cet exercice en extérieur, la plupart étant des volontaires d'associations locales et des infirmiers d'instituts de formation. Tandis que les patients se déplaçaient d'un hôpital à un autre, les organisateurs de l'exercice augmentaient graduellement le nombre de victimes. « S'il y a 200 victimes dans un hôpital, quelles ressources sont nécessaires ? » Telle était la question soulevée par l'exercice, selon M. Wong. Le but de cet exercice était donc de faire connaître au personnel médical la gestion des victimes de masse. « Les infirmiers ont besoin d'être entraînés pour être prêts quotidiennement », me dit-il[24].

Les experts de santé publique affirment souvent que ces exercices visent à identifier des défauts dans la coordination entre les acteurs de la gestion des épidémies. Mais la critique que faisaient les organisateurs en charge de l'écriture des scénarios se concentrait plutôt sur le manque de réalisme des exercices, qui entraînait un manque d'engagement de la part des acteurs. « Nous faisons de notre mieux pour être le plus réalistes possible, dit M. Wong. Mais à la fin, chacun sait que c'est juste un exercice. » Le réalisme était introduit en variant les conditions de l'exercice, ou simplement en ne disant pas qu'il s'agissait d'un exercice afin de surprendre. Pour expliquer l'amélioration entre les exercices « Epervier » entre 2006 et 2008, un document officiel remarquait que « les exercices commençaient sans être annoncés pour injecter un plus grand réalisme. Le personnel médical d'urgence du ministère de la Santé apparut sans justification préalable à l'entrée de l'hôpital où avait lieu l'exercice et "déclencha" le cas simulé d'infection humaine par la grippe aviaire[25] ».

Qu'est-ce qu'une simulation réaliste ? On peut ici reprendre la notion de scénario inverse. De même que les microbiologistes imaginent ce qui se serait passé si les virus avaient été stoppés dans leurs réservoirs animaux, les autorités de santé publique imaginent ce qui se passerait si des patients contagieux étaient stoppés à l'entrée de l'hôpital. Mais, dans les deux cas, la mort est laissée de côté par le scénario. Il est alors intéressant de comparer ces exercices à ceux où la mort des volailles est simulée. Le 17 juillet 2013, alors que je faisais des entretiens au ministère de la Santé, l'autorité en charge de l'agriculture et des vétérinaires (Agriculture and Veterinary Authority, ou AVA) organisa un exercice dans un abattoir de volailles à la frontière avec la Malaisie. Les poulets importés vivants de Malaisie constituent la moitié de la consommation de volailles à Singapour (environ quarante millions par an), l'autre moitié étant importés congelés de Thaïlande, du Brésil et d'Amérique du Nord. Les fermes de poulets ne sont pas autorisées sur le territoire, et les cinq fermes élevant des poules produisent seulement des œufs. Les fermiers de Malaisie doivent avoir une licence délivrée par l'AVA pour importer leurs poulets à Singapour, lesquels sont examinés avec suspicion par les inspecteurs à la frontière. Pourtant, aucun de cas de H5N1 n'a été déclaré sur des volailles à Singapour.

J'ai pu regarder l'exercice en ligne car il était diffusé sur de nombreux sites, puis j'ai fait des entretiens avec ses organisateurs. Son nom, « Gallus VII », indiquait qu'il s'agissait du septième exercice de grippe aviaire conduit par l'AVA depuis 2002. Il avait lieu dans le plus grand des dix abattoirs de Singapour gérés par l'entreprise d'alimentation Soonly, qui produisait 80 000 volailles chaque jour et fournissait 25 % de la viande de volaille fraîche à Singapour[26]. Le scénario de l'exercice était le suivant : 1 500 poulets avaient été infectés par le H5N1 et devaient être tués puis détruits selon les procédures du plan de riposte en urgence. Environ cent employés de l'abattoir, la plupart d'origine indienne, devaient passer un examen de température, prendre un antiviral et porter un équipement personnel de protection (composé de bottes, chapeau, masque, lunettes, gants) sur lequel était affiché leur nom. Les poulets « infectés » arrivaient dans des cages vertes sur des tapis, étaient immergés dans l'eau puis électrocutés. Leurs carcasses étaient ensuite placées dans des sacs à deux épaisseurs pour être incinérées. « Pour être sûrs que l'AVA soit prête à une incursion, la première chose que nous voulons faire à travers cet exercice est d'entraîner nos employés, ainsi que les autres acteurs impliqués dans la planification des urgences, à se familiariser avec les étapes de la procédure[27]. » Desmond Tan, responsable de la sécurité alimentaire à l'AVA, déclara : « Après l'entraînement que nous avons eu aujourd'hui, nous sommes capables de gérer l'abattage et le déchargement des camions de poulets beaucoup plus rapidement[28] ».

Ces exercices reposent sur une vision paternaliste des divisions de classe et d'âge, mais aussi sur une séparation entre humains et animaux qui surdétermine les autres oppositions. Alors que la simulation en clinique était animée par un sentiment d'urgence et de rareté des ressources face à une fausse pandémie, la simulation à l'abattoir suivait tranquillement les procédures dans l'abattage réel de poulets faussement infectés. Les poulets n'avaient pas à feindre la maladie : ils étaient considérés comme de simples marchandises à détruire s'ils étaient contaminés. Mais les employés de l'abattoir faisaient comme si les poulets étaient malades lorsqu'ils prenaient des antiviraux et portaient leur équipement pour s'en protéger. J'étais également intrigué par le fait que le gouvernement de Hong Kong organisait de tels exercices pour les cas humains de grippe aviaire, mais n'avait jamais simulé la grippe aviaire dans des fermes de volailles, du fait que des foyers de grippe se déclaraient régulièrement dans les fermes du territoire. Alors que les autorités de Singapour tuaient réellement des poulets pour une maladie qui restait fictive, les autorités de Hong Kong simulaient la transmission de la grippe aviaire des poulets vers les humains parce qu'elle circulait déjà chez les oiseaux. C'est là ce qui fait la force du « scénario inverse » : si la mort ne peut pas être représentée dans le scénario, elle est l'événement final dont l'anticipation relie les acteurs de la simulation. La forme du scénario était partagée par les autorités de santé publique à Singapour et

Hong Kong, car elle venait des simulations informatiques, mais elle était actualisée différemment selon les modalités de passage des pathogènes des animaux aux humains. J'utilise ainsi le terme de « scénario inverse » pour décrire les différentes façons dont les scénarios de la grippe aviaire jouent avec la mort des oiseaux pour anticiper celle des humains.

Cette hypothèse me permet ainsi de comparer les exercices de préparation à la grippe aviaire à Hong Kong et Singapour. Hong Kong a joué un rôle très similaire à celui qu'a joué Singapour dans la coordination des exercices en Chine et en Asie du Sud-Est. En juin 2008, Singapour et l'Australie ont organisé un exercice à l'intérieur de bureaux pour 21 membres de l'APEC (Asia-Pacific Economic Cooperation). Le centre de coordination des exercices était basé à Canberra, d'où l'information sur le déroulement du scénario était envoyée à 27 acteurs de la santé publique. Un foyer de grippe H5N1 transmissible entre humains était déclaré à Singapour et appelé « grippe du détroit », conduisant l'OMS à passer à la phase 5 de l'alerte pandémique. Le scénario était le suivant : un bâtiment abritant de l'équipement de protection personnelle avait brûlé, alors que des équipes de football s'envolaient au Vietnam pour un tournoi et que des pêcheurs commençaient à tomber malades autour du foyer de H5N1. Un atelier fut organisé un mois après à Singapour en vue de tirer les leçons de cet exercice, au terme duquel il fut déclaré : « l'exercice a fourni une excellente occasion de tester le réseau de communication et de développer des relations entre les économies[29] ».

De même, le 13 novembre 2006, les autorités de santé de Hong Kong ont coordonné un exercice intitulé « Grande Muraille » dans lequel les départements de la santé de Hong Kong, Macao, Nankin et Pékin devaient gérer un foyer virtuel de trois cas humains de H5N1 dans une famille revenant d'un marché de volailles. L'un des membres de cette famille était supposé voyager de la province du Jiangsu vers Hong Kong et Macao, et le but de l'exercice était de « synchroniser les trois systèmes de santé pour engendrer une riposte efficace à la pandémie[30] ». L'exercice fut ouvert par le vice-président du ministère de la Santé chinois, Wang Longde. Il fut considéré comme un succès pour l'établissement de bonnes relations entre le continent chinois et les anciennes colonies britannique et portugaise. Alors que la crise du SRAS avait séparé la Chine de Hong Kong et Macao en 2003 du fait de la réticence de Pékin à partager l'information, l'exercice « Grande Muraille » unifia le pays contre un ennemi imaginaire, la grippe aviaire pandémique. Mais il instaurait d'autres séparations entre humains et animaux.

En janvier 2009, après de longues discussions avec le Centre de protection de la santé, j'obtins l'autorisation de participer à un exercice organisé dans un hôpital de Hong Kong. Le Centre de protection de la santé avait été créé par le Département de la santé après la crise du SRAS pour anticiper des foyers similaires à travers une surveillance et une communication actives. À l'intérieur du Centre, la section de riposte aux urgences, dirigée par un officier de police, était en charge de l'écriture de scénarios et de l'organisation de simulations. Deux fois par an, un exercice de terrain avait lieu à Hong Kong, avec des observateurs venus de Chine et de l'étranger. Ces exercices portaient des noms d'arbres, d'oiseaux ou de montagnes, comme pour montrer que les maladies faisaient partie de l'écosystème naturel du territoire. Il n'y eut pas de second exercice en 2009, car la section de riposte aux urgences considéra que la gestion du virus H1N1 était un « exercice en temps réel ».

L'exercice « Séquoia » eut lieu dans la clinique de Shau Kei Wan, située dans le quartier populaire de l'île de Hong

Kong. Le scénario suivant était distribué aux participants et affiché dans les principaux bâtiments publics. Des cas de grippe aviaire avaient été confirmés dans les pays voisins de Hong Kong, ainsi qu'une affluence croissante de patients présentant des symptômes de grippe dans les hôpitaux de Hong Kong. Après que des poulets vivants furent testés positivement dans les marchés du territoire, un abattage fut organisé dans les fermes et les marchés. Un membre du personnel d'abattage fut déclaré porteur du virus H5N1, ainsi qu'un garçon de huit ans qui avait joué avec des poulets vivants. Quatre cliniques furent désignées à Hong Kong pour trier les patients présentant des symptômes de grippe et envoyer ceux qui portaient le H5N1 dans les services d'urgence. Seule la dernière partie du scénario fut jouée à Shau Kei Wan, la première partie visant seulement à fournir un contexte plausible.

Le but officiel de la simulation était de coordonner les services des hôpitaux dans la gestion des patients présentant des symptômes de grippe. Quatre-vingts acteurs jouant des patients arrivèrent à l'hôpital et furent envoyés dans différents départements en fonction de leurs symptômes. Vingt joueurs s'occupaient d'eux dans les services, et deux simulateurs communiquaient avec les autres hôpitaux par Internet. Ceux qui étaient diagnostiqués porteurs du H5N1 étaient évacués en ambulance à travers la porte arrière de l'hôpital, où les médias prenaient des photos. Le chef du Département de la santé donna une conférence de presse après avoir visité l'hôpital, mais les journalistes lui posèrent des questions à propos d'une nouvelle bactérie trouvée dans un jacuzzi, et non à propos de l'exercice lui-même. Le succès de l'exercice n'était pas en question : il avait réussi puisqu'il avait eu lieu. Le scénario était construit de telle façon qu'aucun événement surprenant ne pouvait se produire : la seule réalité qui apparut fut la bactérie dans le jacuzzi, et non le virus dans les marchés aux oiseaux.

Les acteurs que j'ai vus avaient l'air jeunes et détendus, avec des casquettes bleues et des vêtements ordinaires. Ils portaient des cartes en bandoulière autour de leurs cous indiquant leur nom, leur âge, leur sexe, leur nationalité, leur numéro de carte d'identité et leur adresse. Ces cartes étaient rouges ou vertes pour signaler s'ils avaient la grippe aviaire ou seulement des symptômes de grippe. Ils n'avaient pas à feindre la maladie ; leur seul rôle était de se déplacer vers les départements concernés. De même, dans un autre exercice organisé par le Centre de protection de la santé, un avion était évacué parce qu'un patient y avait été découvert avec des symptômes de grippe ; ceux qui étaient assis à côté du patient recevaient une carte rouge, tandis que ceux qui étaient assis à bonne distance recevaient une carte jaune. L'exercice « Séquoia » était remarquable par l'absence de tension ou d'anxiété dans le comportement du personnel médical. Alors que les organisations humanitaires considèrent que le triage est une question éthique lorsqu'un nombre élevé de patients se heurte à des ressources limitées[31], le personnel médical de la clinique de Shau Kei Wan se contentait de séparer les patients symptomatiques et asymptomatiques pour éviter la diffusion de la maladie ; ils n'avaient pas à les classer selon leur chance de survie dans un environnement médical saturé. La tension de la situation – qui était considéré comme contagieux ? Qui recevrait les traitements en premier ? – était déléguée à des artefacts : des cartes et des casquettes. Les personnes humaines étaient réduites à des porteurs de signes qui circulaient de façon fluide dans l'hôpital sous le regard des médias.

Alors que le personnel médical de l'hôpital jouait son propre rôle, les acteurs jouant les patients porteurs de symptômes de grippe venaient d'une association humanitaire, le Service médical auxiliaire (Auxiliary Medical Service, ou AMS). Cette association, créée en 1950 pour faire face à l'afflux de réfugiés chinois, fut enregistrée en 1983 au sein du Département de la sécurité du gouvernement de Hong Kong. Ses quatre mille membres sont formés à la gestion des désastres sur tout le territoire et à l'étranger. L'un d'eux me décrivit son activité comme « un divertissement après le travail » et « un endroit pour rencontrer d'autres célibataires »[32] ; c'est une association d'élite dans laquelle des personnes expriment et partagent des valeurs morales. Au cours des exercices qu'ils organisent eux-mêmes, ils s'entraînent à sauver des victimes d'accident de voiture ou d'incendie. Ils utilisent des mannequins dotés de faux cœurs qui simulent le battement cardiaque. « Les patients ne peuvent pas simuler le battement cardiaque ou le rythme respiratoire, me dit cet organisateur, c'est pour cela qu'on leur met des cartes. » Les cartes sont les signes d'une réalité virale alors que les mannequins simulent réellement le rythme cardiaque d'une victime de blessure.

On peut dire par conséquent que lorsqu'ils imitent des patients en portant des cartes et des casquettes au cours d'une simulation d'épidémie, les membres de l'AMS agissent littéralement comme s'ils étaient des mannequins. De leur point de vue, il y a une différence importante entre les exercices de sauvetage lors d'accidents ordinaires, au cours desquels ils prennent des initiatives, et les exercices extraordinaires d'évacuation lors d'une épidémie, au cours desquels ils doivent se coordonner avec plusieurs services gouvernementaux. Les membres de l'AMS que j'ai rencontrés décrivaient leur engagement dans leurs propres exercices comme des moments importants dans la vie de leur association, alors que, par contraste, l'exercice Séquoia leur apparut frustrant. L'un des acteurs me dit qu'il s'était senti

« passif », en jouant sur l'ambiguïté du terme. « Puisque nous avons eu l'expérience du SRAS en 2003, dit l'un de ces acteurs, nous pouvons imaginer comment nous nous comporterions dans une situation similaire comme la grippe aviaire. En tant que citoyens, nous sommes passifs, alors que nous devrions suivre les consignes et les conseils du gouvernement pour éviter d'être infectés. Au cours de l'exercice, nous avons également été passifs[33]. » Cette citation affirme en même temps que les citoyens sont passifs quand ils ne savent pas comment agir en cas d'épidémie et que les acteurs qui suivent le scénario de l'exercice sont passifs parce qu'ils n'ont pas d'initiative[34].

Les exercices sur le terrain marquent une différence fondamentale entre les acteurs et les simulateurs. Alors que les acteurs sont passifs, réduits aux artefacts qui agissent ou parlent pour eux, les simulateurs sont actifs, car ils peuvent introduire de l'incertitude en combinant des artefacts dans le scénario. Si les acteurs doivent paraître « réels » pour produire de bonnes images dans les médias, les simulateurs créent des variantes dans les situations proposées par le scénario[35]. Cette distinction entre les simulateurs et les acteurs dans les simulations de terrain est parallèle à celle que j'ai relevée précédemment entre les virologistes et les organisateurs de la santé publique dans les exercices d'intérieur. Alors que les acteurs et les organisateurs se contentent de jouer leur rôle dans le scénario, les simulateurs et les virologistes explorent les potentialités du « scénario inverse ». On peut noter que les simulateurs étaient le plus souvent des hommes âgés et que les acteurs étaient plus souvent de jeunes femmes.

Pour les simulateurs, la distinction entre les exercices en extérieur et en intérieur n'était pas importante car ces deux types d'exercice combinent le virtuel et l'actuel différemment. Dans un exercice appelé « Jadéite », des membres de la section de riposte en urgence simulaient l'évacuation d'un immeuble résidentiel. Le scénario précisait qu'ils devaient évacuer la salle de simulation pour aller vers une salle de refuge. La salle de simulation, depuis laquelle la vulnérabilité des infrastructures vitales de Hong Kong était évaluée, pouvait ainsi elle-même être perçue comme un environnement matériel menacé. Le chef de la section de riposte en urgence me décrivit cet exercice comme étant « plus amusant qu'un film[36] », comme si les images passaient à travers l'écran pour devenir réelles. Dans ce renversement du scénario, les simulateurs devenaient acteurs, et la fiction entrait dans la réalité. Pour cet ancien policier, la simulation n'était ni une performance rituelle ni un modèle scientifique de prévision, mais un jeu auquel il aimait jouer.

Ce paradoxe des « acteurs passifs » caractérise également la distinction entre humains et non-humains dans les exercices, car les animaux peuvent être décrits comme des « acteurs passifs ». S'il n'y avait pas besoin de simuler l'abattage des poulets puisqu'il avait lieu régulièrement dans les marchés de Hong Kong, les simulations d'évacuation des immeubles résidentiels prévoyaient que des résidents étaient accompagnés par des animaux de compagnie qui devaient être manipulés avec soin par les employés du Département de l'agriculture, car leur réaction à l'évacuation était inconnue. De même, les simulations d'évacuation des avions prévoyaient de manipuler des « patients potentiels récalcitrants ». L'opposition fondamentale dans les simulations n'est donc pas celle qui est faite ordinairement entre les humains et les animaux : elle distingue de façon plus subtile les volailles, traitées comme des marchandises qui pouvaient être détruites, les citoyens ordinaires avec leurs animaux domestiques, considérés comme des acteurs passifs à manipuler avec soin, et les simulateurs, qui pouvaient changer les règles du jeu. Les simulations de pandémie à Hong Kong mettaient en scène un gradient d'activité combinant le virtuel et l'actuel plutôt que des distinctions ontologiques nettes.

Le caractère extraordinaire de la simulation fournit ainsi l'occasion de mettre en scène une série de contradictions apparentes : les humains deviennent similaires à des artefacts ou à des animaux, les acteurs finissent par être passifs, la fiction entre dans la réalité. Je propose ainsi une définition du scénario inverse différente de celle de Natasha Schull : ce qui fait la signification du scénario dans une simulation n'est pas seulement sa capacité à renverser le passé en futur potentiel, mais aussi sa capacité à changer le statut des entités qui y sont engagées. En mobilisant des entités apparemment contradictoires dans un contexte extraordinaire, les simulations deviennent proches des rituels, même si elles viennent du monde du jeu. On peut considérer les simulations d'épidémies comme des rituels de santé publique parce qu'elles justifient régulièrement aux yeux du public l'alerte des virologistes sur les futures pandémies. Cependant, l'analyse de l'exercice Séquoia m'incite à aller au-delà de la simple observation selon laquelle la simulation crée un ordre après le désordre d'une crise ou d'une catastrophe, pour porter attention aux changements des acteurs dans ce cadre extraordinaire d'interaction. Il y a quelque chose de spécifique dans les simulations de grippe aviaire, par contraste avec les autres épidémies, en ce que les oiseaux agissent comme sentinelles de futures catastrophes affectant les humains, et changent de statut lorsqu'ils entrent dans l'espace de la simulation. Pour étayer cette hypothèse, je me tourne à nouveau vers les ornithologues et les oiseaux sauvages.

Exercices d'observation d'oiseaux et scénarios d'extinction

Deux types d'exercices peuvent être distingués chez les observateurs d'oiseaux avec lesquels j'ai travaillé, qui sont analogues aux exercices que j'ai décrits chez les gestionnaires de santé publique : l'un implique de compter des oiseaux sauvages à distance et le second les manipule directement. J'ai pu étudier ces exercices à Hong Kong et Taïwan où, comme je l'ai montré au chapitre précédent, de nouvelles relations aux oiseaux ont été inventées en adaptant à la Chine les modèles forgés en Grande-Bretagne et aux États-Unis.

Les ornithologues organisent régulièrement des courses aux oiseaux (*bird races*), généralement au printemps. La tradition des chasseurs comptant le nombre d'oiseaux qu'ils avaient attrapés fut transformée par Frank Chapman lorsqu'il lança, le jour de Noël 1900, la première compétition entre des groupes comptant les oiseaux de façon désintéressée, un modèle resté célèbre sous le nom de *Christmas Bird Count*[37]. Depuis, ces rassemblements ont perdu toute référence à un événement religieux et sont plutôt animés par l'idéal de la science citoyenne, visant à produire de manière collaborative un savoir sur des espèces menacées à partir de la connaissance locale de leurs habitudes[38]. Pendant un ou deux jours, des amateurs sont en compétition sur tout un territoire pour repérer le plus grand nombre d'oiseaux possibles inscrits sur une liste prédéfinie. J'ai pu suivre une course de ce genre organisée en avril 2013 par la Fédération des observateurs d'oiseaux de Taïwan. Elle avait lieu à Dasyueshan, un parc national situé dans les montagnes au centre de l'île. Pendant deux jours, une centaine de participants, venus de Taïwan, de Chine ou d'Europe, pouvaient se promener en voiture sur une route de 50 km à une altitude de 2 000 m. Les meilleures équipes avaient identifié une centaine d'espèces sur les deux cents qui étaient indiquées sur la liste distribuée à tous les participants, ce qui était une performance étant donné le brouillard pluvieux qui avait dominé pendant ces deux jours. La course était suivie par des discours et des cadeaux comme des jumelles, des appareils photo, des livres d'ornithologie ou du thé. Avant la course, les participants recevaient un scénario de jeu dans lequel ils pouvaient s'identifier comme insectes, arbres ou oiseaux grâce à des cartes ; ils devaient s'entre-dévorer pour atteindre l'équilibre de l'écosystème. Au cours d'un autre rassemblement organisé par l'association des observateurs d'oiseaux à Taipei, j'ai vu des acteurs s'habiller en vautours et danser devant le public avec l'image d'un aigle géant derrière leur dos. On peut donc comparer ces réunions d'observateurs d'oiseaux à des rituels au cours desquels les hommes s'approchent des oiseaux jusqu'à imaginer qu'ils sont comme eux. À l'inverse des simulations d'une pandémie de grippe aviaire, ces jeux ne reposent pas sur l'imagination d'un pathogène passant des oiseaux aux humains, mais sur celle de l'extinction d'une espèce d'oiseau perçue comme le signe d'une potentielle extinction de l'espèce humaine. Dans les deux cas, ces simulations extraordinaires reposent sur le travail ordinaire de banques de données qui construisent la catastrophe virtuelle : la base GenBank des Instituts Nationaux de la Santé pour les chasseurs de virus, les listes rouges de l'Union internationale de conservation de la nature pour les observateurs d'oiseaux.

Après la course aux oiseaux de Dasyueshan, j'ai pu voir un autre type d'exercice qui impliquait d'attraper et de relâcher des oiseaux sauvages et qui présentait d'autres aspects rituels. L'association des observateurs d'oiseaux de Tainan avait attrapé trois spatules à face noire la nuit précédant notre rencontre. Ces oiseaux, visibles seulement en Asie orientale, sont considérés comme une espèce en danger du fait de la destruction des sites où ils se nourrissent sur leurs trajets migratoires. En 1990, leur nombre était estimé à 2 000, mais grâce aux efforts de conservation des ornithologues entre le Japon, la Corée du Sud (où ils nichent pendant l'été), Taïwan et Hong Kong (où ils migrent l'hiver), leur nombre est passé à 3 000 à la fin des années 2000. La réserve de Mai Po à Hong Kong et le parc national de Taijiang au nord de Tainan sont les deux principaux sites où les spatules à face noire viennent se nourrir sur leur trajectoire de migration le long des côtes chinoises.

Au cours de l'hiver 2002-2003, 73 spatules à face noire furent trouvées mortes dans le parc national de Taijiang. Elles avaient été infectées par le botulisme, une maladie qui frappe de façon massive les oiseaux migrateurs aquatiques et qui est favorisée par leur concentration dans les zones humides où ils se réfugient[39]. La Société des observateurs d'oiseaux de Tainan organisa alors une campagne de vaccination des spatules contre le botulisme. Leurs membres s'entraînèrent d'abord sur des leurres à manipuler les oiseaux pour les vacciner sans les fragiliser. Il s'agit de mannequins en bois qui imitent les formes et les couleurs de la spatule et qui sont ordinairement utilisés pour attraper les spatules. Depuis, des exercices sont organisés régulièrement avec ces leurres.

Le 29 avril 2013, au petit matin, j'ai pu ainsi voir trois spatules à face noire qui avaient été attrapées la nuit précédente à côté de fausses spatules en bois qui avaient été posées dans les marais pour les attirer. Les ornithologues taïwanais me dirent que j'avais de la chance : ils n'avaient pas attrapé de spatules au cours des derniers mois, et voilà qu'ils en avaient trois d'un coup[40]. Comme le soleil brillait fortement ce jour-là, les ornithologues avaient trouvé refuge dans un temple taoïste sur les bords du marais. Sur fond d'enregistrement de musique bouddhiste, ils manipulèrent avec délicatesse les spatules pour poser sur leur dos un équipement GPS qui permettrait de les suivre après les avoir relâchées. Un homme équipé de gants et d'un masque cousait le GPS autour de la poitrine de l'oiseau tandis qu'une femme le tenait doucement mais fermement. Cinq autres ornithologues les regardaient avec amusement, en prenant des photos et en faisant des commentaires sur les réactions de l'oiseau. À un moment, la spatule réussit à leur échapper et s'enfuit vers un angle du temple où elle déféqua abondamment. Mais les ornithologues l'attrapèrent de nouveau et se remirent à coudre l'équipement sur son dos. L'homme en charge de l'opération m'expliqua qu'il devait être très prudent car comme il s'agissait d'une jeune spatule, le poids de l'antenne devait être posé sur son corps de telle façon qu'il n'entrave pas sa croissance ou ne déséquilibre pas son vol. Après que les trois spatules aient été équipées de la même façon et baguées avec des marques de couleur, elles furent relâchées dans un des bassins adjacents. Elles marchèrent doucement vers le milieu du bassin, ouvrirent leurs ailes et s'envolèrent.

Ce moment final était particulièrement émouvant à observer car il mélangeait la science et la religion dans un geste de protection environnementale. Comme je l'ai signalé, la pratique du lâcher d'oiseaux (*fangsheng*) est un rituel bouddhiste qui soulève des questions sur la santé des animaux relâchés. En insérant une pratique de simulation dans une séquence rituelle, les ornithologues de Taïwan prenaient en compte ce problème éthique : ils se souciaient du bien-être individuel des spatules qu'ils avaient transformées en sentinelles pour l'ensemble de l'espèce. De la même façon que les volontaires dans les exercices de Hong Kong jouaient alternativement le rôle d'acteurs et de mannequins, la spatule était représentée dans ces simulations à la fois comme un leurre passif inerte et comme un corps vivant résistant.

Le langage du sacrifice est souvent utilisé pour décrire les dilemmes éthiques soulevés par le triage humanitaire ou la surveillance environnementale : les patients qui peuvent attendre sont « sacrifiés » au profit de ceux qui reçoivent les premiers secours, et les animaux sauvages qui meurent du fait de l'équipement GPS qu'ils portent sont « sacrifiés » pour le bien de l'ensemble de l'espèce qu'ils aident à conserver[41]. Mais les simulations que j'ai observées évitaient ces grandes séparations. Elles utilisaient des leurres pour créer des contextes extraordinaires dans lesquelles la question de qui était l'acteur – l'oiseau ou l'humain – était suspendue dans une séquence rituelle. Les tensions du soin dans la vie ordinaire, entre les patients et les médecins, entre les animaux et les humains, étaient levées dans le temps et l'espace de la simulation, parce qu'elles étaient déléguées aux artefacts fonctionnant comme des leurres. Comme nous l'avons vu dans le chapitre précédent, les sentinelles ne sont pas sacrifiées mais elles ouvrent un espace d'identification entre les humains et les non-humains que je décris ici à travers les scénarios inverses des simulations.

Le lâcher de spatules à face noire résonnait avec d'autres exercices que je n'ai pas pu observer et qui, dans le contexte des relations tendues entre Taïwan et la Chine, mélangeaient des questions militaires et des enjeux sanitaires. Depuis l'épisode des lettres à l'anthrax en 2001, le Centre de contrôle des maladies (CDC) de Taïwan anticipait une attaque bioterroriste de la République populaire de Chine, et organisait des exercices simulant l'usage d'armes biologiques dans l'espace public. La crise du SRAS, qui eut lieu à Taïwan entre mars et juillet 2003, semblait confirmer ce scénario, puisque 668 personnes furent infectées par le coronavirus venu de Chine, dont 181 moururent. Elle fut considérée comme un échec des autorités sanitaires taïwanaises dans l'effort pour contrôler les maladies infectieuses, après une série de succès contre le paludisme, la tuberculose et la dengue. Le CDC organisa des simulations d'attaques bioterroristes par un virus de SRAS dans la mairie de Taipei le 22 septembre 2004, puis dans le métro de Taipei avec un virus de variole le 14 avril 2005, et avec un virus de grippe aviaire le 8 décembre 2005[42]. Le chef du CDC taïwanais, Steve Kuo, organisa ces exercices avec le département de la défense sur le modèle fourni par le CDC américain. Le Département de la défense de Taïwan organisait ses propres exercices de simulation d'une attaque de l'Armée de libération populaire à travers le détroit de Taïwan[43].

Ce détroit a été un lieu de spéculation et de simulation depuis longtemps, puisqu'au XVIIe siècle, le général de la dynastie Ming Zheng Chenggong (connu sous le nom de Koxinga) se préparait à envahir Taïwan, alors occupé par les Hollandais, depuis la côte du Fujian où il avait inventé, selon la légende, un jeu de dés connu en Chine sous le nom de « gâteau de la lune » (*bo bing*). Dans ce jeu, des combinaisons de dés sont associées à des récompenses pour indiquer la chance des soldats[44]. Une statue de Koxinga à l'entrée de Xiamen commémore encore l'invention de ce jeu. L'île de Kinmen, à deux kilomètres de Xiamen, a également été le site de simulations d'attaques entre 1949, quand elle fut envahie par le général Chiang Kai-Shek et servit de base de résistance à la poussée de l'Armée de libération populaire, et 1992, quand l'armée taïwanaise quitta l'île après la levée de la loi martiale. Kinmen devint alors un site de patrimoine naturel et culturel très apprécié par les *birdwatchers*[45].

Le lâcher d'une spatule à face noire dans le détroit de Taïwan prend une nouvelle signification dans ce contexte : au lieu de porter une information sur la guerre potentielle entre deux ennemis, ce geste produit des signaux des changements environnementaux qui concernent les oiseaux autant que les humains. À travers ce rituel réinventé, les simulations de maladies d'oiseaux constituent un être vivant en sentinelle des menaces futures sur la mer de Chine. Ces simulations combinent ainsi plusieurs logiques : sécuritaire (en protégeant contre une menace venue de la frontière), scientifique (en produisant du savoir par le comptage des êtres vivants) et religieux (en identifiant les humains et les non-humains à travers des artefacts collectifs). Elles articulent une généalogie des exercices de la guerre froide avec une généalogie plus longue des techniques des chasseurs à l'égard des animaux. Je vais à présent examiner cette double généalogie à travers les relations entre le jeu, la fiction et le rituel dans les simulations de maladies aviaires. Après les ethnographies de simulations pratiquées par les virologues, les autorités de santé publique et les ornithologues, la fin de ce chapitre abordera les simulations dans une perspective théorique.

Simulations d'explosions nucléaires et scénarios d'apocalypse

Patrick Zylberman décrit les exercices de préparation aux pandémies aux États-Unis en parlant d'une « contamination du monde historique par le monde de la fiction[46] ». Il commente ainsi l'usage des romans comme ceux de Richard Preston, *The Hot Zone* (1994) et *The Cobra Event* (1997) dans la construction de scénarios pour des films ou des exercices qui convainquent les décideurs publics d'investir dans la préparation à la santé publique. L'historien se réfère au travail du philosophe Jean-Marie Schaeffer, qui définit la fiction comme la signalisation d'une intention de feindre, et établit une distinction entre le leurre et la simulation[47]. Alors que seule la personne qui leurre est supposée avoir une intention puisqu'elle se contente de détourner les besoins d'un autre être vivant, dans la simulation tous les acteurs sont dotés d'intentions puisqu'ils peuvent anticiper leurs réactions mutuelles. Les acteurs d'une simulation savent qu'ils simulent et s'observent mutuellement en train de simuler. Nous avons ainsi vu que les leurres sont transformés en acteurs dans les scénarios de préparation aux pandémies, en devenant des points focaux pour les intentions de ceux qui participent à la simulation. Poursuivant cette hypothèse, je décrirai les simulations comme des séquences d'action dans lesquelles les acteurs sont dotés d'intentions, et je chercherai quel type de signalisation est produit dans l'espace de la simulation. Comment les sentinelles agissent-elles dans les simulations en signalant leur intention de communiquer ?

La généalogie des simulations de désastres indique qu'elles furent d'abord utilisées non pas pour anticiper des pathogènes émergents mais pour contrôler le pouvoir des radiations nucléaires. Peter Galison rappelle que la simulation informatique est apparue dans le champ de la physique des particules comme une « sous-culture » rassemblant des expérimentateurs et des théoriciens à travers la méthode mathématique dite « de Monte Carlo », qui fut inventée à la fin des années 1940 et utilisée dans le cadre de la dissuasion nucléaire au cours des années 1960. La simulation remplace l'expérimentation quand les données nécessaires pour la théorie sont trop nombreuses et complexes pour être produites par des instruments traditionnels. Elle compense le sentiment de perte de réalité éprouvé par les physiciens lorsqu'ils ont quitté la physique des particules pour entrer dans le monde réel, car les images informatiques produisent une réalité virtuelle sur laquelle il est possible d'agir dans le laboratoire. La simulation joue ainsi un rôle crucial dans le travail collectif de la construction de preuve en physique des particules : elle crée une « zone de négociation » dans laquelle plusieurs professions – ingénieurs électriques, physiciens, constructeurs d'avions, concepteurs d'armes nucléaires – partagent un langage commun[48].

Cette analyse est souvent citée en sociologie des sciences pour décrire le *design* architectural ou les modèles du climat[49]. De la même façon, j'ai montré que la simulation de maladies aviaires produit une « zone de négociation » dans laquelle des chasseurs de virus, des autorités de santé publique et des observateurs d'oiseaux se rencontrent autour de l'extinction anticipée d'une espèce – humaine ou aviaire. Cependant, malgré le projet de Galison visant à saisir la construction de la réalité dans les images de simulation, les études qui ont suivi son hypothèse échouent souvent à montrer comment les acteurs s'engagent dans la simulation. Elles décrivent la simulation comme un « régime de signes » sans décrire comment ces signes instituent un contexte pour l'action. On peut noter, par contraste, que le fondateur des scénarios de catastrophes, Herman Kahn, était très précis dans sa description du rôle des acteurs. Cet expert en futurologie conseilla le gouvernement américain pour la gestion d'une guerre nucléaire grâce à l'utilisation de scénarios qu'il définit ainsi en 1962 : « Un scénario résulte de la tentative de décrire avec plus ou moins de détail une séquence d'événements. Le scénario est particulièrement adapté pour gérer plusieurs aspects d'un problème de façon plus ou moins simultanée, car il donne un sentiment des événements et des points de branchement dépendant de choix critiques.[50] » Dans les scénarios qu'il conçut pour RAND Corporation, les joueurs étaient divisés en équipes représentant les États en guerre, et le directeur du jeu, qui devait introduire le hasard, incarnait les rôles secondaires ainsi que « la nature[51] ».

Joseph Masco s'est intéressé plus précisément au rôle des animaux dans les simulations d'explosions nucléaires à Los Alamos, le territoire du Nouveau-Mexique où le Projet Manhattan fut initialement expérimenté. Masco décrit le film *Them !*, qui met en scène en 1954 des fourmis géantes carnivores issues d'une explosion nucléaire dans le Nouveau-Mexique, comme le « texte original montrant la fascination croissante pour la mutation dans la culture populaire américaine[52] ». En 1948, souligne-t-il, des poissons étaient passés sur des planches photographiques pour capter leur radiation après les tests nucléaires, car tous les poissons de la chaîne alimentaire transmettaient la radioactivité « comme une épizootie[53] ». En 1957, l'opération Plumbbob conduite au Nevada impliquait 135 cochons placés dans des conteneurs individuels en aluminium, rasés pour simuler la peau humaine, peints avec différentes couleurs et exposés aux radiations nucléaires. Masco remarque que l'utilisation d'animaux comme instruments de mesure des radiations en plein air cessa après le traité de limitation des tests en 1963. Les animaux apparaissent aujourd'hui comme des sentinelles pour les radiations nucléaires dans des territoires où leurs effets sur les humains sont encore discutés, comme à Tchernobyl ou dans le territoire pueblo adjacent au site de Los Alamos[54].

Après le Traité d'interdiction partielle des essais nucléaires de 1963, cependant, les simulations d'explosion nucléaire furent pratiquées en intérieur et devinrent plus secrètes, conduisant à un langage d'initiés séparant les scientifiques des citoyens ordinaires mais aussi les humains des non-humains. Hugh Gusterson affirme que les simulations nucléaires dans ces espaces fermés peuvent être comparées à des rituels car elles « soulagent l'anxiété et créent un sentiment de pouvoir[55] ». On peut ainsi analyser les exercices informatiques d'épidémie comme « Grande Muraille » à travers le concept de rituel au sens défini par Gusterson, car ils conduisent les décideurs à stabiliser la menace pandémique par un jeu informatique qui imite la prise de décision. Mais les exercices organisés en extérieur dans des hôpitaux ou des bâtiments publics se confrontent aux différences d'engagement entre humains et animaux dans la chaîne de contagion, par exemple en mettant en scène l'animal domestique récalcitrant. Entre ces deux modèles opposés de simulation, celles qu'organisent les virologues et les ornithologues jouent sur l'instabilité des relations entre humains et oiseaux pour imaginer la menace de pandémie ou d'extinction d'espèce.

Tracy Davis utilise la notion de performance plutôt que celle de rituel pour décrire les techniques inventées par le monde de la défense civile aux États-Unis et en Grande-Bretagne après 1945, car elle montre que ces techniques viennent directement du monde du théâtre. « Le théâtre (et non seulement le spectacle), écrit-elle, avait une utilité dans la gouvernance, l'éducation et la vie sociale du vingtième siècle. Il était central non seulement dans la façon dont l'anxiété était exprimée, mais de façon plus importante dans la façon dont les gens envisageaient les moyens d'identifier et de résoudre les problèmes angoissants[56]. » De fait, des professionels venus du monde du théâtre pouvaient mettre en scène des scénarios conçus par des experts de la guerre froide avec un haut degré de réalisme à travers la construction d'accessoires. Les concepteurs de simulations étaient donc moins concernés par la participation du public que par le réalisme des artefacts composant un monde dans lequel la catastrophe à venir semblait réalisée. Être préparé impliquait non seulement d'imaginer l'explosion nucléaire mais aussi de répéter les comportements appropriés avec les artefacts adéquats de façon telle que l'impossible devînt réel. Comme le note Davis : « ce n'est pas la "performance" qui compte ici, mais sa préparation, c'est-à-dire, sa répétition et ce qui était accompli à travers elle[57]. »

Tracy Davis montre que les animaux tenaient une place centrale dans les simulations de la défense civile car, en tant que compagnons de la vie ordinaire, ils ajoutaient des éléments de réalisme dans le monde dévasté par une attaque nucléaire. Après un exercice organisé à Coventry en 1954, le Premier ministre Winston Churchill se plaignit ainsi du réalisme excessif des simulations, qu'il considérait comme un gâchis d'argent public. « Qui a pensé à la vieille femme couverte de sang avec la cage à oiseaux ? J'espère qu'il n'y aura plus de chose de cette sorte aux frais du gouvernement[58] ! » L'acteur en question, souligne Tracy Davis, était un membre du Syndicat des victimes qui avait joué le même rôle avec le même oiseau au cours d'un exercice précédent à Londres. La critique du réalisme des simulations ne venait pas seulement des dirigeants, mais des participants eux-mêmes. Au cours d'un exercice à New York, en 1959, une jeune femme avec son enfant en pleurs « dut se baisser pour se protéger, mais refusa en disant "Je n'y crois pas, c'est mal"[59] ».

Tracy Davis souligne ainsi la division de genre qui, comme on l'a vu avec le paternalisme des discours des organisateurs de simulations à Singapour et Hong Kong, est un élément de tension central dans ces espaces d'interaction. La défense civile était définie de façon dominante comme une tâche féminine, parce que les femmes étaient en charge du foyer et pouvaient en contrôler les moindres détails, y compris le comportement des animaux domestiques. Le rôle de la défense civile était d'apporter dans les foyers les connaissances nécessaires pour faire face à une attaque nucléaire, de la même façon que les médecins qui avaient appris aux femmes le langage des microbes au début du XXe siècle[60]. Davis mentionne ainsi cette recommandation de la défense civile : « les femmes doivent instruire leurs enfants sur ce qu'il faut faire en cas d'attaque atomique, contrôler et contenir leurs animaux domestiques, réduire les risques d'incendie, apprendre l'aide de première urgence et mémoriser les signaux d'alerte[61] ».

Après la fin de la guerre froide, ces techniques de gestion des désastres furent transférées vers le monde de la santé publique avec la même asymétrie entre les positions de pouvoir. Alors que les organisateurs de la simulation sont de façon dominante des hommes âgés, les acteurs sont plutôt jeunes et féminins. Entre ces deux niveaux de scénario, les animaux domestiques, les oiseaux dans les cages et les cartes apparaissent comme des objets intermédiaires portant les valeurs du soin, introduisant des degrés croissants de réalisme dans l'imagination collective de la menace à venir. La performance publique de ces désastres met en scène des relations entre des personnes et des artefacts, entre des humains et des animaux, entre des plus jeunes et des plus vieux, entre des hommes et des femmes, de telle façon que ces relations peuvent être manipulées et jouées. La notion de jeu est donc centrale pour comprendre comment des chasseurs de virus et des observateurs d'oiseaux simulent une maladie aviaire apocalyptique.

Jouer avec la prédation dans un scénario rituel

L'argument général de ce livre me conduit à analyser les simulations non seulement comme des techniques pastorales, mobilisant des populations exposées à une menace commune en sacrifiant certaines au profit d'autres, mais aussi comme des techniques de chasse, instituant des relations d'identification entre les hommes et les animaux autour d'une incertitude aux frontières entre les espèces. Jouer et spéculer sont des dimensions essentielles de l'écriture des scénarios du pire cas, qui sont orientées par le script linéaire de la performance. Les multiples niveaux de signalisation que j'ai identifiés dans le chapitre sur les sentinelles deviennent ainsi enlacés à l'intérieur d'une séquence d'action. La possibilité de leurrer et d'être leurré, dont j'ai montré qu'elle était un aspect central des sentinelles, est inscrite dans les accessoires utilisés par les simulations. Je voudrais à présent défendre cette hypothèse sur les simulations de la grippe aviaire en m'appuyant sur l'anthropologie des rituels dans les sociétés de chasse.

Comme je l'ai rappelé dans le premier chapitre, Claude Lévi-Strauss donna un cours au Collège de France durant l'année académique 1974-1975 sur le thème « Cannibalisme et travestissement rituel », dans lequel il définit le cannibalisme comme la limite inférieure des relations de prédation et la communication comme leur limite supérieure. Il étudia des rituels pratiqués par des sociétés qualifiées de cannibales où les femmes jouent un rôle ambivalent, puisqu'elles sont soit exclues des repas anthropophages, soit placées en position centrale dans le banquet. Lévi-Strauss s'appuya sur l'analyse par Gregory Bateson de la cérémonie du Naven chez les Iatmul de Papouasie-Nouvelle-Guinée. Dans cette cérémonie d'initiation des jeunes hommes, le frère de la mère classificatoire est habillé comme une vieille femme faisant des blagues et racontant des ragots, tandis que les femmes agissent comme des chasseurs de têtes masculins. Ce cas précède, dans le cours de Lévi-Strauss, une anthropologie comparée des rituels dans lesquels les positions des femmes et des hommes sont renversées pour simuler l'état de guerre qui a donné naissance à la société. Chez les Pueblo d'Amérique du Nord, par exemple, « le vol de femmes, passe-temps des jeunes hommes quand ils n'étaient pas en opération militaire, montre bien que la vie intérieure du groupe, privée des facteurs structurels qui pouvaient nourrir son dynamisme, en était réduite à simuler les combats sérieux livrés sur une plus vaste scène[62] ». Lévi-Strauss concluait ce cours en disant que le travestissement rituel était, plutôt que l'expression d'une révolte symbolique des femmes contre les hommes, une façon pour les hommes de simuler l'état de guerre par la médiation des femmes.

Lévi-Strauss sembla abandonner cette analyse du cannibalisme pour ouvrir un nouveau champ de recherches sur les sociétés à maison, puis la reprit dans son diagnostic de la maladie de la maladie de la vache folle au cours des années 1990. Mais ses idées furent développées par la génération suivante des chercheurs qui travaillaient avec lui. Dans *Les Lances du crépuscule*, Philippe Descola a montré que les relations entre des groupes en guerre dans l'aire Jivaro sont liées aux relations entre prédateur et proie actualisées dans les techniques de chasse, et concentrées dans les têtes réduites (*tsantsa*) qui circulent entre les groupes comme des connecteurs rituels[63]. Dans leur lecture de l'ethnographie du Naven par Bateson, Michael Houseman et Carlo Severi ont analysé les multiples relations qui sont mises en scène par cette cérémonie, notamment les relations totémiques entre les hommes et les animaux (cochons, crocodiles…), afin de critiquer le modèle cybernétique par lequel Bateson cherche à les totaliser[64]. Pour Houseman et Severi, la prolifération de ces relations dans la vie quotidienne produit des contradictions que le rituel permet aux participants de condenser et de manipuler en mettant en scène un contexte extraordinaire de parole et d'action.

Dans un article intitulé « Dissimulation et simulation comme formes de réflexivité religieuse », écrit dans la suite des analyses qu'il a développées avec Carlo Severi, Michael Houseman propose de s'écarter d'une définition du rituel comme une action collective fondée sur un secret pour étudier « les propriétés émergentes de la simulation rituelle en général ». Il s'appuie sur deux cas pris dans des sociétés de chasse d'Afrique centrale, l'un dans lequel les novices mâles sont tués symboliquement et l'autre dans lequel une chèvre est réellement sacrifiée. La question qu'il pose est la suivante : comment les participants en viennent-ils à croire à une série d'actes de discours – « le novice est mort », « la chèvre consent au sacrifice » – qui sont apparemment faux ? Sa réponse est la suivante : l'action rituelle crée un espace de réflexivité sur les relations qui constituent le groupe, où elles peuvent prendre d'autres formes et suivre d'autres perspectives que dans la vie ordinaire.

> Ce qui est certain pour chaque catégorie de participants, par-delà le caractère pénible et anxiogène des interactions dans lesquelles ils sont engagés, c'est la perception du comportement de chacun en relation au sien. C'est cette perception sociale, selon moi, plutôt qu'une quelconque conceptualisation définie de l'épisode en question (est-il réel ou simulé ? Quelle est sa vraie signification ? Etc.) qui fournit la base de leur engagement personnel dans l'efficacité authentique de l'événement[65].

Alors que, pour les novices mâles, le rituel est une dissimulation dans laquelle les relations entre initiateurs et initiés sont constamment renversées de telle façon que le moment de la mort devient incertain, le rituel du sacrifice de la chèvre, selon Houseman, est une simulation de consentement, où le silence de la chèvre obtenu par la consommation d'herbes mime le consentement des chasseurs à leur initiation. Le rituel est réflexif au sens où il met en scène les conditions du rituel lui-même – le secret connu par les initiateurs et inconnu des initiés – à travers la manipulation de relations quotidiennes entre humains et non-humains, dont les asymétries sont réfléchies comme dans un miroir. Houseman conclut : « ce qui est une simulation pour des initiateurs expérimentés reste une dissimulation pour d'autres moins expérimentés[66]. » Apprendre à agir de façon rituelle implique de passer de la dissimulation à la simulation, d'un secret caché à l'inscription de ses actions dans des cercles réflexifs de relations.

Les simulations de maladies aviaires que j'ai décrites apparaissent comme des rituels extraordinaires seulement s'ils sont renversés dans un miroir pour mettre en lumière la multiplicité de relations ordinaires qu'ils contiennent. Les scénarios d'épidémies venues des oiseaux jouent sur les asymétries entre humains et oiseaux et sur les incertitudes de leur rencontre, pour les intégrer dans des artefacts comme les leurres, les casquettes, les cartes ou les mannequins. Tous les acteurs sont conscients du fait que la réalité d'une pandémie venue des oiseaux reste incertaine, et à la limite contradictoire, mais ils agissent de telle façon que leurs relations avec les oiseaux et entre eux sont mises en scène dans le présent, en les connectant avec d'autres relations impliquant le genre et l'âge. Dans ce chapitre, j'ai établi des distinctions entre rituels et performances ou entre exercices virtuels et actuels, internes et externes, mais elles doivent être englobées dans la distinction plus générale entre dissimulation et simulation. Ces deux états en apparence contradictoire doivent être compris comme des degrés de réflexivité dans la mise en scène des relations autour d'un secret partagé par tous, mais impossible à révéler : le moment de l'émergence d'une pandémie de grippe aviaire est impossible à prévoir.

Cette distinction me permet d'en proposer une autre entre le jeu mimétique et le rituel réflexif. Si les virologues et les ornithologues jouent à être des oiseaux, en suivant le mouvement des virus aviaires sur un écran ou en simulant le vol d'un oiseau dans un jeu, le rituel englobe ces jeux dans un cadre réflexif où les relations entre acteurs du jeu peuvent être manipulées. La forme du scénario inverse met en scène ces relations de telle façon qu'on peut agir sur elles. Cette distinction entre jeu et rituel a été proposée par Roberte Hamayon dans son ethnographie du chamanisme sibérien. Si j'ai jusque là analysé des simulations en Asie orientale, en Amérique, en Nouvelle-Guinée et en Afrique, les pratiques des chamanes sibériens – sur lesquelles j'ai commencé mon analyse des chasseurs de virus – mettent aussi en lumière des aspects de la simulation qui sont restés jusque là inexplorés.

Au début de son analyse de la possession en Éthiopie, Michel Leiris cite cette description du chamanisme faite par Jean Filliozat, spécialiste de l'Inde et professeur au Collège de France : « Les pratiques des chamans (*sic*) sibériens sont fréquemment accompagnées de danses frénétiques au son d'un tambour qui est un des accessoires les plus habituels du chaman. On a discuté pour déterminer s'il s'agissait d'une possession à forme violente ou d'une simulation de possessions qui auraient eu lieu anciennement et dont les caractéristiques fixées seraient reproduites rituellement. Le chaman en effet ne procède pas au hasard dans sa frénésie, tout se passe comme s'il jouait à la manière d'un acteur un rôle de forcené dans lequel le déroulement des gestes et des paroles serait arrêté à l'avance[67]. » Leiris applique ces analyses à ses observations ethnographiques en Éthiopie. Quand le zar éthiopien est possédé par un cheval, la même suspension de la croyance se produit que lorsqu'un chamane sibérien saute comme un ours : l'identification feinte est une occasion pour les participants de mettre en scène leurs relations. Et pourtant il y a quelque chose de plus dans le chamanisme que la possession : la perception du résultat des chasses futures conduit le chamane à se diriger vers les esprits plutôt que d'être passivement possédé par eux. La simulation imite activement un animal pour contrôler l'incertitude de l'interaction avec lui. La lecture du chamanisme par Leiris constitue ainsi un basculement important dans l'anthropologie de la simulation, en la concevant non comme un mensonge dissimulateur mais comme un jeu réflexif.

Roberte Hamayon va plus loin que Michel Leiris dans l'analyse des relations entre humains et non-humains impliquées dans la simulation, en proposant une réflexion étendue sur les différents sens de « jouer » dans les sociétés de chasseurs de Mongolie et de Sibérie. Le terme mongol *togloh* signifie littéralement « sauter comme des animaux domestiques », mais cette signification a été perdue en Occident du fait de la critique du jeu comme une relation enfantine au monde. Le rôle du chamane, selon Hamayon, est de bien imiter les animaux que la chasse est supposée apporter à la société. Lorsque les chamanes imitent les animaux, ils développent leurs mouvements sur une autre scène que la vie ordinaire. « Le rituel chamanique réinvente en imitant, et la gestuelle du chamane s'inspire des mêmes modèles animaux, mais son mode imitatif diffère : il inclut les suites qu'auraient chez les animaux les mouvements imités. Aussi l'appellerai-je simulation[68]. » Si, comme le souligne Rane Willerslev, prendre les chamanes au sérieux implique d'entrer dans le monde de la vie où ils sont et ne sont pas des animaux au même moment[69], alors, selon Hamayon, il est nécessaire de comprendre comment la fiction entre dans le monde de la vie des sociétés chamaniques. Ces sociétés ont besoin de la fiction parce qu'elles doivent gérer les incertitudes de la chasse et anticiper leurs futures rencontres avec les animaux. La simulation est une dimension de la fiction dont les chasseurs ont besoin pour agir sur une réalité en constante mutation. Alors que les chasseurs sont le plus souvent des hommes en Asie septentrionale, les chamanes sont très souvent des femmes, parce qu'elles renversent les relations entre humains et non-humains à travers les performances qu'elles font avec leurs tambours, dans lesquels ces relations se reflètent comme dans un miroir.

Un mot anglais décrit bien l'incertitude rencontrée par les chasseurs et mise en scène par les chamanes : *game*, au double sens de ce que le chasseur cherche à attraper (le gibier) et de son mode d'action (le jeu). Un autre mot capte ce double sens en français : « chance ». Le chasseur invoque la chance pour avoir une bonne prise, mais ne peut pas en calculer la probabilité, à la différence du hasard. Le gibier et la chance, remarque Hamayon, sont des notions partitives : comme il est impossible de séparer des parties dans ces ensembles vagues (on dit « du gibier » ou « de la chance »), il faut les redistribuer pour garantir un avenir favorable. Les chasseurs chanceux doivent ainsi redistribuer leur gibier au risque d'être punis par l'esprit des animaux. Aucun savoir statistique basé sur des probabilités n'est requis pour produire les raisonnements mutualistes par lesquels les chasseurs redistribuent leur gibier.

Hamayon appelle cette gestion des incertitudes du futur à travers l'imagination collective « être préparé ». « Pour saisir la spécificité du jouer à cet égard, écrit-elle, peut-être faut-il d'abord se demander si tout ce qui est à venir doit être préparé[70]. »

Quand ils simulent la transmission de maladies des oiseaux vers les humains, les chasseurs de virus et les observateurs d'oiseaux mettent en scène le problème de la distribution des valeurs produites par ces relations : des pathogènes, des vaccins, des antiviraux, mais aussi des spécimens et des photographies d'oiseaux, qui émergent de ces relations comme des artefacts. La simulation des pandémies est proche du rituel en ce qu'elle dissimule le fait que la préparation produit des inégalités entre les acteurs de la gestion de la grippe aviaire. Le réalisme des scénarios du pire cas est critiqué parce que les simulateurs sont conscients des asymétries entre les acteurs qui participent à ces performances – ce que Leiris a appelé après Sartre la « mauvaise foi ». Et pourtant ils ne peuvent que multiplier les formes de scénario inverse pour approcher une réalité qui leur échappe à travers de nouvelles simulations. Le réalisme apparaît ainsi comme une injonction politique et morale qui impulse le jeu de l'écriture des scénarios, et non comme une position stable dans un champ de bataille épistémologique. Si les sentinelles produisent de la communication entre humains et animaux au risque d'être leurrées, si les simulations engagent les acteurs dans des relations virtuelles entre humains et animaux au risque de tomber dans la fiction, il reste donc à voir comment les techniques de stockage préparent pour un futur incertain en stabilisant des inégalités dans le présent.

VI

Stockages ordinaire et prioritaire

L'accumulation et l'échange des échantillons de grippe aviaire sont un des modes de régulation de la circulation globale des virus grippaux. Le stockage, considéré comme une technique de préparation aux catastrophes futures, est un élément crucial de l'économie des maladies infectieuses émergentes. S'il est impossible de prévoir où et quand un virus de grippe pandémique émergera, il est possible de stocker des traitements (vaccins et antiviraux) qui atténueront la menace quand elle se présentera. Anticiper un événement catastrophique de type pandémique conduit les autorités de santé publique à réorganiser ce qui existe à la lumière de ce qui va arriver. Le stockage produit ainsi une nouvelle forme de biovaleur, au sens d'une relation entre des êtres vivants et un état futur du monde[1].

On peut distinguer le stockage de vaccins et d'antiviraux comme des ressources prioritaires en cas de pandémie (*stockpiling*) de deux autres notions qui lui sont liées : le stockage des données biologiques comme des outils de connaissance (*storage*) et le stockage d'êtres vivants à des fins de consommation (*livestock*). Alors que le *stockpiling* produit de la valeur en relation à un futur anticipé, le *storage* produit de la valeur en relation à un passé conservé. Le terme *livestock*, par contraste, fait référence à un réservoir incontrôlé de mutations virales produites par l'accumulation accélérée d'animaux, et apparaît ainsi comme la « part maudite » de l'économie de la grippe[2]. Alors que le *stockpiling* est orienté vers l'atténuation d'un nouveau virus, le *livestock* en est perçu rétrospectivement comme l'origine. Le *storage*, au contraire, est pratiqué pour lui-même, dans l'idée que n'importe quel virus conservé pourra servir à comprendre l'émergence d'une pandémie. Ces trois formes de stockage – *storage*, *stockpiling* et *livestock* – apparaissent ainsi comme trois façons différentes d'accumuler et d'échanger des virus en relation à un événement pandémique.

Pour discuter ces relations entre structure et événement dans l'économie globale de la grippe, je ferai à nouveau référence à l'anthropologie des chasseurs-cueilleurs. Les similitudes entre les pratiques des chasseurs de virus et celles des observateurs d'oiseaux étudiées dans les précédents chapitres seront étendues à leurs pratiques d'accumulation et d'échange, en particulier dans leur usage des banques de données sur les vulnérabilités partagées par les oiseaux et les humains. La distinction entre des techniques cynégétiques de préparation et des techniques pastorales de prévention sera ainsi mise à l'épreuve de l'économie des relations. Si le stockage est une pratique des chasseurs qui suivent les animaux par leurs traces virtuelles, comment est-il reconfiguré par le stockage de vaccins et d'antiviraux pour une pandémie ? Les ontologies des relations entre humains et animaux et les techniques d'anticipation des catastrophes naturelles seront ainsi liées à des modes de production de l'information virale.

Stocker des vaccins et des virus

Le 23 avril 2013, j'ai visité l'Institut de recherche en santé animale de Taïwan, situé sur les rives de la rivière

Danshui, au nord de Taipei. Cette rivière, dont le nom chinois signifie « eau fraîche », était un paysage familier des voyageurs chinois et japonais qui s'approchaient de Taïwan, et un point d'accroche pour les premiers explorateurs espagnols et hollandais qui y construisirent au XVIIe siècle une base militaire pour surveiller le détroit entre Taïwan et la Chine, aujourd'hui connu sous le nom de Fort Santo Domingo. Les Britanniques y établirent leur premier consulat en 1860, lorsque le traité de Pékin ouvrit Taïwan au commerce occidental, et Robert Swinhoe arriva en 1862 pour administrer le Bureau des douanes. Celui-ci était en plein développement avec l'export de thé oolong par Jardine Matheson avant d'être remplacé par Keelung comme principal port du nord de Taïwan. L'Institut de recherche en santé animale faisait partie d'un campus qui incluait l'université d'Aletheia (« vérité » en grec) et le Collège d'Oxford créé par George Mackay, un missionnaire protestant presbytérien qui naquit à Oxford, dans l'Ontario, en 1844 et arriva à Danshui en 1872, où il épousa une femme locale et développa l'éducation médicale jusqu'à sa mort en 1901. J'étais au cœur d'une des bases coloniales les plus connectées de l'île.

Les premiers cas de grippe aviaire à Taïwan venaient d'être déclarés. Un homme d'affaires était revenu de Shanghaï avec un virus H7N9 qui avait déjà infecté une centaine de personnes en Chine au cours des mois précédents, dont une sur cinq était décédée. Depuis l'émergence du virus H5N1 à Hong Kong en 1997, il n'y avait pas eu de cas humain de grippe aviaire à Taïwan. Cependant, en 2013, le virus H7N9, même s'il était moins dangereux que le virus H5N1, semblait se répandre plus rapidement en Chine. Malgré des pressions intenses pour contenir le virus et les contraintes de communication des autorités de santé publique, le directeur de l'Institut de recherche en santé animale, Hsiang-Jung Tsai, accepta de me rencontrer pour m'expliquer les pratiques de surveillance des virus de grippe chez les animaux[3].

Le H7N9 n'est pas nouveau, me dit-il. Il a été trouvé deux fois chez les oiseaux sauvages à Taïwan, mais avec des séquences génétiques différentes. Au cours des dix dernières années, la Société des observateurs d'oiseaux de Taïwan avait collaboré avec l'Institut pour définir les zones dans lesquelles ils collecteraient des prélèvements d'oiseaux. Lors de ma visite, 50 000 échantillons avaient été collectés en 2013, et 3 000 contenaient des souches de grippe. Un programme de surveillance était conduit sur les volailles domestiques dans les fermes et les marchés de Taïwan. En mai 2012, Taïwan déclara à l'Organisation mondiale de la santé animale environ 4 000 cas du virus H5N2, non transmissible aux humains, dans ses fermes de volailles[4]. Mais des rumeurs disaient que la même souche avait causé beaucoup plus de cas entre décembre 2012 et février 2013, qui n'avaient pas été déclarés à cause de la campagne pour l'élection présidentielle. Cette rumeur fut confirmée par une étude de l'Université nationale de Taïwan montrant que le virus H5N2 avait été introduit à Taïwan en 2003 par un vaccin produit au Mexique[5]. En juillet 2012, lorsque des oiseaux sauvages de contrebande porteurs du H5N1 furent découverts à l'aéroport de Taoyuan dans un avion en provenance du Mexique, ils furent immédiatement détruits[6]. Même si la grippe aviaire n'avait jamais tué personne à Taïwan, la surveillance de ses mutations chez les animaux était une question politique sensible : elle révélait les relations tendues entre Taïwan et la Chine continentale.

Le 13 novembre 2013, le ministère de la Santé annonça qu'une femme de 21 ans avait été infectée en mai par un nouveau virus H6N1[7]. Cette information fut rendue publique six mois après parce que des chercheurs du Centre taïwanais de contrôle des maladies avaient d'abord dû séquencer le virus de grippe porté par cette femme (qui s'était entre temps remise de sa maladie) puis chercher des séquences analogues dans les virus de grippe collectés sur les poulets. Le Centre montra finalement que sept des gènes découverts sur cette femme étaient proches d'une autre souche découverte d'abord chez des poulets taïwanais en 2002. Il restait incertain de savoir comment cette femme était entrée en contact avec des poules car elle était serveuse de restaurant, mais une analyse par « horloge moléculaire », qui suit l'évolution des mutations dans le génome, établit avec certitude que la grippe qu'elle avait contractée avait circulé auparavant chez les oiseaux, conduisant les autorités de santé publique à redouter que la grippe aviaire ne se transmette entre humains.

Comment savez-vous, demandai-je à Hsiang-Jung Tsai, que c'était le même H7N9 qui circulait chez les humains et chez les oiseaux ? Il me répondit en me montrant un réfrigérateur dont la température (- 80 °C) brillait en lettres rouges[8]. Il me dit que 200 virus d'oiseaux sauvages étaient stockés dans ce frigo, dont deux souches de H7N9. Pour la première, collectée en 2009, les virologues avaient séquencé le segment génétique pour l'hémagglutinine, considérée comme un indicateur de virulence, et pour la seconde, collectée en 2011, ils séquencèrent huit autres segments. Ces efforts de séquençage et de comparaison des mutations pour chaque souche leur permettaient d'affirmer que la souche humaine de 2013 dérivait de ces souches aviaires. La conservation des échantillons viraux dans un frigo rendait possible leur présentation à travers un arbre phylogénétique. Comme l'écrit Hannah Landecker, les techniques de congélation, lorsqu'elles furent introduites pour cultiver les cellules dans les années 1950, synchronisèrent un monde d'êtres vivants caractérisé par leurs mutations et les transformèrent en objets manipulables et cultivables. « Le congélateur opéra comme un mécanisme central à la fois dans chaque laboratoire et chaque entreprise en particulier et dans la communauté de recherche biologique en général pour standardiser et stabiliser les objets de recherche qui étaient par leur nature en flux constant[9]. » Landecker remarque également que cette technique fut utilisée pour la stabilisation des lignées cellulaires au laboratoire et le contrôle des cellules de sperme dans l'élevage de bétail.

Dans une autre partie de l'Institut de recherche en santé animale, Hsiang-Jung Tsai me montra des frigos contenant des vaccins pour les volailles. Ils étaient conservés à une température de 4 °C, une température plus élevée que pour les échantillons de virus parce que c'était la température nécessaire afin de conserver les adjuvants, ces protéines qui augmentent la réaction des cellules immunitaires. Suivant une technique mise en place dans les années 1960, les vaccins contre la grippe sont des virus vivants cultivés dans des embryons de poulet et atténués de telle façon qu'ils présentent leurs antigènes au système immunitaire qui, en retour, produit des anticorps. La production de vaccins contre la grippe est un défi industriel, car les souches de grippe qui circulent dans la population humaine mutent en permanence. Chaque année, des experts de la grippe se réunissent dans des forums organisés par les autorités sanitaires internationales (l'OMS à Genève pour les humains, l'OIE à Paris pour les animaux) pour décider collectivement des souches ciblées par les campagnes de vaccination. Mais pour les humains, la production ordinaire de vaccins contre la grippe saisonnière interfère parfois avec la production extraordinaire de vaccins contre la grippe pandémique venue des réservoirs animaux.

Edwin Kilbourne, un des plus célèbres virologistes de l'Institut Rockefeller à New York, dirigeait le Stock national stratégique (Strategic National Stockpile) aux États-Unis jusqu'à sa mort en 2011. Ce dépôt d'antibiotiques, vaccins et autres équipements médicaux avait été créé en 1999 par le Centre de contrôle des maladies au niveau fédéral sous le nom de « Stock pharmaceutique national ». En 2004, Kilbourne recommanda la production d'un vaccin combinant les 13 types viraux de grippe connus, avant qu'un « rempart vaccinal » puisse être construit pour le nouveau virus émergent[10]. La principale question pour lui, en tant qu'observateur du « fiasco de la grippe porcine » en 1978, était de savoir comment stocker des vaccins de telle façon que leur distribution en cas de pandémie soit sûre et juste. Les sites où les vaccins humains sont stockés doivent rester secrets, car ils pourraient être pris pour cibles par des terroristes ou par des pillards en cas de pandémie.

La vaccination des animaux soulève des problèmes économiques et moraux différents, ce qui explique que les stocks de vaccins animaux sont beaucoup plus accessibles. Selon les recommandations de l'OIE, la vaccination des volailles domestiques est un complément raisonnable à l'abattage des poulets infectés, mais doit être accompagnée par la surveillance des mutations des virus de grippe chez les oiseaux sauvages et domestiques. Alors que la Chine et le Vietnam ont été critiqués pour leur politique de vaccination massive des volailles avec des vaccins produits localement, ce qui a pu conduire à sélectionner des souches résistantes[11], Taïwan a choisi de stocker des vaccins et de les utiliser seulement en cas d'épidémie. « Nous ne sommes pas censés utiliser les vaccins parce qu'ils interfèrent avec la surveillance en marquant positivement les volailles, me dit Hsiang-Jung Tsai. Mais s'il y a une épidémie et si l'abattage ne suffit pas à stopper la contagion, nous devons utiliser les vaccins. » Alors que l'abattage produit des ruptures ontologiques entre les humains et les animaux, la vaccination et la surveillance instituent une solidarité morale entre eux. Mais la vaccination a un coût économique plus élevé que la surveillance, car elle intervient directement dans les corps des animaux en les immobilisant provisoirement.

Le problème posé par les vaccins humains et animaux est le suivant : que faire des vaccins produits en trop pour des souches qui ne circulent plus ? En 2013, l'Institut de recherche en santé animale de Taïwan conservait 10 millions de doses contre les virus H5 et 5 millions contre les virus H7, puisque c'étaient les deux souches en circulation chez les volailles. Ces vaccins étaient achetés à des entreprises pharmaceutiques françaises (Meyrieux), italiennes (Fluvac) et mexicaines (Avimex). Après 18 mois, les vaccins non utilisés étaient incinérés et de nouveaux vaccins étaient achetés. Des membres du Parlement taïwanais se plaignirent de la quantité de vaccins détruits, ce qui conduisit le gouvernement taïwanais à diminuer le nombre de vaccins stockés. Pour réduire le coût du stockage et de la destruction des vaccins, le gouvernement passa un contrat avec des entreprises privées capables de produire 3 millions de doses de vaccins en une semaine au cas où une épidémie éclaterait. Une entreprise taïwanaise, Adimmune, annonça qu'elle pouvait produire entre 5 et 10 millions de doses de vaccins contre le H7N9 en six à huit semaines, et le gouvernement lui accorda le droit de fabriquer le vaccin. C'était la première fois qu'une entreprise taïwanaise était en charge de produire des vaccins humains du début à la fin du processus de développement, au lieu de reprendre des produits fabriqués par d'autres entreprises[12].

Le développement de vaccins contre la grippe est ainsi l'objet de négociations complexes entre des intérêts publics et privés. Alors que l'Institut de recherche en santé animale pouvait produire et stocker ses propres vaccins, il était obligé de compter sur l'initiative d'entreprises privées qui inventaient de nouvelles technologies de production massive et rapide du fait de la grande quantité de déchets induits. Alors que certains expliquaient la consommation de vaccins par les aléas de la nature, en fonction des émergences virales, d'autres l'interprétaient comme un résultat de la pression de l'industrie. « Nous ne sommes pas censés produire trop de vaccins, sinon les entreprises pharmaceutiques ne seront pas contentes ! », me dit Hsiang-Jung Tsai. Si les capacités productives des entreprises taïwanaises suscitaient de la fierté car elles montraient la souveraineté et l'efficacité de l'île, elles rappelaient également de mauvais souvenirs. Le premier directeur du ministère de la Santé dans le gouvernement du Guomingdang dirigeait une entreprise pharmaceutique basée à Shanghaï : en 1946, il suspendit l'achat de 45 millions de pilules anti-paludisme venues du Japon, ainsi que les mesures de quarantaine appliquées pendant la période coloniale, pour favoriser les ventes de quinine de sa propre entreprise[13].

Les restrictions de la recherche publique sur les vaccins à Taïwan ont aussi été expliquées par des contraintes géopolitiques. Ces vaccins visaient à protéger la population taïwanaise et ne pouvaient pas être exportés dans d'autres pays. « Si nous pouvions vendre des vaccins à la Chine continentale, dit Hsiang-Jung Tsai, la production de vaccins publics ferait du profit, mais pour le moment c'est impossible. Et nous ne sommes pas autorisés à acheter des vaccins de Chine continentale. » Il faut rappeler que Taïwan a eu des difficultés à joindre les organisations de santé internationales (OMS et OIE) en raison de l'opposition de la Chine continentale, et elle y a été admise seulement à titre d'observatrice entre 2008 et 2016 sous le nom « Chinese

Taipei ». Mais Taïwan est aussi un acteur important dans le marché pharmaceutique global, qui peut vendre des vaccins et des antiviraux aux 26 pays reconnaissant la « République de Chine ». La circulation des vaccins et son interruption expriment ainsi des tensions géopolitiques complexes. Taïwan commença à stocker des vaccins contre la variole en 1972, lorsque le gouvernement de Pékin refusa de signer le traité international de non-prolifération des armes biologiques, et alors qu'une attaque de variole était redoutée dans le détroit de Taïwan[14].

Taïwan a aussi été un des premiers pays à stocker des antiviraux pour la grippe. Utilisés après l'infection, ces traitements inhibent la neuraminidase qui contrôle l'entrée du virus dans les cellules. Les plus utilisés sont Oseltamivir (commercialisé par le laboratoire Roche sous le nom de Tamiflu et sous forme de pilules) et Zanamivir (commercialisé par Glaxo Smith Kline sous le nom de Relenza et inhalé). Alors que les vaccins doivent être constamment mis à jour et recyclés, les antiviraux peuvent être gardés entre cinq et sept ans à une température basse (2 à 8 °C). À Taïwan, le ministère de la Santé affirmait avoir stocké 2 millions de doses de Tamiflu, ce qui fournissait des traitements pour 10 % de la population. En juillet 2005, le gouvernement taïwanais donna 600 000 doses de Tamiflu au gouvernement du Vietnam, qui faisait face à une épidémie de H5N1, afin de bloquer la propagation du virus dans l'ensemble du continent asiatique[15]. En novembre 2005, le ministère taïwanais mit en doute la capacité de Roche à produire suffisamment d'antiviraux pour l'ensemble de la population en cas de pandémie, et menaça de développer ses propres antiviraux ; mais Roche envoya finalement les 2 millions de doses commandées en 2006[16].

La politique des autorités de santé taïwanaise pour le stockage des virus, des vaccins et des antiviraux peut être comparée à celle de Hong Kong. La Région administrative spéciale est la plus grande consommatrice de Tamiflu en raison de son exposition durable à des virus de grippe et de sa mobilisation contre la menace d'une grippe pandémique. Wikileaks révèle que 20 millions de doses de Tamiflu ont été stockées à Hong Kong, ce qui correspond à la couverture de population la plus élevée au monde (300 %) alors que les pays occidentaux couvrent entre 30 et 50 % de leur population[17]. Cela pourrait expliquer que des souches virales résistantes au Tamiflu sont apparues à Hong Kong en 2009[18]. À l'entrée de chaque nouvelle saison froide, Roche est mentionné dans les journaux hongkongais qui redoutent un manque de Tamiflu.

Lorsque je pris part à un congrès de virologie à Hong Kong en 2008, j'ai suivi un événement privé organisé aux marges du colloque par Glaxo Smith Kline, le concurrent de Roche, visant à discuter scientifiquement quelle souche de grippe était le candidat le plus sérieux pour la prochaine pandémie. Les représentants de Glaxo Smith Kline affirmaient que, quelle que soit la souche qui émergerait, il y aurait assez de vaccins et d'antiviraux pour en limiter les effets. Nous avons vu au chapitre IV que les vaccins utilisés dans les fermes de volailles de Hong Kong venaient des Pays-Bas et du Mexique, mais que leur inefficacité croissante suscitait des discussions sur l'opportunité d'acheter des vaccins à la Chine continentale, où les nouvelles souches apparaissent et où les entreprises pharmaceutiques proposent des prix intéressants. Pendant la pandémie de H1N1 en 2009, le ministère de la Santé de Hong Kong acheta seulement des vaccins français pour les humains, après une longue délibération au cours de laquelle ils avaient été comparés à leurs équivalents chinois. En tant qu'économie ultralibérale orientée par la peur d'une pandémie venue de Chine continentale, Hong Kong était un bon territoire pour exercer la concurrence des entreprises pharmaceutiques multinationales.

La circulation globale des souches virales et des vaccins contre la grippe pose des questions de souveraineté qui apparurent clairement lorsque le ministère de la Santé indonésien refusa de partager avec l'OMS les souches de H5N1 qui circulaient dans sa population si elle n'obtenait pas un accès privilégié aux vaccins fabriqués à partir de ces souches[19]. Alors que Taïwan essaie de préserver sa souveraineté face aux virus de grippe aviaire arrivant de Chine continentale, Hong Kong assume de plus en plus sa dépendance à l'égard de la Chine continentale non seulement pour l'importation de volailles (et des virus qui les accompagnent), mais aussi pour les vaccins, et compense cette dépendance en achetant des antiviraux aux entreprises occidentales Roche et Glaxo Smith Kline. Le cas indonésien montre que la production de médicaments pour la pandémie de grippe est une relation d'échange inégale. Les pays du « Sud » donnent des souches et reçoivent en retour des médicaments des pays du « Nord » qui ont les capacités techniques de produire les vaccins et les antiviraux. Mais la relation entre Taïwan, Hong Kong et la Chine est plus complexe que l'opposition Nord/Sud ne le laisse penser. Si la Chine possède à la fois les souches et la capacité de produire des médicaments, Taïwan et Hong Kong doivent inventer de nouvelles formes de souveraineté aux marges de la Chine, parce que la circulation des marchandises, des personnes et des pathogènes est particulièrement intense sur ces marges. Il y a ainsi plusieurs formes de relation de don et contre-don dans le monde des virus de grippe, et de lieux où ces relations deviennent plus réflexives et spéculatives.

Les microbiologistes de Hong Kong ont trouvé une solution intéressante à cette équation apparemment impossible.

Au lieu de fabriquer des vaccins et des antiviraux et de les distribuer au reste du monde, ils produisent des connaissances sur les virus émergents pour lancer l'alerte au niveau global. Un poste de sentinelle n'est pas seulement une position liminale dans la bataille mondiale contre les maladies infectieuses émergentes, mais aussi une position profitable dans l'économie globale de la connaissance. Par exemple, le travail de Gavin et de son équipe à Hong Kong puis à Singapour visant à dater les virus de grippe par des simulations sur ordinateur créait de la valeur à partir des souches qui circulent en Chine continentale. Vijay commenta ainsi la décision du gouvernement chinois de couper aux chercheurs de Hong Kong l'accès à l'université de Shantou :

> Nous interdire d'aller Shantou, c'est une honte. Toutes les informations que nous avons eues au cours des dix dernières années sont dues à la surveillance massive qui a eu lieu dans cette région. Et quand le virus H5N1 se propagera, nous pourrons dire : voici le génotype qui se propage, l'OMS pourrait se préparer, nous pourrions envoyer des vaccins aux pays où le virus est endémique. Mais depuis que l'accès à Shantou a été fermé en 2006, nous ne savons pas grand-chose sur cette région, alors on suppose que les nucléotides se propagent à l'extérieur. Hong Kong est un parfait exemple de transparence. Dès que la surveillance des poulets, des porcs, des oiseaux sauvages est faite, ses résultats sont rendus publics. Cela ne signifie pas que Hong Kong est un mauvais endroit, mais que tout ce qui est réalisé est déclaré. Nous sommes assis sur un tas d'information. Les virus sont là, encore inconnus. Même si nous ne faisons pas de surveillance, nous avons assez d'informations pour cinq ans[20].

Pour Vijay, alors que l'accès aux souches virales circulant actuellement était coupé, son équipe de virologues pouvait encore travailler sur une banque de données virtuelles, dont les séquences génétiques étaient valorisées par la connaissance biologique. Les virus collectés en grande quantité par Webster, Shortridge et les virologistes qu'ils avaient formés étaient conservés à l'université de Hong Kong ou à l'hôpital St. Jude de Memphis, et leurs séquences étaient envoyées sur le site GenBank où les virologistes pouvaient retracer leur histoire en utilisant des logiciels informatiques[21]. Vijay faisait une distinction importante entre le « laboratoire humide » (*wetlab*), où les virus étaient identifiés, purifiés et congelés, et le « laboratoire sec » (*drylab*), où ils étaient séquencés, comparés et alignés. « En général, je ne fais pas le travail de laboratoire, tout ce qui salit les mains. Je travaille surtout avec les ordinateurs. Mais si je n'avais pas le personnel pour faire le séquençage, je pourrais le faire parce que c'est ce que j'ai fait pendant des années[22]. » Le *wetlab* et le *drylab* sont deux étapes dans la production de l'information virale et dans la transformation de prélèvements aviaires en savoir valorisable. Les séquences de virus constituent un trésor d'information indépendant de l'accès aux réservoirs vivants des virus.

Parallèlement à la quantité massive de vaccins et d'antiviraux stockés par les autorités de santé, il y a donc une quantité tout aussi massive d'information virale stockée dans les laboratoires de microbiologie. Alors que la première forme de stockage (*stockpiling*) est réglée par la souveraineté, la propriété et l'échange, la seconde (*storage*) est réglée par la confiance, la transparence et la robustesse de l'information. Pour décrire les différences entre ces formes de stockage, on peut remarquer qu'il y a seulement une différence de température entre stocker des antiviraux (8 °C), des vaccins (4 °C) et des virus (-80 °C). Si l'on creuse cette différence à la fois épistémologiquement et économiquement, en demandant quel type de connaissance et de valeur elle produit, la différence de degré entre les formes du stockage pourrait impliquer une rupture historique entre des modes de production.

Collecter des spécimens et des images d'oiseaux

Pour analyser les pratiques de stockage des virologistes, je vais me tourner à nouveau vers celles des ornithologues, en retraçant leurs débats sur le stockage de spécimens dans les musées et le stockage d'images dans les banques de données. Comme je l'ai rappelé au chapitre III, l'ornithologie est une pratique occidentale qui date du XVIIIe siècle consistant à comparer les oiseaux collectés dans le monde entier avec ceux que l'on peut observer dans un lieu familier à travers un espace muséal. Nous avons vu au chapitre IV que ces pratiques ont été appropriées par la classe moyenne chinoise à la fin du XVIIIe siècle pour développer une conscience écologique dans un contexte de développement urbain accéléré. Comment ce transfert du *bird-watching* de l'Occident vers la Chine a-t-il transformé les pratiques de stockage ?

Au milieu du XIXe siècle, « Robert Swinhoe employait un grand nombre de chasseurs et de taxidermistes indigènes quand il était stationné à Taïwan. Les naturalistes encourageaient aussi les Chinois – fermiers, pêcheurs, ou toute autre occupation – à leur apporter des animaux qui étaient intéressants ou inhabituels[23] ». Au même moment, le Père Armand David voyageait dans le centre de la Chine pour collecter et nommer des spécimens de mammifères, d'oiseaux et de plantes pour le Museum national d'histoire naturelle à Paris. Dans ses carnets, il se plaignait de la cruauté des paysans et des chasseurs chinois, qui selon lui détruisaient les habitats de ces espèces[24]. En 1905, le révérend Hardy notait, après avoir visité le musée des spécimens zoologiques dans la mairie de Hong Kong : « il y a tant de beaux oiseaux qui sont étiquetés comme appartenant à Hong Kong à l'intérieur du musée et si peu à l'extérieur qu'il semble presque qu'ils ont tous obtenu l'immortalité de la naturalisation[25]. »

L'introduction de l'ornithologie en Chine peut ainsi être conçue non seulement comme un transfert de la préoccupation occidentale pour la préservation de l'environnement, mais aussi comme la projection d'une forme muséologique sur un nouvel espace. Alors que les scientifiques chinois avaient développé plusieurs façons de représenter la nature pour y agir, parmi lesquelles ils avaient inclus l'astronomie européenne apportée par les Jésuites, les observateurs d'oiseaux venus de Grande-Bretagne ou de France introduisirent une nouvelle forme de cartographie de la nature qui suscitait de nouveaux besoins en se présentant comme totalisante[26]. Comme le rappelle l'historien Fa-ti Fan, « Les naturalistes britanniques voyaient la Chine comme un espace à explorer et cartographier. Les Chinois, leur volonté et leurs institutions politiques et sociales, dans cette perspective, représentaient des obstacles à la quête naturaliste d'un savoir complet sur la flore, la faune et la géologie du territoire[27] ». Cartographier le territoire chinois était une façon de prendre le pouvoir sur ses ressources et sa population, même si cette forme de représentation de la nature pouvait être partagée avec les locaux. Quand les patrons des Canton Factories – un ensemble d'entrepôts construits par les Britanniques sur la rivière des Perles pour stocker les marchandises en attente d'exportation – proposèrent en 1820 de créer un British Museum en Chine à la fin des années 1820, ils déclarèrent : « Considérant le goût des Chinois pour les oiseaux et les poissons vivants, nous pouvons espérer que les classes les plus riches pourront acquérir un goût pour les mêmes animaux quand ils sont préparés pour le Cabinet[28] ». De fait, Wang Shu-hang, qui avait travaillé avec le Père Armand David à la collecte de spécimens en Chine centrale, devint le taxidermiste du musée de Shanghaï en 1874. Mais alors que les chasseurs chinois apparaissaient comme des alliés des collecteurs d'oiseaux occidentaux, ils étaient aussi vus comme des obstacles dans les grandes expéditions zoologiques comme celle qui fut organisée par le Musée américain d'histoire naturelle en Chine en 1916-1917[29].

Quand le Japon inclut Taïwan dans son empire par le traité de Shimonoseki en 1895, une forme spécifique d'ornithologie japonaise se développa à partir de la richesse en espèces endémiques sur cette île tropicale. Les scientifiques japonais ne séparaient pas la chasse de la collecte, et ils montraient du respect pour les savoirs et les techniques des peuples aborigènes qui savaient où trouver les oiseaux et comment composer des motifs avec leurs plumes – notamment les Ami, le plus important groupe aborigène, qui vivaient dans l'est de l'île et fabriquaient des costumes et des coiffes avec les plumes[30]. Les collecteurs japonais ramenèrent de nombreuses espèces taïwanaises à l'Institut d'ornithologie créé par le prince Yoshimaro Yamashina à Tokyo en 1932, une collection privée de 16 000 spécimens. En 1984, cet institut a déménagé à Abiko, dans la préfecture de Chiba, avec 59 000 spécimens et 18 000 livres. Depuis, il a développé une banque de données massive basée sur l'analyse génétique d'espèces d'oiseaux du monde entier. Sa revue, créée en 1952, est toujours une référence importante pour l'ornithologie globale[31].

Le premier guide sur les oiseaux de Taïwan fut le résultat d'une collaboration entre un ingénieur taïwanais formé à la taxidermie en Autriche, John Wu Sen-Hsiong, et un peintre japonais. John Wu Sen-Hsiong est célèbre à Taïwan non seulement comme chasseur d'oiseaux et collectionneur de spécimens, mais aussi comme animateur du mouvement de protection du Busautour à joues grises (*Butastur indicus*). Cet oiseau se reproduit au Japon et descend pour l'hiver aux Philippines en passant par Taïwan en octobre et en mars. Les ornithologues japonais publièrent des rapports sur le déclin du Busautour à joues grises, qu'ils expliquaient par sa chasse massive à Taïwan, où sa peau était dotée de vertus singulières et vendue pour la taxidermie au Japon. John Wu Sen-Hsiong rencontra des ornithologues japonais en 1977 alors qu'il était membre du club d'observateurs d'oiseaux de Taichung. Il me raconta ainsi cette entrevue :

> J'étais invité à un dîner à l'hôtel Peninsula de Tokyo. Il y avait neuf personnes, toutes célèbres pour l'ornithologie au Japon. Ils me dirent : « nous sommes concernés par le fait que votre pays envoie chaque année 60 000 peaux d'oiseaux de proie chaque année au Japon ! » J'ai répondu : « votre pays est développé, notre pays est en cours de développement ; nous devons apprendre de vous. »[32]

Au moment de cette rencontre, des articles étaient publiés dans les médias japonais sur la cruauté de la chasse aux rapaces, montrant des têtes clouées, des peaux ouvertes et des yeux accumulés en pyramide. Le président Chiang Kai-Shek interdit la chasse du Busautour à joues grises en 1972, et le déclara « oiseau de la fête nationale », puisque le pic de la migration coïncide avec la fête nationale le 10 octobre. En 1981, le président Chiang Ching-kuo créa le parc national de Kenting, premier parc national de Taïwan, pour protéger l'aire de migration du Busautour à joues grises, et y organisa la conférence sur la protection des oiseaux d'Asie orientale en 1983. Alors que les parties du corps des rapaces étaient utilisées dans la médecine chinoise traditionnelle, le gouvernement taïwanais, sur la recommandation des experts japonais, créa des réserves naturelles dans lesquelles les busautours étaient conservés comme des ressources nationales.

John Wu Sen-Hsiong est un cas exemplaire de la transformation d'une vision taxidermiste des oiseaux à une conception écologique qui les replace dans leur environnement naturel. Son livre reflète ce changement, puisque les oiseaux y sont dessinés de façon statique alors que les cartes géographiques fournissent des connaissances précises sur leur habitat et leur mode de vie. Lorsque je l'ai rencontré dans son atelier où il conservait encore de nombreux spécimens naturalisés, John Wu Sen-Hsiong était fier de me donner une copie de ce livre comme une autre façon de « capturer » des oiseaux dans leur espace sauvage. Il me dit que la société des observateurs d'oiseaux de Taïwan en avait vendu 80 000 exemplaires et que cette vente lui avait permis de soutenir des projets de conservation aux Antilles ou au Cambodge.

J'ai reçu un autre don de ce genre de la part de Lucia Liu Severinghaus, diplômée en ornithologie à l'université Cornell et professeure à l'Academia sinica : il s'agit de l'édition complète en trois volumes de l'*Avifaune de Taïwan* sur DVD. L'édition papier de cette encyclopédie, éditée par le bureau des forêts du conseil taïwanais de l'agriculture, est le résultat de six ans de travail collectif et pèse 8 kg. Ses images suivent le modèle mis en place par Roger Peterson en 1934 aux États-Unis : les oiseaux sont dessinés en vol pour faciliter leur identification, et les spécimens de chaque espèce sont représentés sur la même page. Lucia Liu m'expliqua :

> Dans ce livre, nous avons mis plus d'informations que ce qui est nécessaire pour l'identification : la signification du nom scientifique, où se trouve le spécimen type, l'histoire de la collection, qui a écrit à son sujet, la mesure, la description générale de la morphologie, l'habitat, la reproduction, le chant, et aussi une section sur la conservation et des cartes de distribution. C'est donc un livre de référence, non un guide à emporter sur le terrain. On peut aller sur le terrain, revenir chez soi et lire les pages sur l'espèce que l'on veut. Mais si on a un iPad, on peut prendre la version électronique sur le terrain[33].

Le rôle des guides de terrain à destination des ornithologues a fait l'objet de nombreuses discussions : est-ce qu'ils suscitent une réflexion environnementale en entraînant à être attentif à la diversité des oiseaux, ou est-ce qu'ils restreignent la perception de l'environnement aux images qui peuvent être présentées dans un livre ? Autrement dit, est-ce que les ornithologues lisent des livres pour connaître la nature, ou est-ce qu'ils regardent la nature pour confirmer leur livre[34] ? On peut poser la question différemment : si les guides d'ornithologie sont ancrés dans les pratiques coloniales de collecte pour les musées, comment sont-ils transformés par les pratiques numériques aujourd'hui ? Les spécimens des musées, les images des livres et les bases de données peuvent être décrits comme trois formes de stockage du passé qui participent à la préparation aux catastrophes à venir.

Taïwan est un bon lieu pour poser de telles questions sur le stockage, car l'île est à la pointe aussi bien pour les industries numériques que pour la réflexion sur le passé colonial. Le rôle de cinquante ans de colonisation japonaise dans la création de musées des cultures traditionnelles et de réserves naturelles a notamment été souligné par le Parti démocrate (Minjindang, ou DPP) lorsqu'il était au pouvoir entre 2000 et 2008, pour prendre ses distances avec la politique de développement industriel du Parti nationaliste (Kuomintang, ou KMT). Cette période a aussi marqué une explosion dans la création de nouveaux musées dédiés à différents aspects de cette société multiculturelle qu'est Taïwan. Dans une étude ethnographique d'un hall culturel hakka à Longtan (dans le comté de Taoyuan), Anne-Christine Trémon cite le chef du comité Yuan pour la culture hakka lorsqu'il inaugura le hall : « Je m'attendais à visiter un *wenziguan* (hall à moustiques), je suis vraiment agréablement surpris qu'il soit si bien. Il ne faut pas le laisser vide, mais renforcer le *ruan-ying ti*[35] ! » Cette étude montre que le terme « hall à moustiques » est couramment utilisé pour critiquer l'inauguration de musées qui restent vides en Chine, et que le couple *ruan-ying* peut être compris sur le modèle du couple *hardware/software* : ce sont deux faces du même processus, l'un orienté vers la construction de monuments, souvent avec le soutien de l'État, l'autre vers la fourniture d'information numérique, de façon plus ouverte à la société civile. En suivant son argument, je voudrais montrer que les musées pour les collectionneurs d'oiseaux et les bases de données pour les observateurs d'oiseaux sont deux faces du même processus de stockage des images.

Je reviens pour cela aux pratiques des observateurs d'oiseaux à Hong Kong. Nous avons vu au chapitre IV qu'ils se sont écartés du modèle colonial de l'association militaire pour produire leurs propres modes de connaissance sur la biodiversité, ce qui peut expliquer que les collections d'histoire naturelle conservées au musée de Hong Kong soient restreintes en comparaison de celles de Tokyo ou Singapour[36]. Mike Kilburn, qui fut vice-président de la Société ornithologique de Hong Kong (HKBWS) me dit ainsi : « Nous avons collecté des données sur les oiseaux pendant cinquante ans à Hong Kong. Cela nous donne une autorité en matière d'oiseaux que personne ne peut questionner[37] ». À ses yeux, les données forment une image de la diversité naturelle, par contraste avec les spécimens qui en sont extraits. Mike critiquait les pratiques des amateurs qui prenaient des photographies des oiseaux avec des appareils sophistiqués et les postaient sur le site de la Société sans mentionner l'espèce ou le lieu où ils avaient été observés. Il me renvoya au site de l'association Hong Kong Wildlife, qui postait des images d'animaux et de plantes sans exiger les connaissances qui leur sont associées. Selon Mike, l'image d'un oiseau sans information sur son espèce ou son lieu d'observation n'avait pas de valeur :

> Les oiseaux sont le plus grand défi pour un photographe parce qu'ils sont mobiles. Avant, les photographes organisaient des expositions ; maintenant, ils affichent leurs photos sur Internet et 25 personnes leur disent : « *wow*, c'est une super photo ! » La HKBWS leur demande d'indiquer le lieu où ils ont pris la photo, mais ils veulent garder le scoop. Il y a des groupes rivaux de photographes qui partagent l'information entre eux, mais pas avec d'autres[38].

Ruy Barretto, un ami de Mike Kilburn dans la HKBWS, qui travaillait comme avocat dans un grand cabinet de Hong Kong, avait une autre vision de l'usage des images par les sites d'observateurs d'oiseaux. Pour lui, la valeur d'une photographie d'oiseau ne venait pas de l'information qu'elle portait, mais de l'engagement qu'elle impliquait pour la personne qui l'avait prise. « Les observateurs d'oiseaux peuvent participer à la conservation parce qu'ils sont mobiles, riches et qu'ils savent parler. Ils peuvent faire des propositions et protester. S'ils voient un dommage, ils peuvent le photographier. L'amateurisme n'est pas mauvais, il peut être immature, mais il peut fournir les données dont on tire les statistiques[39]. » Ruy Barretto prenait l'exemple de la zone de Long Valley, cette terre agricole située à la frontière entre Hong Kong et Shenzhen, où le HKBWS avait réussi à stopper un projet de construction. Le site de la Société demandait aux observateurs d'oiseaux de visiter et photographier cette zone où ils peuvent voir seulement des oiseaux locaux, à la différence de Mai Po où les oiseaux migrateurs sont abondants. Partager une image, dans le cas de Long Valley, ne signifiait pas, selon Ruy Barretto, diffuser une connaissance publique sur la nature mais participer à un engagement collectif pour la défense de l'environnement.

Cette discussion à l'intérieur de la HKBWS montre que quand une nouvelle technologie est introduite dans le monde apparemment désintéressé et distancié des observateurs d'oiseaux, les débats sur son appropriation réintroduisent les questions des chasseurs sur leurs relations avec les animaux. L'histoire de l'ornithologie est souvent décrite comme un éloignement par les *birdwatchers* de l'accumulation des spécimens par les chasseurs. Les ornithologues se contentent d'observer les oiseaux sans les attraper, ce qui fait du *birdwatching* une pratique alternative dans l'économie mondialisée de la consommation de marchandises[40]. Cependant il se peut que les ornithologues réintroduisent, dans leurs pratiques de savoir, des techniques dérivées de l'économie globalisée qu'ils semblent mettre en question. Ils transforment des rencontres singulières avec des oiseaux en données qui peuvent être stockées, conservées et échangées, ce qui suscite des controverses sur la propriété et l'usage. De la même façon que les microbiologistes ont construit des bases de données pour produire une image cohérente du monde, les sites web des sociétés d'observateurs d'oiseaux soutiennent leur combat pour la protection de l'environnement, localement et globalement, en soulevant les mêmes questions éthiques : qui possède les données sur la biodiversité, les amateurs qui les produisent sur le terrain ou les experts qui les traduisent selon des normes de savoir[41] ? Les débats sur les « sciences citoyennes » entre amateurs et experts opposent ainsi différentes formes de stockage des données, en tant qu'images de la diversité naturelle ou en tant que ressources valorisables en cas d'extinction d'espèce.

Chiu Ying Lam, l'ancien directeur de la HKBWS, faisait ainsi un parallèle entre deux formes de consommation des oiseaux : « Les Anglais disent : est-ce que nous pouvons prendre des photos ? De quelle espèce s'agit-il ? Les Chinois disent : est-ce que nous pouvons le manger ? Quel goût cela a-t-il ? Moi je veux savoir ce qui se passe quand je regarde un oiseau et qu'il me regarde[42] ». Quand un *birdwatcher* « attrape » un oiseau avec son appareil photo, il doit s'assurer que ce geste ne porte pas atteinte à l'oiseau et que le savoir qu'il produit protégera son environnement ; et pourtant, il veut posséder la photographie comme signe de sa rencontre avec l'oiseau, et il interprète le regard de l'oiseau comme le signe d'un consentement à cette appropriation. L'économie des images d'oiseaux dans le monde des *birdwatchers* semble ainsi régulée par un échange réciproque entre les traces matérielles des oiseaux postés sur les sites et la protection qu'ils reçoivent dans leur environnement ; mais quand les oiseaux envoient des pathogènes, c'est le signe que l'interaction réciproque est contaminée par une violence asymétrique.

La situation d'un observateur d'oiseaux qui produit des livres et des bases de données à partir d'une rencontre avec des oiseaux sauvages est en effet comparable au travail des microbiologistes lorsqu'ils produisent des vaccins à partir des mutations des virus chez les volailles domestiques. Ces situations apparaissent comme des relations d'échange inégal : l'oiseau donne quelque chose de lui-même (un prélèvement ou une photographie) mais ne reçoit pas l'équivalent en retour. Le don apparaît alors comme un poison s'il n'est pas rendu de façon adéquate, alors que s'il est atténué sous forme de vaccin ou d'image, il fournit une immunité et une protection. Une situation de communication, dans laquelle les oiseaux et les humains sont considérés comme égaux dans le rôle de sentinelles, devient alors une situation de domination. Cette inégalité fondamentale entre humains et animaux est ensuite élargie aux relations entre humains. Alors que le stockage de données scientifiques (*storage*) est fondamentalement égalitaire, puisqu'il reflète la diversité naturelle à destination de tous les humains, le stockage de ressources prioritaires (*stockpiling*) est une forme inégalitaire de possession, qui soulève des questions de justice distributive et de souveraineté nationale. Cette tension, qui apparaît bien dans la relation des *birdwatchers* avec les oiseaux sauvages, traverse-t-elle également l'élevage de volailles domestiques ?

La révolution industrielle dans l'élevage et la libération animale

Les microbiologistes montrent que les virus de grippe qui émergent chez les oiseaux sauvages se multiplient chez les volailles domestiques du fait de leur standardisation génétique, ce qui augmente leur chance de transmission aux humains. Les mutations dans les « réservoirs animaux » sont ainsi amplifiées par la « révolution industrielle dans l'élevage » (*livestock revolution*). Étymologiquement, cette notion décrit le processus à travers lequel la diversité du vivant est transformée en un stock standardisé qui peut être valorisé et échangé. Les experts en agronomie ont utilisé ce terme pour décrire le processus de confinement, de concentration et d'intégration qui a transformé les petites fermes en grandes usines après la Seconde Guerre mondiale[43]. Ce processus, qui a commencé aux États-Unis, a connu un tel succès qu'il s'est étendu au reste du monde[44]. Les géologistes ont récemment souligné que la domestication du poulet (*Gallus gallus*) dans le sud de la Chine il y a plus de 7 000 ans pouvait être considérée comme un marqueur d'une nouvelle époque géologique dans laquelle les hommes changent leur environnement, une époque appelée « Anthropocène »[45]. Qu'on la date de +1945 ou -7000, la « révolution industrielle dans l'élevage » suggère que l'émergence des pandémies n'est pas causée par les mutations aléatoires de la nature mais par sa transformation anthropogénique, et que les hommes sont par conséquent responsables des prochaines pandémies. La domestication du poulet, commencée en Chine il y a 7 000 ans, fut amplifiée par l'élevage industriel après 1945 et revint sous une forme monstrueuse à travers le spectre de la prochaine pandémie[46].

Cette idée a été popularisée par l'ornithologue et géographe Jared Diamond dans son livre le plus célèbre, *Guns, Germs and Steels*, publié en 1997 et traduit en français en 2000 sous le titre *De l'inégalité parmi les sociétés*. Dans un chapitre intitulé « Le don fatal du bétail » (« *The Lethal Gift of Livestock* »), Diamond suggère que le passage des sociétés de chasseurs-cueilleurs aux sociétés pastorales a favorisé la proximité entre les humains et les animaux, ouvrant ainsi des opportunités pour la diffusion des pathogènes[47]. Selon cette analyse, lorsque les pastoralistes donnaient de la nourriture et des soins à leur troupeau, ils recevaient en échange des produits animaux (viande, lait, peau…), mais aussi, en cadeaux empoisonnés, des virus auxquels ils finirent par s'adapter en développant une immunité. Diamond explique ainsi l'effondrement de la population américaine par les microbes apportés par les soldats européens et leurs animaux. Si l'on suit ce raisonnement, l'augmentation dramatique du nombre d'animaux domestiques a créé une nouvelle forme d'aliénation entre les hommes et les animaux : les animaux domestiques sont devenus aussi étrangers aux humains modernes qu'ils l'étaient aux Amérindiens, et c'est pourquoi ils envoient des pathogènes au lieu de fournir des biens. Comme le prophétisait le médecin franco-américain René Dubos en 1968, la nature a été tellement transformée par les humains qu'elle les « frappe en retour » par l'émergence des zoonoses[48].

En août 2005, au lendemain du cyclone Katrina et alors que le virus H5N1 passait d'Asie en Europe, Michael Osterholm, un épidémiologiste qui venait d'être nommé secrétaire du Département de la santé et des services humains au Conseil d'orientation scientifique sur la biosécurité des États-Unis, publia un article influent dans la revue *Foreign Affairs*, où il justifiait le stockage massif de Tamiflu, de vaccins contre la grippe et de matériel d'équipement par l'administration Bush. Son article se concluait par des statistiques qui ont souvent été reprises dans les présentations des autorités sanitaires :

> L'explosion de la population en Chine et dans les autres pays asiatiques a créé un incroyable réservoir pour le virus. Prenez cette simple information : la plus récente pandémie de grippe, celle de 1968-1969, a émergé en Chine lorsque sa population était de 790 millions ; aujourd'hui elle est de 1,3 milliard. En 1968, le nombre de cochons en Chine était 5,2 millions ; aujourd'hui c'est 508 millions. Le nombre de volailles en Chine en 1968 était 12,3 millions ; aujourd'hui c'est 13 milliards[49].

Ces chiffres sont difficiles à confirmer, étant donnée la fiabilité des statistiques en Chine au cours de cette période, mais ils montrent la puissance du récit de la « révolution industrielle de l'élevage » comme facteur d'émergence de maladies infectieuses. Selon ce récit, la Chine ne doit pas être redoutée pour sa révolution culturelle mais pour sa révolution agricole, puisque celle-ci produit des pathogènes plus dangereux que les idées de Mao en 1968. Cependant, ce modèle de la révolution industrielle de l'élevage repose sur une compréhension simpliste de la causalité, selon laquelle le nombre d'animaux augmente en même temps que le risque d'émergence de virus pandémique. Un tel modèle échoue à décrire comment le travail humain de représentation et de sélection des animaux affecte leur potentialité pandémique, qui peut être atteinte par une ethnographie des relations de domestication et d'élevage. Si tous les animaux entrent en contact avec les humains par des relations d'échange, comment le traitement des animaux comme du bétail transforme-t-il le don en poison, et comment cela affecte-t-il les relations entre humains et animaux ?

La généalogie de la notion de *livestock* a été retracée par Sarah Franklin dans son livre sur la brebis clonée Dolly et l'industrie du mouton au Royaume-Uni. Le *livestock* peut être décrit comme une forme importante de valorisation du vivant, puisqu'il implique littéralement de transformer des êtres vivants en parties qui peuvent être accumulées et échangées (comme dans le *stock market*). Sarah Franklin remarque que l'une des premières significations de *stock* est la notion de semence ou de souche, liée au paradigme de la parenté et de la descendance. « Le *livestock* est un mélange hybride avec un pedigree spécifique. Le terme combine les significations de *stock* en tant qu'outil ou capital avec les sens plus anciens de race ou espèce[50]. » Un animal cloné comme Dolly peut ainsi être situé à la croisée de différents modes de production et de reproduction : des formes standardisées de mesure et des relations plus imaginaires à la vie et à la mort. De la même façon, l'idée selon laquelle la révolution industrielle de l'élevage a produit un réservoir animal pour les mutations de virus combine deux visions des êtres vivants : comme des marchandises qui circulent autour du monde et comme des agents qui peuvent se venger contre les humains en envoyant « le don fatal » des pathogènes.

La révolution agricole du sud de la Chine a transformé le « poulet de basse-cour », qui était une activité secondaire dans la maison, en marchandise qui peut être échangée sur le marché. Alors que les vétérinaires « aux pieds nus » dans la Chine maoïste n'étaient pas appelés quand un canard ou un poulet tombait malade[51] – par contraste avec les porcs ou les bœufs –, cette profession fit partie intégrante de l'élevage de volailles après le mouvement de réforme des années 1980 sous le nom de « médecine aviaire ». À Hong Kong, Taïwan et Singapour, la révolution agricole eut lieu dans les années 1950, lorsque les immigrants chinois apprirent les méthodes occidentales pour élever les poulets de façon « scientifique »[52]. L'industrie de la volaille dans ces trois territoires était stimulée par la demande massive de races locales venant de la diaspora chinoise, qui ne pouvait pas les acheter en Chine continentale du fait de l'embargo. Alors que les experts américains développèrent une industrie de la volaille intensive et autonome autour de Taichung, dans le centre de Taïwan, et que le gouvernement de Lee Kwan-Yee soutenait un élevage de volailles pour garantir l'autarcie de Singapour dans l'archipel malais, les autorités britanniques étaient suspectées d'élever des volailles qui avaient éclos en Chine continentale. L'industrialisation impliquait de séparer toutes les étapes de la production de la vie pour en évaluer les risques, et l'éloignement des lieux de production et de consommation augmentait ces risques :

> Les canards élevés à Hong Kong et exportés en Amérique venaient d'œufs qui avaient été collectés en Chine et amenés à Hong Kong pour éclore. Est-ce que les canards issus de ces œufs étaient des canards communistes ou de bons canards Britanniques ? La correspondance sur ce sujet fut volumineuse avant qu'une solution soit finalement trouvée. Si un inspecteur était présent lorsque le canard sortait de l'œuf, s'il tamponnait la patte du canard, et si lorsqu'il atteignait sa maturité une nouvelle marque était posée sur le canard, alors ces canards pouvaient être abattus, conservés et exportés aux États-Unis[53].

À Hong Kong, les frères Kadoorie, deux banquiers juifs venus d'Irak, construisirent une ferme expérimentale au milieu des Nouveaux Territoires où ils développèrent des méthodes sophistiquées de sélection, de mise en cage, de nourrissage, d'insémination et de vaccination. En 1997, après l'émergence du virus H5N1, la ferme Kadoorie ne pouvait plus vendre ses produits et devint un centre de conservation des races locales. Elle annonçait avec fierté que les races qui avaient disparu de Chine pendant la Révolution culturelle étaient conservées à Hong Kong, d'où elles pouvaient être envoyées en Chine pour être élevées à nouveau. Le visiteur de la ferme Kadoorie découvre ainsi des jardins botaniques, des serpents, des singes, des rapaces, des perroquets et, dans un espace séparé, deux mille poulets. Un panneau avertit le visiteur qui s'en approche : « Le centre d'exposition des volailles sera fermé jusqu'à nouvel ordre pour garantir que les poulets de la ferme Kadoorie soient protégés de toute contamination alors qu'il reste encore des inquiétudes au sujet de la grippe aviaire à Hong Kong. » La ferme Kadoorie a son propre système d'alerte, plus sévère que celui qui est imposé par le gouvernement, avec trois niveaux (vigilant, sérieux, urgent), car en cas de grippe aviaire aux environs de la ferme, le coût de l'abattage correspondrait non au prix de la viande mais au savoir génétique accumulé pendant des décennies de sélection.

Tam Yip Shing dirigeait l'équipe qui prenait soin des 2 000 poulets ainsi que de 9 cochons. C'était un passionné d'oiseaux et de plantes qui avait étudié à l'université de Hong Kong. Il voulait construire sa propre ferme, mais les régulations environnementales étaient trop exigeantes, et il accepta le poste d'éleveur que lui avait proposé la ferme Kadoorie. Il me dit qu'avant 1997 la sélection des espèces était ouverte au public, mais qu'elle avait été fermée cette année-là pour des raisons de sécurité. La sélection consistait à distinguer les mâles des femelles, baguer les femelles, conserver les mâles qui avaient la plus grande valeur et détruire le reste des mâles. Shing comparait cette mise à mort sélective des poussins d'un jour aux abattages massifs de volailles en cas de grippe aviaire. « Nous utilisons du CO_2. Ce n'est pas de la torture. Pendant dix secondes ils tremblent beaucoup, mais après vingt secondes c'est le silence. Au contraire, quand ils ont tué les volailles au marché central de Cheung Sha Wan, la quantité de gaz était insuffisante, et les volailles sont mortes après un temps très long[54]. »

Cette vision de l'élevage de volailles peut être décrite comme pastoraliste. Shing justifiait la mise à mort des poulets par la sélection d'une race pure comme un idéal à préserver par-delà les êtres vivants dont le fermier doit prendre soin. Pour Shing, l'opposition entre l'animal de rente et l'animal sensible était secondaire par rapport à une essence raciale qui régule la circulation de tous les êtres vivants. Nous retrouvons ici un dilemme éthique que nous avons vu au chapitre précédent : la distinction entre ceux qu'on fait vivre et ceux qu'on laisse mourir est justifiée par l'urgence à sauver une race menacée. Les vies des poulets de race sont stockées comme des vaccins pour une situation d'urgence à venir, ce qui implique des opérations de sélection et de triage.

La ferme Kadoorie organisait également le dimanche des cérémonies publiques de lâcher d'oiseaux sauvages capturés dans le commerce illégal à la frontière et élevés dans des abris. Le personnel de la ferme était particulièrement mobilisé contre le lâcher d'oiseaux par les bouddhistes. Pratiquée depuis longtemps par de riches aristocrates chinois ou par des prêtres taoïstes, la libération des animaux (*fangsheng*, littéralement « laisser vivre ») s'était développée au cours des vingt dernières années, avec le soutien des moines bouddhistes, sous l'effet du développement d'une classe moyenne urbaine[55]. Des citoyens ordinaires se réunissaient dans les marchés et achetaient des poissons ou des oiseaux qu'ils relâchaient à proximité. À Hong Kong, des dizaines d'oiseaux morts avaient été découverts dans les parcs naturels où ces lâchers avaient lieu. La plupart mouraient du stress causé par leur enfermement dans des cages réduites, mais certains étaient porteurs de la grippe aviaire.

Comme je l'ai signalé au chapitre III, les *birdwatchers* de Hong Kong, dont certains étaient membres de la ferme Kadoorie comme Mike Kilburn, organisèrent une conférence de presse avec les microbiologistes de l'université de Hong Kong en mai 2007. Ils demandèrent au gouvernement d'encadrer le commerce illégal des oiseaux sauvages, qui était à l'origine des cas de H5N1 autour du marché aux oiseaux de Mong Kok, plutôt que de fermer la réserve de Mai Po, où aucun oiseau n'avait été trouvé porteur de la grippe aviaire. Ils participèrent également à un colloque organisé par une société taïwanaise de protection des animaux à Taipei en 2004 pour étudier les origines et les formes du lâcher d'animaux en Chine du sud. À la suite de ces mobilisations, les associations bouddhistes de Hong Kong recommandèrent de cesser de lâcher des oiseaux et de les remplacer par des animaux aquatiques. Des affiches étaient visibles sur les temples bouddhistes montrant des oiseaux relâchés qui se transformaient en cadavres en plein vol.

J'ai pu suivre un groupe d'une vingtaine de personnes qui se réunissait chaque samedi au marché de Tsuen Wan pour acheter et relâcher des animaux aquatiques. Il était dirigé par un agent d'assurance, Daniel Lo, et la plupart de ses membres étaient proches de l'âge de la retraite. Les plus jeunes me dirent qu'ils avaient effectué une quête personnelle à travers le christianisme et le confucianisme, et que la pratique du *fangsheng* leur apportait un confort spirituel. Les membres du groupe se connaissaient à travers un site Internet où ils postaient des images des précédents lâchers et se donnaient rendez-vous pour les suivants. Ils se réunissaient à l'entrée du marché, donnaient de l'argent à Daniel puis le suivaient tandis qu'il choisissait les animaux qu'il allait lâcher. La sélection pouvait paraître arbitraire, mais Daniel me dit qu'il y avait tant de souffrance sur ce marché qu'il ne pouvait entièrement la soulager. La cérémonie du lâcher visait à produire des « mérites » (*gongde*) ; elle était précédée de chansons bouddhistes et suivie de prières pour les âmes des humains et des animaux morts. Les membres du groupe se retrouvaient ensuite dans un restaurant végétarien où ils échangeaient des images de lâchers ou des DVD sur le bien-être animal. Parfois, un moine bouddhiste les accompagnait pour chanter des prières ou leur donner un cours de cosmologie.

La pratique du *fangsheng* était ainsi régulée par une économie des âmes qui redoublait l'économie des corps vivants mais ne la mettait pas en question. Si un marché peut être considéré comme un lieu où le vivant est stocké, évalué et échangé, les bouddhistes retiraient certains êtres de ce marché actuel pour les introduire dans un marché virtuel où les images de leurs âmes circulaient – soit à travers le décompte des mérites produits par le lâcher, soit à travers l'échange des images du lâcher. Les dirigeants bouddhistes que j'ai rencontrés affirmaient que le *fang-sheng* était une pratique spirituelle de prière pour les âmes de ceux qui souffraient, et ils rappelèrent qu'en 1997, au moment de l'abattage massif des volailles sur tout le territoire de Hong Kong, le maître qui dirigeait l'association bouddhiste officiellement reconnue par le gouvernement purifia les frontières du territoire avec de l'eau bénite. Les bouddhistes répétaient ainsi au niveau spirituel le geste de purification opéré par le gouvernement à travers la mise à mort des oiseaux. La libération d'animaux ne s'inscrivait pas dans une conception naturaliste, qui accorde des droits aux êtres dotés de sensibilité, mais plutôt dans la vision pastorale et analogiste d'une population d'oiseaux à stocker et conserver[56].

À l'inverse, les *birdwatchers* voyaient les oiseaux à travers des lignes de fuite ou des trajectoires migratrices. Ils relayaient une rumeur difficile à confirmer mais révélatrice de leur différence de point de vue avec les bouddhistes. Selon cette rumeur, les moines bouddhistes étaient alliés avec la mafia locale (les « triades ») pour organiser la vente des oiseaux à relâcher et pour capturer les oiseaux après leur libération afin de les revendre sur les marchés. De fait, les oiseaux les plus ordinaires, comme les moineaux, étaient vendus quotidiennement sur le marché au prix de 30 dollars hongkongais (environ 3 euros), alors que les espèces exotiques venues d'Asie du sud-est ou de Mongolie étaient achetées beaucoup plus cher par de riches

Hongkongais qui désiraient les relâcher le jour de leur anniversaire. Ces moineaux sortaient prudemment de la cage où ils avaient été stockés dans des conditions stressantes et pouvaient facilement être à nouveau capturés et renvoyés au marché. Les oiseaux n'étaient donc pas vraiment libérés : ils participaient d'une écologie d'âmes et de virus dans laquelle ils étaient valorisés comme des signes de fortune et de mérite.

L'ambivalence du lâcher d'oiseaux est un motif récurrent dans le cinéma hongkongais. À la fin de *The Killer* (1989), John Woo lâche un oiseau au moment où les deux héros sont sur le point de s'entretuer. Au début de *The Three Kingdoms* (2008), du même réalisateur, l'oiseau qui s'envole signale que l'armée impériale utilise des corps humains infectés comme des armes biologiques. Dans *Sparrow* (2008), Johnny To alterne les images d'une jeune femme coincée entre deux bandes rivales avec celles d'un oiseau enfermé dans une cage et finalement relâché. Le lâcher d'oiseaux prolonge ainsi une conception des aristocrates chinois, qui ouvraient la cage pour remercier l'oiseau de la qualité de son chant, à travers l'aspiration des citoyens hongkongais à échapper à un territoire en danger et leur peur d'être coincés dans la Région administrative spéciale sous souveraineté chinoise[57].

Le lâcher d'oiseaux prenait d'autres significations politiques à Taïwan. L'organisateur de la conférence de 2004 sur le *fangsheng*, Wu-Hung Chu, était le directeur de la Société pour la protection des animaux et de l'environnement, fondée en 1923 sous la colonisation japonaise et basée à Taipei. Après avoir été formé comme moine bouddhiste puis avoir étudié le bien-être animal aux États-Unis, il s'était lancé dans le combat contre le commerce des oiseaux sauvages et domestiques en montrant les souffrances et les maladies qu'il causait. Défenseur d'une société multiculturelle, il refusait d'accuser les bouddhistes pour le lâcher d'animaux ou les Aborigènes pour la cruauté de la chasse. Sa cible était le gouvernement taïwanais, qui, contrairement à celui de Hong Kong, ne communiquait pas sur les cas de grippe aviaire dans les fermes de volailles et n'encadrait pas les conditions d'élevage à Taïwan.

Wu Hung Chu s'associa également à l'association PETA (*People for the Ethical Treatment of Animals*) pour dénoncer le lâcher de pigeons dans le détroit de Taïwan. Selon cette association, plus d'un million de pigeons étaient relâchés chaque jour depuis des bateaux par des clubs de courses de pigeons, et seulement 1 % d'entre eux parvenaient à rejoindre leurs abris. Des paris importants (dont le montant était estimé à 2 milliards de dollars) étaient faits sur les pigeons qui revenaient et étaient accueillis en héros, mais ceux-ci devaient endurer plusieurs de ces courses avant d'être mis à la retraite. Le lâcher d'oiseaux masque ainsi une forme extrêmement brutale de sélection dans l'élevage des pigeons, une activité centrale à Taïwan.

Les pigeons lâchés depuis des bateaux dans le détroit peuvent être comparés aux spatules à face noire relâchées à Tainan et mentionnés dans le chapitre IV comme deux figures du rêve taïwanais de revenir en sécurité sur le continent chinois. Mais alors que les spatules à face noire sont suivies par les ornithologues à travers des GPS le long de leur trajet migratoire, leur valeur écologique venant de leur statut d'espèce en danger, les pigeons sont dressés pour revenir à Taïwan, et cette capacité fait leur valeur économique sur le marché des courses. Alors que les spatules à face noire sont stockées dans des bases de données de la conservation, selon une technique cynégétique, les pigeons font partie d'un marché du vivant qui fonctionne par la sélection et la destruction, selon une rationalité pastorale. Relâcher des pigeons dans le détroit de Taïwan n'est ni un rituel ni une simulation, mais un jeu dans lequel les oiseaux sont mis en concurrence. Sans compassion pour leur sort, les humains s'identifient aux oiseaux comme des soldats dans une tension entre deux nations potentiellement en guerre. Les identifications inverses et les variations complexes que nous avons vues opérer dans les simulations de maladies aviaires ont disparu au profit d'un jeu répétitif et destructeur.

L'analyse de différentes formes d'élevage des oiseaux à Hong Kong et Taïwan confirme ainsi l'argument général de ce livre : les *birdwatchers* partagent des techniques cynégétiques de préparation aux catastrophes environnementales, alors que les marchands d'oiseaux, les groupes religieux et les administrations de la santé partagent la rationalité pastorale de la prévention. La révolution industrielle de l'élevage, plutôt qu'un processus naturel causant l'émergence de nouveaux pathogènes, apparaît ainsi comme une transformation entre deux modes de production de la valeur : un échange égalitaire de valeurs écologiques avec les êtres vivants et une accumulation inégalitaire de valeurs marchandes. Une tension dans la relation entre les humains et les oiseaux, que nous avons vu apparaître dans la discussion sur le stockage des souches virales et des images d'oiseaux chez les virologues et les ornithologues, devient ainsi une contradiction dans la gestion de zoonoses par des autorités de santé.

Chasseurs-cueilleurs et transformations virales

Dans les années 1970, alors que les biologistes commençaient à discuter des causes des maladies infectieuses émergentes à travers la notion de réservoir animal, le mode de production et d'accumulation des chasseurs-cueilleurs était au centre des débats en anthropologie sociale pour en comprendre les tensions et les basculements. Pour conclure ce chapitre, je vais reprendre ces débats à partir des questions posées récemment par la biosécurité, afin de reformuler la distinction entre différentes formes de stockage.

Alain Testart a montré que le stockage était la première étape vers la sédentarisation dans les sociétés de chasseurs-cueilleurs parce qu'elle fournit la première forme d'accumulation[58]. Testart propose une distinction entre deux formes d'économie : les chasseurs-cueilleurs qui ont une consommation immédiate, comme les Aborigènes d'Australie, et les chasseurs-cueilleurs qui stockent leurs récoltes pour anticiper des désastres naturels, comme les Indiens de la côte Nord-Ouest de l'Amérique. Le stockage, selon lui, est un résultat de la surproduction et utilise des techniques comme la congélation, la salaison, la dessiccation, la fermentation ou la construction de silos. Si les premières formes de stockage concernaient les plantes et les animaux, elles furent ensuite étendues aux matières brutes, aux outils et à la poterie.

Le stockage de nourriture, selon Testart, produit « un changement total de mentalité » : le passé est privilégié sur le présent pour anticiper le futur, la nature n'est plus vue comme une source abondante, mais comme une cause de désastres. Le stockage introduit également la première notion de surplus et les premières inégalités sociales avant l'organisation de l'exploitation. « Afin d'être préparé à n'importe quelle éventualité, il y a une tendance à stocker un peu plus que la quantité qui est habituellement nécessaire[59]. » Si les chasseurs-cueilleurs stockent des biens, cela signifie que l'opposition entre le sauvage et le domestique n'est pas pertinente dans la description des pratiques alimentaires. Testart conteste l'opposition faite par Gordon Childe entre chasseurs-cueilleurs et agriculteurs en introduisant une troisième catégorie, les « chasseurs-cueilleurs stockeurs », pour décrire une forme de surplus au seuil de la domestication. Cependant, Testart rejoint les vues évolutionnistes de Childe en décrivant une forme primitive de totémisme dont dériveraient les différentes sociétés.

Tim Ingold a critiqué la thèse de Testart sur l'incompatibilité entre le stockage et le nomadisme[60]. Les chasseurs-cueilleurs, selon lui, peuvent se déplacer sur un territoire tout en retournant vers les mêmes points de subsistance et perçoivent la reproduction naturelle comme une première forme de stockage. Il n'y a pas d'incompatibilité non plus, selon Ingold, entre le stockage et le partage : ce qui est stocké peut être échangé dans la communauté, avant la reconnaissance de droits de propriété sur les êtres vivants, qui marque le début de la domestication. Ingold propose ainsi une distinction entre le stockage pratique, qui diffère temporairement la consommation des ressources alimentaires, et le stockage social, qui implique des droits de propriété et des obligations de réciprocité. Le stockage social subordonne différentes formes de parenté entre les éléments en stock à l'appropriation de la nature par la société, alors que le stockage pratique suit les mouvements des cycles naturels. Dans le stockage pratique, le savoir sur l'environnement est conservé à travers des artefacts (comme des images des animaux) portés par les chasseurs de telle façon que l'accumulation des ressources ne met pas fin à l'incertitude de la chasse[61].

La description des chasseurs-cueilleurs par Tim Ingold est celle qui va le plus loin, dans le cadre de l'anthropologie marxiste, pour affirmer leur différence ontologique avec le mode de production des sociétés de pasteurs. Ingold répond notamment à l'argument de Marshall Sahlins selon lequel le « mode de production domestique » est suffisant en lui-même, mais lorsqu'il s'intensifie, ses contradictions internes entre sous-production des ressources et accumulation par la parenté le transforment en un autre mode de production. Ingold résume ainsi leur désaccord : « Alors que pour Sahlins, “les clivages inhérents du mode de production domestique sont mystifiés par une idéologie non critique de la réciprocité”, nous affirmons que la réciprocité généralisée est une propriété inhérente de ce mode de production, mystifié à travers l'imposition d'un concept de propriété privée qui fait du partage obligatoire une générosité éclairée[62] ». L'effort d'Ingold visant à distinguer les pratiques de chasses des concepts de propriété le conduit à décrire phénoménologiquement le « monde de la vie » des sociétés de chasseurs antérieurement à leur déformation par l'appropriation de la nature. Pour Ingold, contrairement aux vues évolutionnistes de Testart et Sahlins, la transformation des sociétés de chasseurs en sociétés de pasteurs n'est pas le résultat de leurs contradictions internes mais l'effet imprévisible d'une catastrophe qui est arrivée de l'extérieur à une ontologie pleinement cohérente.

Cet argument éclaire, selon Ingold, les différences de perception des épizooties entre les chasseurs et les pastoralistes. Ingold compare le pastoralisme laitier des Nuer observé par Evans-Pritchard avec le pastoralisme carné observé par Shirokogoroff chez les Tungus. Il remarque que lorsque ces deux sociétés sont confrontées à une épizootie, « un homme qui prête une vache à un parent quand il a des animaux en supplément a droit en retour à une valeur équivalente ou supérieure pour l'activation d'une série de demandes dont le résultat agrégé sera un flux d'animaux depuis ceux qui ont le moins souffert vers ceux qui ont été le plus affectés[63] ». Comme les Nuer, les Tungus tuent leurs animaux domestiques pour les manger quand ils sont victimes de sacrifice, notamment dans les cérémonies nuptiales ou chamaniques, ou de maladie durant les épizooties. La mort d'un animal au cours d'un sacrifice est conçue comme un acte divin tout autant que sa perte durant une épizootie. Pour un éleveur pastoraliste, une épizootie est donc l'occasion d'une circulation d'animaux analogue au sacrifice sans être orientée vers la maximisation de la valeur comme dans l'économie capitaliste. « Sa raison pour accumuler des stocks ne réside pas dans un désir d'accroître les rendements au-delà d'une cible domestique fixée, mais dans le besoin de fournir à sa maisonnée une sécurité contre les fluctuations environnementales, étant donné un système de relations de production qui place le fardeau du futur sur ses propres épaules[64]. » Dans les sociétés de chasseurs, par contraste, les épizooties sont perçues comme des signes que le partage des animaux chassés n'a pas été fait respectueusement, et interprétées comme une revanche du maître des esprits des animaux qui préside à la distribution des êtres vivants.

Dans ma propre analyse des formes de stockage, je suis plus proche de Sahlins que d'Ingold, même si la finesse des analyses de ce dernier m'a inspiré. Je n'oppose pas le stockage de connaissances (*storage*) et le stockage de biens prioritaires (*stockpiling*) selon les principes opposés de la réciprocité et de la hiérarchie, car je montre que ces deux techniques d'accumulation sont inscrites dans des relations de don et contre don entre humains et animaux qui impliquent des contradictions et des inégalités. Le problème que j'ai posé est de savoir comment les virus transmissibles des animaux aux humains révèlent ces contradictions et comment les modes d'accumulation des virus les stabilisent. Si un virus apparaît, selon l'expression de Diamond, comme « le don fatal du bétail », l'économie pastorale en développe une conception qui est déjà présente dans l'économie cynégétique ; mais au lieu de détruire le système économique dans lequel il émerge, le virus, par l'information qu'il contient, devient partie prenante de sa production de valeur. La préparation à une épidémie d'origine zoonotique révèle ainsi des tensions dans la gestion de l'information virale.

Paul Rabinow a introduit dans les débats anthropologiques sur les biotechnologies des années 1980 les discussions qui avaient eu lieu dix ans auparavant sur le rôle de la rareté dans la production de valeur. Son analyse peut être résumée par cette citation frappante : « Alors que les valeurs sont nombreuses, les formes sont rares[65] ». Rabinow montre que la révolution des biotechnologies – notamment la méthode PCR (Polymerase Chain Reaction) inventée en Californie par Kary Mullis – a transformé une information génétique rare en une abondance de matériau pour le séquençage. La notion de biosocialité – forgée sur le modèle du biopouvoir chez Michel Foucault – permet à Rabinow de décrire la façon dont des mouvements collectifs se constituent autour d'une information rare – par exemple le gène de la myopathie dans le cas des groupes de patients qui se sont alliés avec les généticiens pour produire la première carte du génome humain en France[66]. De la même façon, j'ai décrit l'alliance des microbiologistes et des observateurs d'oiseaux dans la production d'information sur les mutations virales chez les oiseaux pour comprendre ce qu'ils révèlent des vulnérabilités d'un environnement commun.

À la fin de son livre sur la méthode PCR, Rabinow fait une référence étonnante à la notion de bricolage telle que Lévi-Strauss la définit : un « mouvement incident » qui fait basculer la structure autour d'un événement[67]. Selon l'analyse de Rabinow, un événement ne révèle pas un système symbolique caché, mais il problématise un ensemble de formes émergentes qui se stabilise dans un assemblage ou un dispositif. Cette conception des rapports entre structure et événement s'inscrit dans le cadre de la polémique entre Lévi-Strauss et Sartre sur la philosophie de l'histoire. Lévi-Strauss reprochait à Sartre d'ignorer l'expérience des sociétés qui s'appuient non pas sur la temporalité linéaire de la conscience telle qu'elle s'élabore à partir de l'expérience de la rareté, comme les sociétés européennes, mais plutôt sur un stock partagé de connaissances à propos de leur environnement. Le bricolage est un ensemble d'outils et de matériaux qui ont été assemblés au hasard sans projet préalable : c'est le « résultat contingent de toutes les occasions qui se sont présentées de renouveler ou d'enrichir le stock[68] ». Même si elles sont mobiles et n'ont pas de droit de propriété, les sociétés de chasseurs-cueilleurs ont un stock de connaissances et de ressources qui leur permet d'interpréter n'importe quel événement dans un ordre des choses qui le précède. Lévi-Strauss analyse dans *La Pensée sauvage* des stocks de noms qui sont utilisés pour l'intégration des nouveau-nés ou de nouvelles maladies dans la structure collective[69]. Des sociétés comme les Tiwi des îles Melville « ont une consommation effrénée de noms propres[70] » : ils mettent des noms communs dans une réserve où ils sont prohibés et deviennent des noms propres prêts à l'emploi après un certain délai.

La distinction fameuse entre sociétés froides et chaudes fut proposée par Lévi-Strauss durant la guerre froide, alors qu'il était en charge de questions de stockage au Musée de l'Homme dont il était directeur adjoint. Selon cette distinction, les sociétés chaudes conçoivent le futur comme le déroulement d'un mécanisme qui gouverne le présent, sur le modèle de la machine à vapeur ou du moteur à essence, alors que les sociétés froides conçoivent le futur comme la confirmation d'un ordre passé, sur le modèle de l'horloge mécanique[71]. Comme l'a remarqué Eduardo Kohn, ces sociétés « refroidissent le temps », ce qui ne signifie pas qu'elles résistent au changement mais qu'elles interprètent l'histoire humaine à travers un ensemble de formes qui connectent les humains et les non-humains : « Ce qui est "froid" ici n'est pas exactement une société aux contours bien délimités. En effet, les formes qui confèrent à la société amazonienne ce caractère "froid" traversent les nombreuses frontières qui existent tant au sein des domaines humains qu'au-delà d'eux[72]. » Refroidir le temps est ainsi une façon de décaler la temporalité humaine pour la percevoir à l'échelle des différentes séquences de formes qui peuvent être observées dans les relations entre les humains, les animaux et les plantes. Ce refroidissement ne réduit pas le changement historique mais élargit le stock des relations dans lequel il devient signifiant.

Cette analyse lévi-straussienne éclaire la distinction que j'ai proposée entre différentes formes de stockage de virus. Certains sont stockés (*stored*) comme des outils et des matériaux en vue de n'importe quel usage, et leur valeur esthétique vient de leur ordonnancement à travers le langage des formes, alors que d'autres sont stockés (*stockpiled*) pour un événement qui en oriente la valeur marchande vers un imaginaire de la rareté ou de la pénurie. J'ai remarqué en commençant ce chapitre que cette distinction entre des modes de production correspond à des différences entre des températures de conservation : alors que le stockage de vaccins se fait à 4 °C, celui des souches virales nécessite -80 °C, car les adjuvants introduisent un élément vivant pour augmenter la réaction du système immunitaire, là où les échantillons peuvent être conservés pour leur information génétique. Stocker des virus et des vaccins permet de se préparer à des événements incertains en gérant une information ambivalente. Alors que le stockage de virus crée des formes à partir de n'importe quel événement, le stockage de vaccins simule des événements pour orienter sa production de formes. Les accumulations de vaccins par les États associés aux industries pharmaceutiques, si elles peuvent apparaître comme une dépense somptuaire ou un stockage pathologique (*hoarding*), prennent sens dans une histoire plus longue des pratiques de collecte qui régulent les relations entre humains et animaux.

Conclusion

Ce livre relie des discussions sur l'anticipation du futur dans la circulation globale des biotechnologies avec des débats sur les relations entre hommes et animaux dans des contextes locaux. Il combine ainsi une anthropologie de la biosécurité avec une anthropologie des chasseurs-cueilleurs, en prenant au sérieux la notion de chasseurs de virus à travers une généalogie reliant l'observation des oiseaux à la chasse au gibier. J'ai distingué les techniques cynégétiques de préparation et les techniques pastorales de prévention comme deux façons de contrôler les incertitudes dans les relations entre animaux humains et non-humains. Les secondes calculent les risques par des statistiques pour abattre les animaux potentiellement infectés, les premières imaginent les mouvements des animaux à travers des échantillons viraux, des logiciels informatiques, des bases de données, des cartes de description de symptômes, des mannequins imitant les patients… Si Michel Foucault a distingué deux formes dans le pouvoir pastoral, celui de « faire mourir et laisser vivre » et celui de « faire vivre et laisser mourir »[1], le pouvoir cynégétique des chasseurs de virus et des observateurs d'oiseaux consiste plutôt à imiter les animaux et différer leur mort.

Bien que ce livre ne repose pas directement sur l'étude ethnographique d'une société de chasseurs-cueilleurs, de telles sociétés s'appuient sur la lecture des signes naturels d'une manière que beaucoup, sinon la plupart, des sociétés contemporaines ont perdue dans le processus d'extraction industrielle qui a rendu possible la modernité. C'est la leçon que tire Claude Lévi-Strauss de la crise de la vache folle lorsqu'il affirme que « nous sommes tous des cannibales[2] ». Ce livre prolonge son diagnostic sur ce que l'anthropologie des chasseurs-cueilleurs révèle de la gestion des maladies animales. J'ai utilisé les termes « pastoral » pour une rationalité administrative qui calcule les risques et « cynégétique » pour une attention intense aux signes produits du niveau du système immunitaire jusqu'à celui des territoires et de leurs écologies. Un troisième terme, « collecte », opère la médiation entre les deux premiers, car il relie des formes d'accès centralisées et limitées (comme dans le musée colonial) et des bases de données numériques fondées sur le principe d'un accès ouvert et d'un usage démocratique (comme dans le musée postcolonial). En suivant Lévi-Strauss, j'ai montré que les humains peuvent prendre le point de vue des oiseaux sur les mutations virales qui sont généralement gérées de façon pastorale, et que les technologies numériques, loin de nous éloigner des oiseaux et des autres espèces animales, nous permettent de construire de nouvelles relations avec elles dans un espace virtuel.

Cependant, cette réflexion est restée fermement ancrée dans les trois postes de sentinelles aux frontières de la Chine, Hong Kong, Singapour et Taïwan, où j'ai fait des enquêtes ethnographiques avec des durées différentes, et dont la taille relativement limitée m'a permis de prendre sur la grippe aviaire des perspectives chinoises. Si les histoires coloniales et postcoloniales de ces trois territoires m'ont conduit à conceptualiser pour chacun d'entre eux une technique de préparation particulière – la sentinelle à Hong Kong, la simulation à Singapour, le stockage à Taïwan –, j'ai circulé entre ces trois territoires pour afficher des variations et des transformations dans la gestion des mutations virales provenant des oiseaux. À Hong Kong, des poulets sentinelles avertissent les éleveurs de la présence du virus H5N1. À Singapour, des simulations d'abattage des volailles ou d'évacuation de patients rendent plus réaliste la menace d'une pandémie de grippe aviaire après l'expérience du SRAS. À Taïwan, le stockage des vaccins et des antiviraux fait partie en même temps d'une politique militaire qui remonte à la guerre froide, visant à se préparer à une éventuelle invasion chinoise, et d'une nouvelle stratégie diplomatique d'échange économique avec le reste du monde. Ces trois territoires sont à la fois en compétition et en collaboration pour être les mieux préparés à une pandémie de grippe aviaire, tout en adaptant les techniques globalisées de préparation à leurs populations d'oiseaux et d'êtres humains.

Le terme « réservoir aviaire » joue sur des images issues de la médecine tropicale, selon lesquelles les maladies viennent d'espaces sauvages à la frontière du monde civilisé, mais il les transforme en fonction des nouvelles normes de la santé globale. Les relations entre humains et oiseaux dans les trois territoires où ils constituent des sentinelles sont variées et diverses ; elles dépendent d'histoires anciennes et récentes qui sont orientées par les techniques contemporaines de préparation aux catastrophes. Si ces techniques ont été plus facilement observables en Asie que dans d'autres régions du monde, c'est peut-être parce que leurs liens avec les techniques cynégétiques sont plus forts qu'en Europe ou en Amérique, où elles ont été davantage liées à des technologies de sécurité alimentaire ou de lutte contre le terrorisme.

Dans la conclusion d'un livre précédent, *Un monde grippé*, je me suis demandé si la pandémie de grippe aviaire devait être considérée comme un mythe, dans un sens critique souvent utilisé pour réfléchir à d'autres menaces environnementales comme le changement climatique, les radiations nucléaires, les perturbateurs endocriniens ou l'extinction d'espèces[3]. En reprenant l'analyse lévi-straussienne des mythes amérindiens et l'anthropologie des sociétés de chasseurs-cueilleurs qu'elle a impulsée, j'ai proposé de considérer cette notion de façon non pas sceptique mais positive, afin de décrire des relations intenses et réversibles entre humains et non-humains dans des sociétés où cette séparation ne se fait pas de façon anthropocentrique. Une pandémie de grippe aviaire est l'un des « mythes » qui nous parlent le plus fortement de nos relations actuelles avec notre environnement, dans un monde où les volailles sont élevées de plus en plus intensément pour la consommation humaine avec un risque zoonotique élevé, et où les oiseaux sauvages sont menacés de disparition et de destruction de leur habitat. Une pandémie de grippe peut être analysée comme le renversement spéculatif de l'extinction d'une espèce aviaire, car elle fait croire que les oiseaux se vengent des humains pour leurs mauvais traitements. Lorsqu'on dit que « les humains sont infectés par la grippe aviaire », c'est l'un de ces énoncés paradoxaux dont les déplacements produisent des constructions imaginaires, et que l'anthropologie prend comme point de départ pour des enquêtes ethnographiques. Puisque les oiseaux peuvent être considérés comme des ennemis ou des alliés dans la lutte contre les maladies infectieuses, ces deux valeurs opposées instaurent un sentiment de vulnérabilité partagée dans différents contextes.

J'ai décrit trois techniques qui façonnent cet imaginaire global : les sentinelles, les simulations et le stockage. Les sentinelles actualisent ces valeurs opposées à différents niveaux ontologiques où les êtres vivants communiquent par des signaux. Les simulations les insèrent dans des séquences d'actions de telle façon que la menace devienne réelle. Le stockage produit de la valeur à partir de cette distribution par accumulation et distribution. À travers ces trois techniques, le « mythe » (compris comme un échange réciproque de points de vue entre animaux humains et non humains) devient « rituel » (par le jeu et la performance) et « économie » (par la gestion de l'accumulation d'informations résultant de cet échange). Ce « devenir » n'est pas un développement ou un déclin, et je ne raconte pas une histoire de progrès ou de perte. J'ai plutôt montré, en suivant une méthode structuraliste, que les sentinelles déploient toutes les possibilités des relations entre le soi et le non-soi à différents niveaux et sur différentes échelles, pour des raisons de prestige et de façon presque esthétique, alors que les simulations et le stockage réduisent ces possibilités à des fins d'action et de profit. On a pu voir ainsi comment les valeurs esthétiques des sentinelles dans la communication avec les oiseaux se transforment en valeurs plus pragmatiques et financières lorsqu'elles sont insérées dans des séquences d'action (appelées « scénarios ») et des réserves de stockage (appelées « biobanques »). En même temps, chacune des trois techniques de préparation conserve ses potentialités de communication, ce qui m'a conduit à opposer simulation et scénario – il y a une potentialité de jeu qui est perdue dans le scénario – de la même manière que j'ai opposé stockage ordinaire (*storage*) et stockage prioritaire (*stockpiling*). Pour la même raison, j'ai distingué la sentinelle du sacrifice, car ce mode de signalisation est plus large que celui qui est à l'œuvre dans le meurtre collectif d'une victime : les sentinelles ne meurent pas nécessairement en lançant l'alerte. En faisant ces distinctions anthropologiques pour chacune des techniques de préparation – sentinelles, simulation, stockage –, j'ai posé les problèmes philosophiques de la vérité, de la réalité et de l'équité : qu'est-ce qu'une fausse alerte ? Qu'est-ce qu'un scénario réaliste ? Qu'est-ce qu'un stockage équitable ? On peut récapituler ces distinctions dans un tableau :

Techniques cynégétiques	Sentinelle	Simulation	Stockage ordinaire
Techniques pastorales	Sacrifice	Scénario	Stockage prioritaire
Sites ethnographiques	Hong Kong	Singapour	Taïwan
Problèmes philosophiques	vérité	réalité	équité
Domaines anthropologiques	mythe	rite	échange

En montrant les ressemblances entre le travail des virologues et celui des ornithologues à partir de leur référence commune à la chasse, j'ai distingué leurs techniques « cynégétiques » du travail des autorités de santé publique, qui doivent rationaliser par des techniques « pastorales » les effets du sacrifice sur une population. J'ai ainsi distingué dans la notion de « réservoir aviaire » souvent mobilisée par les experts de la grippe une population de volailles domestiques, que les autorités peuvent contrôler et éventuellement éradiquer, et un itinéraire aérien de migration, que les experts peuvent seulement suivre par des techniques d'observation. Ce livre relie donc les questions de biosécurité posées par les discussions sur la santé globale avec la conservation de l'environnement, qui étaient déjà au centre de l'écologie des maladies infectieuses dans les années 1960, mais qui sont devenues plus centrales dans les réserves naturelles et les musées. Améliorer les infrastructures de biosécurité signifie être attentif aux conditions de vie des oiseaux et de ceux qui en prennent soin, et partager avec équité les produits de cette interaction. L'un des enjeux d'une approche de la grippe aviaire par le paradigme « Un monde, Une santé » est en effet de développer la participation de tous les acteurs concernés par les pathogènes émergents, ce qui oblige à reformuler la causalité qui relie les humains, les animaux et les microbes.

Dans ce livre, j'ai plaidé pour un changement de focale dans la réflexion sur la préparation aux catastrophes, de la temporalité courte des urgences sanitaires à la temporalité longue des écologies menacées. Alors que la plupart des généalogies de la préparation débutent avec l'apparition du virus H5N1 en 1997 dans le contexte mondial de la guerre contre le terrorisme, ou avec la formation de la défense civile aux États-Unis en 1945 dans le contexte de la peur d'une guerre thermonucléaire, j'ai développé trois généalogies alternatives sur des échelles de temporalité de plus en plus longues : premièrement, l'émergence du virus H1N1 à l'origine de la « grippe espagnole » à la fin de la Première Guerre mondiale, conduisant à la formation de la virologie et de l'épidémiologie pour tenter d'anticiper la prochaine pandémie ; deuxièmement, la révolution industrielle liée à l'expansion coloniale de l'Europe dans le reste du monde, qui a donné naissance à l'ornithologie et à d'autres sciences naturelles dans le cadre du darwinisme ; troisièmement, la rencontre entre les premiers explorateurs européens et le Nouveau Monde perçu comme une abondance de faune et de flore au XVIe siècle, donnant naissance à l'anthropologie pour englober les formes d'humanité les plus diverses. Dans ces trois échelles de temporalité, la préparation revêt différentes significations, car elle prépare non seulement au prochain attentat terroriste ou à la prochaine catastrophe naturelle, mais aussi à la destruction des environnements dans lesquels les êtres humains ont co-évolué avec d'autres animaux et avec des microbes. La préparation enrôle les oiseaux comme espèces sentinelles annonçant la prochaine extinction et utilise les artefacts issus des oiseaux comme des stocks matériels où les signatures du passé et les signes de l'avenir s'accumulent.

J'ai donc remis en question ma propre position d'anthropologue dans cette généalogie. Plutôt que de critiquer la préparation par le biais de conceptions du social empruntées à des modèles de prévention, j'ai essayé de décrire la préparation de l'intérieur et de comprendre ses ressources propres pour la réflexion critique. Alors que la prévention apparaît aujourd'hui comme le rêve de présenter toutes les informations sur les diverses écologies dans un cadre général où le passé et le futur suivent les mêmes schémas, illustrés en particulier par les institutions de l'après-guerre comme l'OMS, l'UICN et l'ICOM, il faudra peut-être se tourner vers les pratiques cynégétiques des chasseurs de virus pour anticiper un avenir imprévisible en communiquant avec les oiseaux par le biais de bases de données dans lesquelles leurs signes prennent sens. Les virologues apparaissent ainsi dans ce livre comme des acteurs critiques, en particulier lorsqu'ils s'allient avec des ornithologues pour mettre en question les excès du pouvoir pastoral et de ses techniques sacrificielles.

Les techniques de préparation appliquées à la grippe aviaire sont en effet toujours confrontées à la possibilité d'un échec ou d'un leurre. Qu'est-ce qu'une surveillance réussie ? Quand un signal d'alerte précoce est-il perçu correctement ? Ces questions sont sérieusement soulevées dans les situations complexes où les humains prennent le point de vue des oiseaux sur l'avenir, comme les laboratoires construits par les virologues dans le consortium Antigone en Europe ou les associations créées par des ornithologues à Taïwan pour lutter contre un projet de construction. Les sentinelles de la grippe aviaire oscillent entre surréaction et sous-évaluation parce qu'elles sont fondées sur une relation instable entre les humains et les oiseaux. L'écologie des maladies infectieuses a montré que les virus ne sont pas des entités intentionnelles visant à tuer des êtres humains mais plutôt les signes d'un déséquilibre entre les espèces d'un écosystème. Les humains ont tendance à penser qu'ils sont au centre de leur écosystème, alors que les épidémiologistes les décrivent plutôt, du point de vue des transmissions microbiennes sur la planète, comme des « impasses épidémiologiques » (*epidemiological dead end*). Les sentinelles, comprises dans leur contexte écologique, décentrent ainsi les humains en montrant leur dépendance vis-à-vis des autres espèces sur une planète menacée qu'ils habitent en commun.

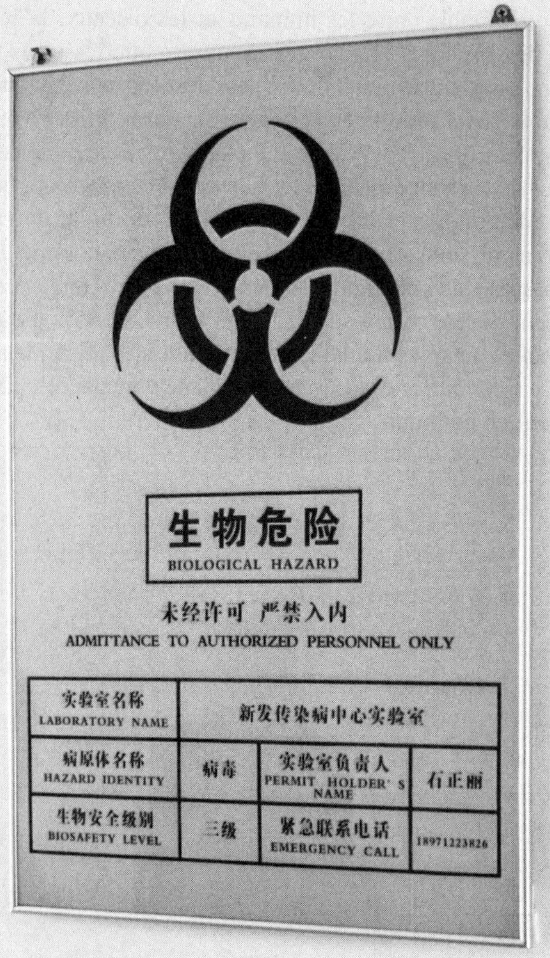
生物危险
BIOLOGICAL HAZARD
未经许可 严禁入内
ADMITTANCE TO AUTHORIZED PERSONNEL ONLY
实验室名称 LABORATORY NAME
新发传染病中心实验室
病原体名称 HAZARD IDENTITY
病毒
实验室负责人 PERMIT HOLDER' S NAME
石正丽
生物安全级别 BIOSAFETY LEVEL
三级
紧急联系电话 EMERGENCY CALL
18971223826

POSTFACE

De l'anticipation des pandémies de grippe à la gestion de la pandémie de Covid-19

Ce livre, rédigé à partir d'enquêtes avec des spécialistes de la grippe aviaire menées entre 2014 et 2018, est paru au moment où une nouvelle maladie infectieuse est devenue pandémique. Baptisée par l'Organisation mondiale de la santé Covid-19 (pour Coronavirus Disease 2019), cette pandémie a commencé fin décembre 2019 par la détection d'un *cluster* de pneumonies atypiques autour d'un marché aux animaux à Wuhan, ville de 13 millions d'habitants située dans la province du Hubei. Les analyses virologiques ont rapidement montré qu'elle était causée par un coronavirus proche de celui qui avait déclenché la crise du SRAS en 2003 et qui circulait jusque-là chez les chauves-souris. Alors que le SRAS-CoV avait infecté 8 000 personnes, dont 10 % étaient mortes, le SRAS-CoV2 a infecté des dizaines de millions de personnes, dont plus d'un million sont mortes au moment où j'écris cette postface (octobre 2020).

La parution de ce livre a donc tout à la fois anticipé et coïncidé avec un débat visant à déterminer si les autorités sanitaires, aux niveaux mondial, national et local, étaient prêtes pour les défis que posait ce nouveau virus. On a pu considérer que les sociétés asiatiques, dont il est question dans ce livre, étaient mieux préparées à la pandémie de Covid-19 que le reste du monde, parce qu'elles avaient traversé les crises de la grippe aviaire et du SRAS il y a vingt ans. Soucieux de ne pas répondre de façon binaire à cette question, je voudrais montrer comment les distinctions proposées ici – entre une logique cynégétique de la préparation et une logique pastorale de la prévention – peuvent éclairer la gestion globale de cette pandémie. Sans prétendre que des leçons avaient été tirées de ces crises sanitaires en Asie ou que des structures intemporelles se manifesteraient dans la gestion de toutes les pandémies, je voudrais indiquer comment les trois techniques de préparation que j'ai distinguées – sentinelles, simulations et stockage – ont été transformées au cours de cette pandémie dont nous sommes loin de voir la fin.

Les signaux d'alerte de cette pandémie ont été lancés par les médecins de Wuhan, qui ont très rapidement perçu les similitudes entre les symptômes de cette nouvelle maladie respiratoire et ceux du SRAS. Mais ils ont été étouffés par les autorités de la province du Hubei, qui ont reproché à ces médecins de diffuser des « fausses nouvelles portant atteinte à l'harmonie sociale ». Zhong Nanshan et Kwok-yung Yuen, les deux spécialistes du SRAS envoyés par les autorités de Pékin à Wuhan pour évaluer la situation fin janvier, ont critiqué les fonctionnaires locaux pour avoir « négligé les renseignements non confirmés[1] ». Pourtant, la ville industrielle de Wuhan avait été configurée par le régime de Pékin en sentinelle sanitaire, puisqu'il y avait fait construire, en collaboration avec l'Académie des sciences de France, un laboratoire de haute sécurité pour y manipuler des virus très pathogènes. L'hypothèse d'une échappée d'un coronavirus prélevé sur des chauves-souris dans le Yunnan depuis ce laboratoire ou un autre dans la ville a été formulée pour expliquer que de nombreux cas ont été détectés en dehors du marché aux animaux de Wuhan, et que l'animal intermédiaire entre les chauves-souris et les humains n'a pas été trouvé sur ce marché. Sans entrer dans cette controverse, dont l'issue a peu de chances d'être trouvée, il reste à comprendre pourquoi Wuhan a échoué à jouer le rôle de sentinelle dans cette pandémie.

Le décès du jeune médecin Li Wenliang le 6 février 2020, qui avait été infecté par le nouveau coronavirus après avoir lancé l'alerte sur sa dangerosité, a suscité une vague de compassion et de colère sur les réseaux sociaux chinois, incitant les journalistes à reprendre « le sifflet de Li Wenliang pour le transmettre à leur tour[2] ». Les autorités de Pékin ont essayé de maîtriser la situation en remplaçant les autorités de Wuhan par des fonctionnaires qu'elles contrôlaient et en mettant en valeur le « sacrifice » de Li Wenliang. Ce discours sacrificiel a permis de justifier les mesures sévères imposées à la province du Hubei – un confinement de deux mois – et à l'ensemble de la Chine pour contenir l'épidémie, selon une rhétorique maoïste mobilisant la population dans la guerre contre un virus « démoniaque[3] ». Faute de laisser s'ouvrir un espace public dans lequel les signaux d'alerte peuvent se transmettre de façon rapide et déclencher des mesures adaptées, les autorités chinoises ont justifié les mesures les plus coûteuses par l'intérêt supérieur de l'État. Au terme de deux mois de mobilisation, Xi Jinping a pu déclarer victoire sur le Covid-19 et visiter la ville de Wuhan en héros protecteur du peuple. Un nouveau foyer d'une centaine de cas découvert à Pékin, le 12 juin, a conduit les autorités sanitaires à reconfiner une partie de la ville, tandis que 300 cas positifs étaient annoncés sur les tests réalisés auprès de 10 millions de personnes à Wuhan. La Chine n'a déclaré à ce jour que 90 000 cas de contamination et 5 000 morts à l'OMS.

Le plus étonnant dans cette crise est que le confinement d'une population de plusieurs dizaines de millions d'habitants – une mesure de santé publique qui n'avait jamais été prise auparavant et qui différait radicalement des techniques de quarantaine utilisées jusque-là pour contenir les épidémies – a été imité par un grand nombre d'États pour protéger leur population, en Europe, en Australie, en Amérique, suscitant des discussions sur le sacrifice de la liberté de circuler et de l'activité économique au nom de la santé publique. Pourtant, les « sentinelles des pandémies » analysées dans ce livre ont montré qu'il était possible de contrôler la propagation du SARS-CoV2 sans recourir au confinement. La région administrative spéciale de Hong Kong, dont la liberté d'expression a été restreinte par la loi sur la sécurité nationale adoptée par le Parlement chinois le 30 juin 2020 après un an de mobilisation de la population hongkongaise, et dont la gouverneure Carrie Lam a été critiquée pour avoir trop longtemps maintenue ouverte la frontière avec la Chine, a déclaré près de 5 000 cas et 100 morts en octobre 2020. La République de Chine à Taïwan, dont la présidente démocrate Tsai Ing-wen venait d'être réélue, a été la première à signaler la dangerosité de la nouvelle maladie à l'OMS, dont elle n'était pourtant pas membre. Grâce à des dispositifs de suivi électronique distribués à tous les voyageurs arrivant sur l'île, elle est parvenue à maintenir le nombre de cas positifs autour de 500 et le nombre de morts à 7 en octobre 2020. Le gouvernement de Singapour, après avoir imposé des mesures de contrôle très sévères aux personnes qui arrivaient sur le territoire, a dû se résoudre à confiner sa population en mai après l'apparition d'un foyer important chez des travailleurs migrants. La Corée du Sud, le Vietnam et le Japon ont aussi mis en place des mesures de contrôle et de dépistage qui leur ont permis d'éviter le confinement[4]. Dans la logique de compétition qui est celle des sentinelles, la Chine a émis le signal d'alerte le plus coûteux avec le confinement, dont l'effet a sidéré un grand nombre d'États qui ne pouvaient que l'imiter, mais d'autres signaux d'alerte étaient possibles et peut-être plus adaptés à la menace dans cette grande danse des États du monde entier à l'approche d'un virus prédateur.

La pandémie de Covid-19 a mis à l'épreuve les exercices de simulation qui avaient été construits lors des précédentes pandémies. Le scénario d'un virus se transmettant par les voies respiratoires et au travers des moyens de transport internationaux de la Chine vers le reste du monde a été confirmé au-delà de ce que pouvait imaginer la science-fiction. La question du triage des patients, dont on a vu qu'elle devait être procéduralisée et routinisée grâce aux exercices de simulation, s'est posée lorsque les hôpitaux européens ont été débordés par les patients souffrant de détresse respiratoire, car il fallait « trier » entre ceux qui pouvaient entrer en réanimation et ceux qui avaient peu de chances d'y survivre. On a pu voir alors que les hôpitaux européens, soumis à des logiques d'urgence par la réduction de leurs moyens, ne pouvaient faire face à ces décisions, rendues d'autant plus tragiques que la réaction immunitaire des patients était imprévisible. La simulation « en ligne » a également connu de nouveaux développements avec l'impact des modèles épidémiologiques sur les décisions de confinement, mais aussi avec les tentatives de suivi des mutations du coronavirus au fur et à mesure de sa propagation. On peut supposer que la stabilité du SARS-CoV2 par rapport aux virus de la grippe décrits dans ce livre a favorisé la logique pastorale du scénario aux dépens de la logique cynégétique de l'imitation, l'origine animale du virus ayant rapidement été oubliée dans les simulations de la pandémie.

On peut enfin analyser les formes de stockage qui sont devenues visibles au cours de cette pandémie. En l'absence de vaccin contre les coronavirus, les débats dans les États européens et nord-américains ont porté sur le stockage de masques et d'antiviraux permettant de limiter les effets de la pandémie. Alors que la Chine a immédiatement mis en réserve une grande quantité de masques fabriqués sur son territoire et est entrée ensuite dans une compétition avec Taïwan pour en envoyer au reste du monde, l'État français a découvert que les masques qui avaient été stockés après la pandémie de H1N1 en 2009 étaient périmés et n'avaient pas été renouvelés. Lorsque le port du masque s'est imposé dans l'espace public en France au sortir du confinement après avoir été décrit comme une mesure inutile, les citoyens français ont dû investir dans des masques recyclables ou jetables. On peut dire que la logique du stockage prioritaire (*stockpiling*) est entrée en tension avec des pratiques de stockage pathologique (*hoarding*), comme celles qui ont conduit des consommateurs à emmagasiner des réserves de papier toilette ou de boîtes de conserve à l'approche du confinement. Le défaut de préparation de l'État, au regard des mesures prescrites par les autorités sanitaires internationales, a conduit les citoyens à se préparer à la pandémie selon des logiques survivalistes.

Une troisième forme de stockage peut être distinguée : celle des virologues qui ont conservé des souches de virus prélevées sur des chauves-souris pour lancer l'alerte en cas d'émergence virale. Que l'on ignore si cette forme de stockage ordinaire (*storage*) soit à l'origine de la pandémie ou, au contraire, ce qui a permis d'en détecter les premiers signes montre bien les ambivalences de la biosécurité analysées dans ce livre. Si, comme on l'a beaucoup entendu, la pandémie de Covid-19 est le signe que « la nature se venge » de l'impact de l'espèce humaine sur les habitats des chauves-souris, que cette « vengeance » commence sur un marché ou dans un laboratoire importe peu dans la logique cynégétique de la préparation. La question est plutôt de savoir si nous percevons ces signaux d'alerte comme des occasions de traiter autrement les êtres qui nous entourent. Les chauves-souris, mammifères dont le métabolisme a rendu possible depuis longtemps le vol en transmettant des virus de façon asymptomatique dans des colonies interspécifiques, offrent des possibilités de relation comparables à celles des oiseaux dont il a été question dans ce livre. Stocker des virus de chauves-souris dans des laboratoires, c'est prendre le risque d'une mutation qui peut causer une pandémie, mais c'est aussi décentrer notre regard sur les virus en adoptant celui des chauves-souris. Ce livre, en prenant au sérieux les enjeux sanitaires des pandémies, a proposé d'opérer, à l'occasion de la grippe aviaire, un tel détour écologique. L'avenir dira si les pandémies transformeront les relations entre les humains et leur environnement ou si elles confirmeront la logique sécuritaire de l'urgence sanitaire.

F. K.
Octobre 2020

Notes

PRÉFACE

1. Frédéric Keck, compte rendu de l'ouvrage de Patrick Zylberman *Tempêtes microbiennes. Essai sur la politique de sécurité sanitaire dans le monde transatlantique* (Paris, Gallimard, 2013), paru dans *La vie des idées*, 27 septembre 2013.

2. Voir à ce sujet Baptiste Morizot, *Sur la piste animale*, Arles, Actes Sud, 2018.

3. Marcel Detienne et Jean-Pierre Vernant, *Les Ruses de l'intelligence. La Mètis des Grecs*, Paris, « Champs », Flammarion, 1974, p. 10.

4. Cette idée d'un pacte fondé sur la séduction et la subjugation a, par exemple, été proposée par le naturaliste du XIXe siècle Edward Pett Thompson dans son livre *Passions of animals* : « La subjugation a été obtenue en arrachant l'animal à son état naturel, en changeant sa condition, en augmentant ses besoins et en créant de nouveaux désirs » (*Passions of animals*, Londres, Chapman et Hall, 1851, p. 387).

5. Frédéric Keck dans un entretien avec Iris Joussen pour *Sciences et avenir*, publié le 10 mars 2017.

INTRODUCTION

1. Michael Osterholm, « Preparing for the Next Pandemic », *Foreign Affairs*, vol. 84, n° 4, 2005, p. 24-37 ; Edwin Kilbourne, « Influenza Pandemics of the 20th Century », *Emerging Infectious Diseases*, vol. 12, n° 1, 2006, p. 9-14 ; Alan Sipress, *The Fatal Strain. On the Trail of Avian Flu and the Coming Pandemic*, New York, Viking, 2009 ; Ian Scoones (dir.). *Avian Influenza. Science, Policy and Politics*, New York, Eartscan, 2010.

2. Laurie Garrett, *The Coming Plague. Newly Emerging Diseases in a World Out of Balance*, New York, Penguin Books, 1995 ; Albert Osterhaus, « Catastrophes after Crossing Species Barriers », *Philosophical Transactions of the Royal Society of London*, n° 356, 2001, p. 791-793 ; Rodrick Wallace, Deborah Wallace et Robert G. Wallace, *Farming*

Human Pathogens. Ecological Resilience and Evolutionary Process, New York, Springer, 2009 ; David Quammen, *Spillover. Animal Infections and the Next Human Pandemic*, New York, W. W. Norton, 2012.

3. La plupart des entretiens furent conduits en anglais, parfois en cantonais avec traduction ou en chinois mandarin sans traduction.

4. Ce livre croise ainsi la méthode d'Anna Tsing qui est partie de l'alliance entre un champignon (le matsutaké) et des arbres (les pins du Japon) dans un contexte de désastre industriel pour élaborer une anthropologie des relations entre humains et non-humains dans l'économie mondialisée. Voir Anna Lowenhaupt Tsing, *Le champignon de la fin du monde. Sur la possibilité de vivre dans les ruines du capitalisme*, traduit de l'anglais par Philippe Pignarre, « Les Empêcheurs de penser en rond », Paris, La Découverte, 2017.

5. Kennedy Shortridge, Malik Peiris et Yi Guan, « The Next Influenza Pandemic : Lessons from Hong Kong », *Journal of Applied Microbiology*, n° 94, 2003, p. 79.

6. Sur les problèmes que pose la notion de réservoir animal en anthropologie sociale, voir Christos Lynteris, « Zoonotic Diagrams : Mastering and Unsettling Human-Animal Relations », *Journal of the Royal Anthropological Institute*, vol. 23, n° 3, 2017, p. 463–485 ; Frédéric Keck et Christos Lynteris, « Zoonosis : Prospects and Challenges for Medical Anthropology », *Medicine, Anthropology, Theory*, vol. 5, n° 3, 2018, p. 1-14.

7. J'emprunte ces distinctions à Andrew Lakoff, *Unprepared. Global Health in a Time of Emergency*, Oakland, University of California Press, 2017.

PREMIÈRE PARTIE
Maladies animales

CHAPITRE I
Abattre, vacciner et surveiller les animaux contagieux

1. Michael Bresalier, Angela Cassidy et Abigail Woods, « One Health in History », in Jakob Zinsstag (dir.), *One Health. The Theory and Practice of Integrated Health Approaches*, Wallingsford, CABI, 2015, p. 1-15.

2. Andy Stirling et Ian Scoones, « From Risk Assessment to Knowledge Mapping: Science, Precaution and Participation in Disease Ecology », *Ecology and Society* 14, 2, 2009 (http://www.ecologyandsociety.org/vol14/iss2/art14) ; Andrew Catley, Robin Alders, James Wood, « Participatory Epidemiology: Approaches, Methods, Experiences », *Veterinary Journal*. 191, n° 2, 2012, p. 151-60.

3. Dominique Becquemont et Laurent Mucchielli, *Le Cas Spencer. Religion, science et politique*, Paris, Presses universitaires de France, 1998.

4. Bruno Karsenti, *Politique de l'esprit. Auguste Comte et la naissance de la science sociale*, Paris, Hermann, 2006.

5. Herbert Spencer, *Introduction à la science sociale*, Paris, G. Baillière, 1875, p. 1-4.

6. Louise Wilkinson, *Animals & Disease. An Introduction to the History of Comparative Medicine*, Cambridge, Cambridge University Press, 1992, p. 51-64 ; John Fisher, « Cattle Plagues Past and Present: The Mystery of Mad Cow Disease », *Journal of Contemporary History*, 33, n° 2, 1998, p. 215-228.

7. E. Evans-Pritchard, *Les Nuer. Description des modes de vie et des institutions politiques d'un peuple nilote*, Paris, Gallimard, 1968. Evans-Pritchard observa que les ravages de la peste bovine contraignirent les Nuer à devenir pêcheurs. Les Nuer lui dirent que la peste bovine était entrée sur leur territoire cinquante ans plus tôt. Voir Clive Spinage, *Cattle Plague. A History*, New York, Kluwer, 2003, p. 619-620.

8. Voir Louise Wilkinson, *op. cit.*, p. 169-171.

9. Abigail Woods, *A Manufactured Plague. The History of Foot-and-Mouth Disease in Britain*, Londres, Earthcan, 2004.

10. John Law et Annemarie Mol, « Veterinary Realities: What is Foot and Mouth disease? », *Sociologia Ruralis*, 51, n° 1, 2011, p. 1-16.

11. Keith Thomas, *Man and the Natural World. Changing Attitudes in England 1500-1800*, Londres, Allen Lane, 1983, p. 76 : « when cattle had the murrain, the husbandman cut a hole in the beast's ear and inserted a root of bearfoot. »

12. Voir Edward Tylor, *Primitive Culture. Researches Into the Development of Mythology, Philosophy, Religion, Art, and Custom*, Londres, Murray, 1871 ; George Stocking, *After Tylor. British Social Anthropology, 1888-1951*, Londres, Athlone, 1995.

13. En ce sens, en tant que critique de l'État-providence alors émergent, Spencer trouve sa place dans la généalogie du pastoralisme proposée par Michel Foucault. Le problème soulevé par Spencer est de savoir comment ne pas trop gouverner une réalité sociale conçue comme un ensemble naturel de régularités. Foucault montre que les épizooties du XVIIIe siècle justifient l'intervention d'un pouvoir pastoral, qui gouverne les êtres humains par la connaissance de leurs déterminations singulières. Voir Michel Foucault, « *Omnes et singulatim.* Vers une critique de la raison politique », in *Dits et écrits*, Paris, Gallimard, 1994, t. IV, p. 134-161.

14. Herbert Spencer, *op. cit.*, p. 80-90.

15. Avec une théorie de l'esprit qui sera plus raffinée, on retrouve là, plus ou moins formulé, le programme anthropologique lancé par Dan Sperber dans *La Contagion des idées. Théorie naturaliste de la culture*, Paris, Odile Jacob, 1996.

16. Thomas Beidelman, *W. Robertson Smith and the Sociological Study of Religion*, Chicago, University of Chicago Press, avec une préface d'Edward Evans-Pritchard, 1974, p. 3.

17. Alors que la peste bovine est une épizootie, qui ne peut être transmise des animaux aux humains, la tuberculose est une zoonose, qui passe des bovins aux humains et réciproquement (avec un réservoir animal chez les blaireaux). Voir Gary Enticott, « Calculating Nature: the Case of Badgers, Bovine Tuberculosis and Cattle », *Journal of Rural Studies*, 17, n° 2, 2001, p. 149-164 ; Susan Jones, « Mapping a Zoonotic

Disease. Anglo-American Efforts to Control Bovine Tuberculosis before World War I », *Osiris*, n° 19, 2004, p. 133-148.

18. Barbara Rosenkrantz, « The Trouble with Bovine Tuberculosis », *Bulletin of the History of Medicine*, n° 59, 1985, p. 155-175. En Allemagne, Emile Adolf von Behring défendit l'hypothèse d'une transmission de la tuberculose des vaches aux hommes.

19. Gottlob Frege, *Écrits logiques et philosophiques*, Paris, Seuil, 1971, trad. Claude Imbert, p. 199.

20. Lorraine Daston et Peter Galison, *Objectivité*, Dijon, Les presses du réel, 2012 [2007].

21. Robertson Smith était membre de l'Église libre d'Écosse. Pendant ses études à Édimbourg, il écrivit un essai qui attaquait la théorie de la matérialité de l'âme de Herbert Spencer : « l'évolutionnisme raffiné qu'il embrassa suffit à en faire un hétérodoxe aux yeux des anciens de l'Église dans laquelle il avait été élevé, et ils le firent juger pour hérésie » (George Stocking, *op. cit.*, p. 63-64). Il voyagea en Égypte, en Palestine et en Syrie en 1878, où il apprit l'arabe et chassa l'antilope.

22. L'analyse que fait Robertson Smith de la religion peut être comparée à la solution phénoménologique apportée au problème logique de Frege. De la même manière que Husserl a montré comment des formes idéales invisibles sont façonnées dans le monde de la vie et formalisées ensuite par la conscience, Robertson Smith montre que les formes élémentaires de la religion émergent graduellement dans la perception d'un environnement et sont catégorisées sous l'opération formelle du sacrifice. Là où Frege et Koch échouent à comprendre comment une maladie peut prendre différentes formes qui sont pourtant causées par le même pathogène, Husserl et Robertson Smith montrent que les crises de la vie mentale produisent des formes infectieuses qui constituent la chair du monde de la vie. La notion de chair, qui désigne chez Husserl (*Leib*) et Merleau-Ponty (*chair*) une synthèse préconsciente dans le monde, joue un rôle central dans l'anthropologie de Robertson Smith, en relation avec celle de parenté. Remarquant que les tribus sémites procèdent à un échange de sang quand elles se rencontrent pour créer de la parenté, Robertson Smith conclut que le sacrifice est une manière de créer une chair commune avec un être naturel et de fixer les instabilités de ses pouvoirs surnaturels. « Les membres d'une lignée se considéraient comme un ensemble, une seule masse animée de sang, chair et os, dont aucun membre ne pouvait être touché sans que tous les autres ne souffrent » (*The Religion of the Semites*, New York, McMillan, 1927 [1889], p. 274).

23. Robertson Smith établit une distinction entre les précautions superstitieuses ou magiques, inspirées par la peur du surnaturel, et les précautions morales ou religieuses, prescrites par la fréquentation d'un lieu sacré (*ibid.*, p. 154).

24. *Ibid.*, p. 160-161.

25. François Delaporte, « Contagion et infection », in Dominique Lecourt (dir.), *Dictionnaire de la pensée médicale*, Paris, Presses universitaires de France, 2003, p. 283-287.

26. « La seule chose qui est sacrée, c'est la vie en commun dans la tribu, ou le sang commun qui est identifié avec la vie. Tous les êtres qui prennent part à cette vie sont sacrés, et ce caractère sacré peut être décrit indifféremment comme la participation à la vie divine et à la nature ou comme la participation à une lignée (*kin*) », Robertson Smith, *ibid.*, p. 289.

27. David S. Barnes, *The Making of a Social Disease. Tuberculosis in Nineteenth-Century France*, Berkeley, University of California Press, 1995 ; Linda Bryder, *Below the Magic Mountain. A Social History of Tuberculosis in Twentieth-Century Britain*, Oxford, Clarendon Press, 1988.

28. Cité dans Christos Lynteris, « Skilled Natives, Inept Coolies; Marmot Hunting and the Great Manchurian Pneumonic Plague (1910-1911) », *History and Anthropology*, 24, n° 3, 2013, p. 309.

29. Christos Lynteris, *The Ethnographic Plague. Configuring Disease on the Chinese-Russian Frontier*, Londres, Palgrave Macmillan, 2016. Lynteris propose la notion d'« épidémio-logique » (sur le modèle de la notion de « mytho-logique » chez Lévi-Strauss) pour expliquer que les contradictions logiques entre les récits épidémiologiques ont leurs racines dans l'ontologie des maladies animales.

30. Émile Durkheim, *Textes 1*, Paris, Minuit, 1975, p. 404.

31. « On peut observer directement la filiation entre la notion de tabou ou du sacré et la notion de la propriété. La première engendre la seconde. À Tahiti, les rois, les princes, les grands sont des êtres sacrés. Or le caractère sacré est essentiellement contagieux : il se communique à celui qui touche l'objet qui en est investi. Un chef ne peut donc entrer en contact avec une chose sans qu'elle devienne taboue par cela même, au même degré et de la même manière que lui. Or il en résulte que, *ipso facto*, elle devient sa propriété. […] Déclarer une chose taboue ou se l'approprier sont synonymes » (Émile Durkheim, *Leçons de sociologie*, Paris, Presses universitaires de France, 1997, p. 173).

32. « L'homme ne sanctifie pas uniquement parce qu'il s'assoit, en quelque sorte, à la même table que le dieu, mais surtout parce que l'aliment qu'il consomme dans ce rituel a un caractère sacré. On a montré, en effet, comment dans le sacrifice, toute une série d'opérations préliminaires, lustrations, onctions, prières, etc., transforment l'animal qui doit être immolé en une chose sainte, dont la sainteté se communique ensuite au fidèle qui en mange. Il n'en reste pas moins que la communion alimentaire est un des éléments essentiels du sacrifice » (Émile Durkheim, *Formes élémentaires de la vie religieuse*, Paris, Presses universitaires de France, 1998, p. 480-482).

33. « Le sujet contagionné apparaît comme envahi par une force virulente et novice, qui menace tout ce qui l'approche ; par suite, il n'inspire qu'éloignement et répugnance ; il est comme marqué d'une tare, d'une souillure. Et cependant, cette souillure a pour cause ce même état psychique qui, dans d'autres circonstances, consacrait et sanctifiait. Mais que la colère ainsi soulevée soit satisfaite par un rite expiatoire et, soulagée, elle tombe ; le sentiment offensé s'apaise et revient à son état

initial. Il agit donc, de nouveau, comme il agissait dans le principe ; au lieu de contaminer, il sanctifie » (*ibid.*, p. 591).

34. Bien que ce ne soit pas l'objet de cet ouvrage, il serait intéressant de comparer la notion d'asymétrie dans la microbiologie de Pasteur et la sociologie de Durkheim. Le point de départ de Pasteur est le rôle de l'asymétrie chimique dans la biologie moléculaire et celui de Durkheim est le rôle de l'inégalité dans la morphologie sociale. Cette comparaison permettrait d'éclairer la convergence entre François Jacob et Claude Lévi-Strauss dans les années 1960 autour de la notion de structure, lorsque la génétique et la linguistique révolutionnèrent, tout en les confirmant, les travaux des pères fondateurs.

35. Émile Durkheim, *Règles de la méthode sociologique*, Paris, Presses universitaires de France, 2007. En 1894, quand Durkheim publie ses *Règles*, deux étudiants de Pasteur font deux découvertes majeures en travaillant d'après ses principes. Émile Roux découvre la possibilité d'utiliser un sérum de cheval pour soigner les hommes, et Alexander Yersin découvre le bacille de la peste bubonique à Hong Kong. Ce parallèle chronologique n'a jamais été remarqué par les commentateurs de Durkheim, qui soulignent davantage ses débats avec la biologie évolutionniste britannique et italienne pour renforcer la coupure entre sciences sociales et sciences du vivant.

36. Jérôme Bourdieu, Laetitia Piet, Alessandro Stanziani, « Crise sanitaire et stabilisation du marché de la viande en France, XVIIIe-XXe siècles », *Revue d'histoire moderne et contemporaine*, numéro spécial « Histoire de la sécurité alimentaire », 51, n° 3, 2003, p. 121-156. Ces trois historiens mettent en lumière le fait que les épidémies de tuberculose et de trichinose dans les années 1880 ont conduit à une redéfinition de la notion de sécurité alimentaire en Grande-Bretagne : d'une appréhension de l'empoisonnement comme question morale (avec des pénalités pour les bouchers qui vendaient de la viande avariée) à une enquête sur l'infection comme processus naturel et social (avec une recherche des causes des épidémies d'épizootie).

37. Delphine Berdah, « La vaccination des bovidés contre la tuberculose en France, 1921-1963. Entre modèle épistémique et alternative à l'abattage », *Revue d'Études en agriculture et environnement*, 91, n° 4, 2010, p. 393-415.

38. Anne-Marie Moulin (dir.), *L'aventure de la vaccination*, Paris, Fayard, 1996 ; Christian Bonah, *Histoire de l'expérimentation humaine en France. Discours et pratiques, 1900-1940*, Paris, Les Belles Lettres, 2007.

39. Frédéric Keck, *Lucien Lévy-Bruhl, entre philosophie et anthropologie. Contradiction et participation*, Paris, Éditions du CNRS, 2008 ; du même auteur, « Lévy-Bruhl, Jaurès et la guerre », *Cahiers Jaurès*, n° 204, 2012, p. 37-53.

40. « Ce que le primitif explique ici par une cause "surnaturelle", ce n'est pas l'effet physique, c'est sa signification humaine, c'est son importance pour l'homme et plus particulièrement pour un certain homme

déterminé, celui que la pierre écrase. Il n'y a rien d'illogique, ni par conséquent de "prélogique", ni même qui témoigne d'une "imperméabilité à l'expérience", dans la croyance qu'une cause doit être proportionnée à son effet, et qu'une fois constatées la fêlure du rocher, la direction et la violence du vent – choses purement physiques et insoucieuses de l'humanité – il reste à expliquer ce fait, capital pour nous, qu'est la mort d'un homme. La cause contient éminemment l'effet, disaient jadis les philosophes ; et si l'effet a une signification humaine considérable, la cause doit avoir une signification au moins égale ; elle est en tout cas de même ordre : c'est une *intention* », Henri Bergson, *Les deux sources de la morale et de la religion*, Paris, Presses universitaires de France, 1992, p. 150-151.

41. *Ibid.*, p. 166.

42. Frédéric Keck, « Bergson dans la société du risque » in Camille Riquier et Frédéric Worms (dir.), *Lectures de Bergson*, Paris, Presses universitaires de France, 2011, p. 164-184.

43. Claude Lévi-Strauss, *Le totémisme aujourd'hui*, Paris, PUF, 1960, p. 137.

44. Maxime Schwartz, *Comment les vaches sont devenues folles*, Paris, Odile Jacob, 2011. L'expression technique pour désigner la maladie était l'encéphalopathie spongiforme bovine, en référence au fait que les cerveaux infectés, chez les hommes et les animaux, prenaient la forme d'éponges.

45. Warwick Anderson, *The Collectors of Lost Souls. Kuru, Moral Peril, and the Creation of Value in Science*, Baltimore, Johns Hopkins University Press, 2008.

46. Claude Lévi-Strauss, « La crise moderne de l'anthropologie », *Courrier de l'UNESCO*, 1961, n° 11, p. 14. Sur cette conception de la « faute de l'Occident », voir Wiktor Stoczkowski, *Anthropologies rédemptrices. Le monde selon Lévi-Strauss*, Paris, Hermann, 2008, p. 253.

47. C'est la conclusion de l'article de Robert Glasse publié par Claude Lévi-Strauss dans *L'Homme*, « Cannibalisme et kuru chez les Foré de Nouvelle-Guinée », *L'Homme*, vol. 8, n° 3, 1968, p. 34.

48. Dans cet article, Lévi-Strauss réagit à l'annonce du fait que les cas de maladie de Creutzfeldt-Jakob découverts sur de jeunes adultes seraient dus à une transmission causée par l'injection d'hormones, ce qui fit scandale en France dans le contexte des révélations de la transmission du VIH par transfusion sanguine. Plutôt que de critiquer les administrations de la santé publique, Lévi-Strauss relève la proximité entre « ingestion » et « injection » pour établir un parallélisme avec le cannibalisme (on ne parlait pas encore de « vaches cannibales » à ce moment). Il s'engagea ensuite dans un débat avec l'anthropologue William Arens, qui avait contesté la réalité des pratiques cannibales chez les Foré en Papouasie-Nouvelle-Guinée dans *The Man-Eating Myth*, New York, Oxford University Press, 1979, p. 99-114.

49. Sur l'usage des cosmologies amazoniennes pour débattre de la question de la « dénaturation » des animaux dans les sociétés contemporaines, voir Philippe Erickson, « De l'acclimatation des concepts et des animaux ou les tribulations d'idées américanistes en Europe », *Terrain*, n° 28, 1997, p. 119-124.

50. Claude Lévi-Strauss, *Nous sommes tous des cannibales*, Paris, Seuil, 2013, p. 223 : « rendus plus actifs et plus intelligents par leur nouveau régime alimentaire, ils seront mieux portés à se dévouer à leurs maîtres, à se conduire en serviteurs de l'humanité. On pourra leur confier la principale surveillance des sources d'énergie et des machines. »

51. Jacques Derrida a pris au sérieux l'ontologie des virus, mais il les décrit à travers des techniques de lecture et d'interprétation plutôt que de prédation et de commensalité. Voir *L'Animal que donc je suis*, Paris, Galilée, 2006, p. 63 : « ni animal, ni non-animal, ni organique ni inorganique, ni vivant ni mort, cet envahisseur potentiel serait comme un virus d'ordinateur. Il logerait dans une opération d'écriture, de lecture, d'interprétation ».

52. Philippe Descola, « Les avatars du principe de causalité », in Philippe Descola, Gérard Lenclud, Carlo Severi, Anne-Christine Taylor (dir.), *Les idées de l'anthropologie*, Paris, Armand Colin, 1988.

53. Philippe Descola, *Par-delà nature et culture*, Paris, Gallimard, 2005. Dans une perspective que Descola appelle « naturaliste », nous sommes amenés à nous demander comment nous pouvons percevoir les vaches comme des êtres humains quand elles sont affectées par des microbes communs. Mais dans ce qu'il appelle une perspective « animiste », les microbes communs aux humains et aux animaux sont les entités réelles, et les séparations faites par les humains pour atténuer leurs menaces sont des constructions secondaires pour stabiliser ces entités. Dans une troisième ontologie qu'il appelle analogiste, principalement développée en Asie, en Afrique et en Amérique centrale, la prolifération de microbes dans un environnement est atténuée par une mise à mort collective décrite par les anthropologues comme un sacrifice. Descola reproche à Durkheim d'avoir décrit la transformation de l'animisme en analogisme à l'aide de données de sociétés totémiques, qui suivent une logique différente, dans la mesure où elles attribuent des propriétés à des prototypes ancestraux communs.

CHAPITRE II
De la biosécurité à la surveillance des zoonoses

1. Le projet « Antigone » fut financé par la Commission européenne de 2011 à 2016 après la crise sanitaire causée en Europe par des bactéries résistantes aux antibiotiques qui tua environ 50 personnes en Allemagne. On crut d'abord que ces bactéries étaient présentes dans les concombres espagnols, avant que l'enquête ne montre qu'elles provenaient de vaches et qu'elles étaient transmises par des germes cultivés dans des fermes égyptiennes. Voir Frédéric Keck, « Des virus émergents aux bactéries résistantes. Une crise sanitaire et ses effets », *Médecine/Sciences*, n° 28, 2012, p. 534-537.

2. Thijs Kuiken *et al.*, « Host Species Barriers to Influenza Virus Infections », *Science*, 21, 312, n° 5772, 2006, p. 394-397.

3. Jane Calvert, « Systems Biology, Big Science and Grand Challenges », *Biosocieties*, vol. 8, 2013, p. 466-479.

4. Voir Mario Bagioli et Peter Galison (dir.), *Scientific Authorship. Credit and Intellectual Property in Science*, New York, Routledge, 2003.

5. Les noms attribués aux virus de la grippe varient en fonction de la configuration des protéines de l'hémaglutinine (H) et de la neuraminidase (N) qui déterminent l'entrée et la sortie du virus des cellules.

6. Gina Kolata, *Flu. The Story of the Great Influenza Pandemic and the Search for the Virus That Caused It*, New York, Simon & Schuster, 1999 ; WHO (World Health Organization), « Influenza », http://www.who.int/influenza/human_animal_interface/en.

7. Christine Hsu, « Critics : Airborne flu research important, but not for vaccine purposes », *Medical Daily*, 8 février 2012.

8. Voir le site de Léna Bui, http://www.lenabui.com/voracious-embrace, et mon article sur son travail, https://theconversation.com/grippe-aviaire-les-virus-sont-ils-toujours-dans-lair-94557.

9. Voir Natalie Porter, « Ferreting Things out : Biosecurity, Pandemic Flu and the Transformation of Experimental Systems », *Biosocieties*, 11, 2016, p. 22-45.

10. En juin 2020, une dizaine de fermes de visons élevés pour leur fourrure aux Pays-Bas furent infectées par le SARS-CoV2 avec une mortalité de 1 %. En novembre, le gouvernement danois décida d'abattre la totalité de son cheptel (17 millions de visons), car une nouvelle mutation du SARS-CoV2 transmissible aux humains y était apparue.

11. Sur l'usage des furets comme modèle pour l'étude expérimentale des virus de la grippe, voir Carlo Caduff, *The Pandemic Perhaps. Dramatic Events in a Public Culture of Danger*, Oakland, University of California Press, 2015, p. 45.

12. Gaymon Bennett, « The Malicious and the Uncertain : Biosecurity, Self-Justification, and the Arts of Living », in Paul Rabinow et Limor Samimian-Darash, *Modes of Uncertainty. Anthropological Cases*, Chicago, University of Chicago Press, 2014, p. 123-144.

13. Steve Hinchliffe et Nick Bingham, « Securing Life : The Emerging Practices of Biosecurity », *Environment and Planning A*, n° 40, 2008, p. 1534-1551 ; Filippa Lentzos et Nikolas Rose, « Governing Insecurity. Contingency Planning, Protection, Resilience », *Economy & Society*, 38, n° 2, 2009, p. 230-254.

14. Le terme « *dual use* » est une catégorie des organismes de sécurité nationale pour les agents biologiques qui peuvent être étudiés à la fois pour des recherches scientifiques et pour des usages militaires. Voir Kathleen Vogel, « Biodefense. Considering the Sociotechnical Dimension », in Andrew Lakoff et Stephen J. Collier (dir.), *Biosecurity Interventions. Global Health and Security in Question*, New York, SSRC-University of Columbia Press, 2008, p. 227-257.

15. Le moratoire fut proposé par trente-neuf experts de la grippe dans une lettre publiée par *Science* et *Nature* le 20 janvier 2012, prolongé de manière indéfinie en mars 2012, puis suspendu par le même type de lettre le 23 janvier 2013.

16. Marc Lipsitch et Alison Galvani, « Ethical Alternatives to Experiments with Novel Potential Pandemic Pathogens », *PLoS Medicine*, 11, n° 5, 2014.

17. Simon Wain-Hobson, « H5N1 Viral Engineering Dangers will not go away », *Nature*, n° 495, 2013, p. 411.

18. Voir Andrew Lakoff, « The Risks of Preparedness : Mutant Bird Flu », *Public Culture*, vol. 24, n° 68, 2012, p. 457-464 (457) : « Plutôt que de la voir comme un conflit entre les autorités scientifiques et un public effrayé, ou entre une recherche ouverte et des exigences sécuritaires, cette controverse devrait être vue comme un conflit entre experts concernant les différentes manières de conceptualiser une situation incertaine. Le développement de la controverse a rendu visible la fracture qui s'était creusée entre les scientifiques et les autorités de la santé publique autour de la menace de grippe aviaire. »

19. Ron Fouchier, Yoshihiro Kawaoka *et al.*, « Gain-of-Function Experiments on H7N9 », *Science*, 341, n° 6146, 2013, p. 612-613.

20. Marc Lipsitch et Alison P. Galvani, *art. cit.*

21. Voir Jeffery K Taubenberger, Ann H. Reid, Amy E. Krafft, Karen E. Bijwaard et Thomas G. Fanning, « Initial Genetic Characterization of the 1918 "Spanish" Influenza Virus », *Science* 275, n° 5307, 1997, p. 1793-1796 ; Karen Duncan, *Hunting the 1918 Flu. One Scientist's Search for a Killer Virus*, Toronto, University of Toronto Press, 2003.

22. La « génétique inversée » consiste à reconstruire un être vivant à partir de ses marqueurs génétiques ; voir Carlo Caduff, *The Pandemic Perhaps*, p. 108.

23. Peter Palese, « Don't Censor Life-Saving Science. » *Nature* 481, n° 115, janvier 2012.

24. Carlo Caduff, « The Semiotics of Security. Infectious Disease Research and the Biopolitics of Informational Bodies in the United States », *Cultural Anthropology*, 27, n° 2, 2012, p. 333-357.

25. Carlo Caduff, *The Pandemic Perhaps*, p. 140.

26. Carlo Caduff, « Pandemic Prophecy : Or How to Have Faith in Reason », *Current Anthropology*, 55, n° 3, 2014, p. 302 : « La précaution permet aux acteurs de faire acte de foi. Cela leur permet d'avoir confiance en un type particulier de futur, même s'il n'y a aucune preuve que ce futur viendra à se matérialiser. »

27. Madeline Drexler, *Secret Agents. The Menace of Emerging Infections*, Washington, Joseph Henry Press, 2002, p. 18 (« The most menacing bioterrorist is Mother Nature herself ») ; Richard J. Webby et Robert Webster, « Are we Ready for Pandemic Influenza ? », *Science*, n° 302, 2003, p. 1522 (« Nature's ongoing experiments with H5N1 Influenza in Asia and H7N7 in Europe may be the greatest bioterror threat of all ») ; Madeline Specter, « Nature's Bioterrorist : Is There Any Way to Prevent

a Deadly Avian-Flu Pandemic ? », *The New Yorker*, 28 février 2005, p. 50-61.

28. Frank M. Burnet, *Natural History of Infectious Diseases*, Cambridge, Cambridge University Press, 1972 ; Warwick Anderson, « Natural Histories of Infectious Diseases : Ecological Vision in Twentieth-Century Biomedical Sciences », *Osiris* 19, 2004, p. 39-61.

29. Didier Fassin et Mariella Pandolfi (dir.), *Contemporary States of Emergency. The Politics of Military and Humanitarian Interventions*, Cambridge, MIT Press, Zone Books, 2013, p. 13.

30. Esteban Domingo *et al.*, « Viruses as Quasispecies : Biological Implications », *Current Topics in Microbiology and Immunology*, n° 299, 2006, p. 51-82.

31. Colin A. Russell *et al.*, « The Potential for Respiratory Droplet Transmissible A/ H5N1 Influenza Virus to Evolve in a Mammalian Host », *Science*, 336, n° 6088, 2012, p. 1541-1547.

32. Paul de Kruif, *Microbe Hunters*, New York, Harcourt-Brace, 1926 ; Greer Williams, *Virus Hunters. The Lives and Triumphs of Great Medical Pioneers*, Londres, Hutchinson, 1960.

33. Angela N. H. Creager, *The Life of a Virus. Tobacco Mosaic Virus as an Experimental Model, 1930-1965*, Chicago, University of Chicago Press, 2002.

34. Joseph B. McCormick et Susan Fischer Hoch, *The Virus Hunters. Dispatchers from the Frontline*, Londres, Bloomsbury, 1997 ; Robert Gallo, *Virus Hunting. AIDS, Cancer and the Human Retrovirus. A Story of Scientific Discovery*, New York, Basic Books, 1991. Voir aussi Anne-Marie Moulin, préface à Christophe Perrey, *Un ethnologue chez les chasseurs de virus. Enquête en Guyane française*, Paris, L'Harmattan, 2012.

35. Joshua Lederberg, « Infectious History », cité dans Warwick Anderson, « Natural Histories of Infectious Diseases », p. 39.

36. *Ibid.*

37. Nathan Wolfe, *The Viral Storm. The Dawn of a New Pandemic Age*, New York, St Martin's Press, 2012, p. 9.

38. *Ibid.*, p. 3.

39. *Ibid.*, p. 38.

40. *Ibid.*, p. 48.

41. *Ibid.*, p. 28.

42. Voir Victor Narat, Lys Alcayna-Stevens, Stephanie Rupp et Tamara Giles-Vernick, « Rethinking Human-Nonhuman Primate Contact and Pathogenic Disease Spillover », *Ecohealth*, 14, n° 4, 2017, p. 840-850.

43. J'emprunte l'expression « prendre au sérieux » au débat sur le tournant ontologique en anthropologie, qui consiste à lire les énoncés ontologiques sur le monde comme dénotant une réalité plurielle et non un ensemble de symboles culturels. Voir Frédéric Keck, Urusula Regehr et Saskia Walentowitz, « Anthropologie : le tournant ontologique en action », *Tsantsa*, 20, 2015, p. 4-11 ; John Kelly, « Introduction : The ontological turn in French philosophical anthropology », *Hau*, n° 4, 2014, p. 259-269 ; Michael Carrithers, Matei Candea, Karen Sykes, Martin

Holbraad et Soumhya Venkatesan, « Ontology Is Just Another Word for Culture : Motion Tabled at the 2008 Meeting of the Group for Debates in Anthropological Theory, University of Manchester », *Critique of Anthropology*, 30, n° 2, 2010, p. 152-200.

44. Eduardo Viveiros de Castro, *From the Enemy's Point of View. Humanity and Divinity in an Amazonian Society*, Chicago, The University of Chicago Press, 1992 ; « Cosmological Deixis and Amerindian Perspectivism », *Journal of the Royal Anthropological Institute*, n° 4, 1998, p. 469-88. Le chamanisme est majoritairement symétrique et horizontal, mais il peut aussi être asymétrique et vertical, ce qui explique sa transformation dans le prophétisme et le pastoralisme. Ainsi dans cette prophétie relevée par Stephen Hugh-Jones en Amazonie pour expliquer une épidémie de variole : « Après l'épidémie, Marie annonça la fin du monde, un temps dans lequel les pécheurs se transformeraient en animaux à cornes et seraient mangés par les jaguars et les esprits » (« Shamans, Prophets, Priests and Pastors », in Nicholas Thomas et Caroline Humphrey (dir.), *Shamanism, History and the State*, Ann Arbor, University of Michigan Press, 1996, p. 60).

45. Eduardo Kohn, *Comment pensent les forêts. Vers une anthropologie au-delà de l'humain*, Bruxelles, Zones sensibles, 2017.

46. Morten Axel Pedersen, *Not quite Shamans. Spirit Worlds and Political Lives in Northwest Mongolia*, Cornell, Cornell University Press, 2011, p. 4-5.

47. Charles Stépanoff, *Voyager dans l'invisible. Techniques chamaniques de l'imagination*, Paris, La Découverte, 2019.

48. Thomas Abraham, *Twenty-First Century Plague. The Story of SARS, with a new Preface on Avian Flu*, Hong Kong, Hong Kong University Press, 2007.

49. Mark Honigsbaum, « Flying Dutchman mans the Species Barrier », *The Guardian*, 25 mai 2005.

50. Albert Osterhaus, « Catastrophes after Crossing Species Barriers », *Philosophical Transactions of the Royal Society of London*, n° 356, 2001, p. 791-793.

51. Les postulats de Koch sont des règles permettant d'identifier qu'un microbe est bien la cause d'une maladie. Ils demandent 1) que le microbe soit abondant dans les corps des malades et non dans les corps en bonne santé 2) qu'il soit isolé et répliqué dans une culture vivante 3) qu'il cause la maladie quand il est transmis à un organisme en bonne santé 4) qu'il soit identique au premier pathogène quand il est isolé du second organisme.

52. Voir Alison Abbott, « SARS Testing : First Past the Post », *Nature*, 423, n° 6936, 2003, p. 114.

53. Jan Felix Drexler, Victor Max Corman et Christian Drosten, « Ecology, Evolution and Classification of Bat Coronaviruses in the Aftermath of SARS », *Antiviral Research* n° 101, 2014, p. 45-56.

54. Voir Linfa Wang et Christopher Cowled, *Bats and Viruses. A New Frontier of Emerging Infectious Diseases*, New York, Wiley, 2015. Les chauves-souris sont apparues comme les réservoirs d'Ebola (apparu en 1976

au Zaïre), Hendra (apparu en 1994 en Australie), Nipa (apparu en 1998 en Malaisie et 2001 au Bangladesh) et SRAS (apparu en 2003 en Chine).

55. Nathan King, « Security, Disease, Commerce : Ideologies of Postcolonial Global Health », *Social Studies of Science*, 32, n° 5-6, 2002, p. 767.

56. *Ibid.*, p. 776.

57. Robert Webster, « William Graeme Laver. 1929-2008 », *Biographical Memoirs of the Fellows of the Royal Society*, n° 56, 2010, p. 215-236.

58. Voir Peter Doherty, *Sentinel Chickens. What Birds Tell Us about Our Health and the World*, Melbourne, Melbourne University Press, 2012, p. 88-92 ; Frédéric Vagneron, « Surveiller et s'unir ? Le rôle de l'OMS dans les premières mobilisations internationales autour d'un réservoir animal de la grippe », *Revue d'anthropologie des connaissances* 9, n° 2, 2015, p. 139-162.

59. Graeme Laver, « Influenza Virus Surface Glycoproteins H and N: A Personal Account » in Charles W. Potter (dir.), *Influenza*, Amsterdam, Elsevier, 2002, p. 37.

60. Voir Richard J. Webby et Robert Webster, *art. cit.* p. 1519.

61. Robert Webster, « William Graeme Laver. 1929-2008 », p. 217.

62. Tom Griffiths, *Hunters and Collectors. The Antiquarian Imagination in Australia*, Cambridge, Cambridge University Press, 1996.

CHAPITRE III
La santé globale et les écologies de la conservation

1. Andrew Lakoff, « Two Regimes of Global Health », *Humanity. An International Journal of Human Rights, Humanitarianism and Development*, 1, n° 1, 2010, p. 75.

2. Muriel Figuié, « Towards a Global Governance of Risks : International Health Organisations and the Surveillance of Emerging Infectious Diseases », *Journal of Risk Research*, 17, n° 4, 2014, p. 469-483 ; Steve Hinchliffe, « More than One World, More than One Health : Reconfiguring Interspecies Health », *Social Science & Medicine*, 129, 2015, p. 28-35 ; Michael Bresalier, Angela Cassidy et Abigail Woods, « One Health in History », in Jakob Zinsstag *et al.* (dir.), *One Health. The Theory and Practice of Integrated Health Approaches*, Wallingsford, CABI, 2015, p. 1-15.

3. L'expression *One World, One Health* a été lancée par la Wildlife Conservation Society lorsqu'elle organisa une série de rencontres à partir de 2004 sur la santé publique, la conservation et les maladies infectieuses. Voir http://www.oneworldonehealth.org.

4. Svetlana Alpers, « The Museum as a Way of Seeing » in Ivan Karp et Steven Lavine (dir.), *Exhibiting Cultures. The Poetics and Politics of Museum Display*, Washington, Smithsonian Books, 1991, p. 25-32.

5. Michael Bresalier, « Uses of a Pandemic : Forging the Identities of Influenza and Virus Research in Interwar Britain », *Social History of Medicine*, 25, n° 2, 2011, p. 400-424.

6. Carlo Caduff, *The Pandemic Perhaps*, p. 42. Voir aussi Michael Bresalier, « Neutralizing Flu : "Immunological devices" and the making of a virus disease » in Pauline Mazumdar, Kenron Kroker et Jennifer Keelan (dir.), *Crafting Immunity*, Londres, Ashgate, 2008, p. 107-144.

7. George Hirst, « The Agglutination of Red Cells by Allantoic Fluid of Chick Embryos infected with Influenza Virus », *Science*, 94, n° 2427, 1941, p. 22-23.

8. WHO. IC/97, cité dans Anna Aranzazu, *Le réseau de surveillance de la grippe de l'OMS. Circulation, innovation et santé publique*, thèse de doctorat soutenue à l'université de Paris-13, 2015, p. 400.

9. Carlo Caduff, « Anticipations of Biosecurity », in Steven Collier et Andrew Lakoff (dir.), *Biosecurity Interventions. Global Health and Security in Question*, New York, SSRC-University of Columbia Press, 2008, p. 267.

10. Richard Neustadt et Harvey Feinberg, *The Epidemic That Never Was. Policy Making and the Swine Flu Scare*, New York, Vintage Books, 1983. Le syndrome de Guillain-Barré est une maladie nerveuse dégénérative qui peut être associée à la prise d'un vaccin.

11. Luc Boltanski et Arnaud Esquerre, *Enrichissement. Une critique de la marchandise*, Paris, Gallimard, 2016, p. 69 : « le souci de posséder certaines pièces pour combler certains manques, définis par référence à une totalité idéelle, constitue l'un des principaux motifs auxquels obéissent les conduites au sein de communautés de collectionneurs. »

12. Bruno Strasser, « The Experimenter's Museum. GenBank, Natural History, and the Moral Economies of Biomedicine », *Isis*, n° 102, 2011, p. 62.

13. *Ibid.* p. 79.

14. *Ibid.* p. 91.

15. Franck M. Burnet, *Natural History of Infectious Diseases*, Cambridge, Cambridge University Press, 1972, p. 5.

16. Stefan Bargheer, *Moral Entanglements. Conserving Birds in Great Britain and Germany*, Chicago, The University of Chicago Press, 2018, p. 126.

17. Charles-Georges Leroy, « Lettre sur les animaux » in Elizabeth Anderson (dir.), *Studies on Voltaire and the Eighteenth Century*, n° 316, Oxford, The Voltaire Foundation at the Taylor Institution, 1994, p. 77.

18. Bargheer, *op. cit.*, p. 100-102.

19. Bargheer, *op. cit.*, p. 135.

20. Lucienne Strivay, « Taxidermies. Le trouble du vivant », *Anthropologie et Sociétés.* 39, n° 1-2, 2015, p. 251-268.

21. Daniel Lewis, *The Feathery Tribe. Robert Rigdway and the Modern Study of Birds*, New Haven, Yale University Press, 2012, p. 4.

22. *Ibid.*, p. 49.

23. *Ibid.*, p. 48.

24. *Ibid.*, p. 68.

25. *Ibid.*, p. 129.

26. *Ibid.*, p. 97.

27. Mark V. Barrow, *Nature's Ghosts. Confronting Extinction from the Age of Jefferson to the Age of Ecology*, Chicago, University of Chicago Press, 2009, p. 152-153.

28. Cité dans Bargheer, *op. cit.*, p. 126.

29. Christian Ingrao, *Les chasseurs noirs. Essai sur la* Sondereinheit *Dirlewanger*, Paris, Perrin, 2006.

30. Vanessa Manceron, « What is it like to be a bird ? Imagination zoologique et proximité à distance chez les amateurs d'oiseaux en Angleterre », in Michèle Cros, Julien Bondaz et Frédéric Laugrand (dir.), *Bêtes à pensées. Visions des mondes animaux*, Paris, Éditions des archives contemporaines, 2015.

31. William B. Adams, *Against Extinction. The Story of Conservation*, Londres, Earthscan, 2004 ; Genese Sodikoff (dir.), *The Anthropology of Extinction. Essays on Culture and Species Death*, Bloomington, Indiana University Press, 2012.

32. Norman Moore, « Indicator Species », *Nature in Focus*, n° 14, 1973, p. 3-6, cité dans Bargheer, *op. cit.*, p. 368.

33. Stephen Moss, entretien de 2006 cité dans Bargheer, *op. cit.*, p. 417.

34. Paula Findlen, *Possessing Nature. Museums, Collecting, and Scientific Culture in Early Modern Italy*, Berkeley, University of California Press, 1994, p. 4 et 9.

35. Carla Yanni, *Nature's Museums. Victorian Science and the Architecture of Display*, Londres, Athlone, 1999.

36. Rodney Harrison, « World Heritage Listing and the Globalization of Endangerment Sensibility », in Fernando Vidal et Nelia Dias (dir.), *Endangerment, Biodiversity and Culture*, Londres, Routledge, 2016, p. 214.

37. Paul Rabinow, Préface à Clementine Deliss (dir.), *Object Atlas. Fieldwork in the Museum*, Kerber, Bielefeld, 2012.

38. Nina Gorgus, *Le magicien des vitrines. Le muséologue Georges Henri Rivière*, Paris, Éditions de la MSH, 2003 ; Christine Laurière, *Paul Rivet. Le savant et le politique*, Paris, Publications scientifiques du Muséum national d'histoire naturelle, 2008.

39. Résolution de l'ICOM, 8 novembre 1947 : http://archives.icom.museum/resolutions/fres47.html.

40. André Malraux, *Le Musée imaginaire*, Paris, Gallimard, 1947.

41. Sally Price, *Au musée des illusions. Le rendez-vous manqué du quai Branly*, Paris, Denoël, 2012.

42. Isac Chiva, « Qu'est-ce qu'un musée des arts et traditions populaires ? Entretien avec Claude Lévi-Strauss », *Le Débat*, 3, n° 70, 1992, p. 159.

43. Tiziana N. Beltrame, « Un travail de Pénélope au musée. Décomposer et recomposer une base de données », *Revue d'anthropologie des connaissances*, 6, n° 1, 2012, p. 217-237 ; Mélanie Roustan, « Des clefs des réserves aux mots-clefs des bases de données. Mutations du rapport aux objets pour les conservateurs du MAAO au musée du quai Branly », in Christian Hottin et Claudie Voisenat (dir.), *Le tournant patrimonial.*

Mutations contemporaines des métiers du patrimoine, Paris, Éditions de la MSH, 2016, p. 117-139.

44. Claude Lévi-Strauss a conçu ainsi le Laboratoire d'anthropologie sociale du Collège de France comme un espace où les ordinateurs pourraient aider les humains à conserver d'énormes stocks de données, car il était convaincu qu'après la disparition des « sociétés sauvages », les fichiers les concernant étaient eux-mêmes vulnérables. Il emprunta à Bert Kaplan le projet de base de données par microcartes, dont l'ambition était de « révolutionner le stockage d'ensembles de données de sciences sociales qui étaient effectivement, comme le California Condor ou le Roseate Spoonbill, menacés de disparition par des forces de négligence ou des dommages actifs (comme les inondations, les incendies et les mauvaises conditions de stockage.) », Rebecca Lemov, « Anthropological Data in Danger » in Fernando Vidal et Nelia Dias (dir.), *Endangerment, Biodiversity and Culture*, Londres, Routledge, 2015, p. 97.

45. Arjun Appadurai (dir.), *The Social Life of Things. Commodities in Cultural Perspective*, Cambridge, Cambridge University Press, 1986 ; George Marcus et Fred Myers, *The Traffic in Culture. Refiguring Art and Anthropology*, Berkeley, University of California Press, 1995 ; Frédéric Keck (dir.), *Valeurs et matérialités*, Paris, Presses de l'ENS-musée du quai Branly-Jacques Chirac, 2019.

46. James Clifford, *Routes. Travel and Translation in the late Twentieth Century*, Cambridge, Harvard University Press, 1997, p. 188-219.

SECONDE PARTIE
Techniques de préparation

CHAPITRE IV
Sentinelles et signaux d'alerte précoce

1. Peter Rabinowitz *et al.*, « Animals as Sentinels of Bioterrorism Agents », *Emerging Infectious Diseases*, 12, n° 4, 2006, p. 647-652 ; Christelle Gramaglia et Delaine Sampaio da Silva, « De la difficulté de faire parler les rivières. L'enrôlement d'organismes sentinelles (*Corbicula fluminae*) pour évaluer la qualité des eaux du Lot », in Sophie Houdart et Olivier Thiéry (dir.), *Humains non humains, Comment repeupler les sciences sociales*, Paris, La Découverte, 2010, p. 221-233.

2. Voir Brian McCluskey *et al.*, « Use of Sentinel Chickens to Evaluate the Effectiveness of Cleaning and Disinfection Procedures in Non Commercial Poultry Operations Infected with Exotic Newcastle Disease Virus », *Journal of Veterinary Diagnostic Investigations*, n° 18, 2006, p. 296-299. Après une épidémie de la maladie de Newcastle en Californie du Sud qui causa la mort de 12 millions d'oiseaux, le Département de l'agriculture américain lança un programme de surveillance avec 37 000 poulets sentinelles, répartis dans 8 000 élevages, pendant huit mois.

3. Ce dispositif était aussi utilisé dans les années 1960 et 1970 : voir Peter Doherty, *Sentinel Chickens. What Birds Tell Us about Our Health*

and the World, Melbourne, Melbourne University Press, 2012, p. 31-40. Doherty rappelle (p. 103-112) que le parasite du paludisme, qui est également porté par les moustiques, a été étudié chez les oiseaux par Walter Ross. Les oiseaux de Hawaï ont récemment été décimés par le paludisme.

4. Le virus du Nil occidental est un arbovirus, c'est-à-dire un virus transmis par des arthropodes, qui passe aux hommes, oiseaux et chevaux par les moustiques (il n'y a pas de transmission directe des oiseaux aux hommes). Originaire d'Afrique de l'Est, il s'est diffusé aux États-Unis dans les années 2000, en commençant par New York en 1999 avec une souche préalablement identifiée en Israël. Il a causé la mort de 1 750 personnes, la plupart par encéphalite, avec un taux de mortalité de 5 %. Bien que les oiseaux soient considérés comme le réservoir naturel du virus, les oiseaux sauvages aux États-Unis, particulièrement les corvidés et les geais, ont été massivement touchés par le virus du Nil occidental du fait d'un manque d'immunité. La Société Audubon pour la protection des oiseaux aux États-Unis a réalisé une enquête auprès des corvidés dans les années 2004-2006, qui a fait apparaître que la population de pies à bec jaune avait décru de 20 %. Voir Peter Doherty, *Sentinel Chickens*, p. 40-49, ainsi que Millicent Eidson *et al.*, « Crow Death as a Sentinel Surveillance System for Westnile Virus in the Northern United States », *Emerging Infectious Diseases*, 7, n° 4, 1999, p. 615-620.

5. Kwok-Yung Yuen *et al.*, « Clinical Features and Rapid Viral Diagnosis of Human Disease Associated with Avian Influenza A H5N1 virus », *Lancet*, n° 9101, 1998, p. 467-471.

6. « Théoriquement, la stratégie optimale serait d'interdire toutes les espèces d'animaux vivants dans les marchés et de renforcer l'abattage centralisé. Cependant, changer la culture d'un groupe ethnique qui s'est établie depuis des milliers d'années n'est pas une tâche facile. Par conséquent, des mesures transitionnelles moins drastiques doivent être cherchées » (Patrick Woo, Suzanne Lau et Kwok-Yung Yuen, « Infectious Diseases Emerging from Chinese Wetmarkets. Zoonotic Origins of Severe Respiratory Viral Infections », *Current Opinion in Infectious Diseases*, n° 19, 2006, p. 405).

7. Investigation Group on Epidemiological Study, *Epidemiology Report of the Highly Pathogenic Avian Influenza H5N1 Outbreak in December 2008 in a Chicken Farm in Ha Tsuen, New Territories*, 2009, https://www.afcd.gov.hk/files/english/EPI_Report_Eng_v3.pdf.

8. Carol Chung, « Town of Sadness Pleads for Help », *The Standard*, 31 octobre 2007.

9. Martha Hanson, *Speaking of Epidemics in Chinese Medicine. Disease and the Geographic Imagination in Late Imperial China*, Londres, Routledge, 2011. L'infestation des grains était une préoccupation majeure pendant la grande famine de 1959. Voir Frank Dikötter, *Mao's Great Famine. The History of China's Most Devastating Catastrophe.* Londres, Bloomsbury, 2010, p. 137.

10. Steven Striffler, *Chicken. The Dangerous Transformation of America's Favorite Food*, New Haven, Yale University Press, 2005, p. 123.

Striffler, qui fit une enquête de terrain dans un abattoir de poulets au Nouveau-Mexique, note que les travailleurs immigrés dirent à leur chef lorsqu'il leur apporta des Chicken McNuggets : « On ne va quand même pas manger cette merde ! »

11. Claude Lévi-Strauss, *Les structures élémentaires de la parenté*. Paris, Mouton, 1967.

12. Jocelyne Porcher, *Éleveurs et animaux, réinventer le lien*, Paris, Presses universitaires de France / Le Monde, 2002.

13. Kennedy Shortridge, Malik Peiris et Yi Guan, « The Next Influenza Pandemic. Lessons from Hong Kong », *Journal of Applied Microbiology*, n° 94, 2003, p. 79.

14. Investigation Group on Epidemiological Study, 2009, p. 12.

15. Gina Kolata, *Flu. The Story of the Great Influenza Pandemic and the Search for the Virus That Caused It*, p. 240.

16. Doherty, *Sentinel Chickens*, *op. cit.*, p. 74.

17. Malcolm Gladwell, « The Plague Year », *The New Republic*, 17 juillet 1995, http://www.newrepublic.com/article/books-and-arts/the-plague-year.

18. Voir Angela Zito, *Of Body and Brush. Grand Sacrifice and Text Performance in 18th Century China*, Chicago, University of Chicago Press, 1997, p. 154 : « À travers le sacrifice impérial, l'empereur montrait que les choses qui semblaient séparées faisaient en fait partie du même domaine, c'est-à-dire le sien. »

19. Voir Angela K. C. Leung, « The Evolution of the Idea of *Chuanran* (Contagion) in Imperial China », in Angela K. C. Leung et Christine Furth (dir.), *Health and Hygiene in Chinese East Asia. Policies and Publics in the Long Twentieth Century*, Durham, Duke University Press, 2010, p. 25-50 ; Elisabeth Manson, *Infectious Change. Reinventing Chinese Public Health After and Epidemic*, Stanford, Stanford University Press, 2016.

20. Pendant la guerre froide, la menace de l'entrée de l'Armée populaire de libération dans Hong Kong était perçue par les officiers britanniques comme donnant à la vie dans les colonies sa saveur particulière. L'écrivain Ian Fleming écrivait en 1963 : « Hong Kong est une colonie gaie et splendide qui bourdonne de vitalité et de progrès. Savoir que 650 millions de Chinois communistes sont situés à quelques kilomètres au-delà de la frontière semble seulement ajouter du zeste à l'excitation sur tous les niveaux de la vie dans la colonie, et depuis le gouverneur jusqu'aux plus bas niveaux de l'échelle sociale, s'il y a une tension, il n'y a jamais de consternation. Il est évident que la Chine pourrait prendre Hong Kong par une pichenette de ses gigantesques doigts, mais la Chine n'a montré aucun signe qu'elle est disposée à le faire. […] Quel que soit le sort que le futur nous réserve, il n'y a aucun signe qu'un compte à rebours sinistre vers l'apocalypse est en cours », cité dans John Miller et Kirsten Miller, *Hong Kong: Chronicles Abroad*, San Francisco, Chronicle Books, 1994, p. 101-103.

21. En 1958, la ville de Shanghaï vit ainsi la mort par lapidation de 1,3 million d'oiseaux sauvages, soit autant que de volailles abattues à Hong Kong en 1997. Voir Judith Shapiro, *Mao's War against Nature. Politics and the Environment in Revolutionary China*, Cambridge, Cambridge University Press, 2001, p. 88.

22. Frédéric Keck, « Live Poultry Markets and Avian Flu in Hong Kong » in Leo Coleman (dir.), *Food. Ethnographic Encounters*, Londres, Berg Publishers, 2011, p. 49-58.

23. Kennedy Shortridge et Charles Stuart-Harris, « An Influenza Epicentre ? », *Lancet*, 320, n° 8302, 1982, p. 812-813.

24. Dans un ouvrage écrit par Michael Greger, un pathologiste animal américain, Shortridge dit : « À un moment, les oiseaux picoraient joyeusement leurs grains, l'instant suivant ils tombaient lentement sur le côté en suffoquant, et du sang suintait doucement de leur ventre. Je n'avais jamais vu une chose pareille. J'ai pensé, "Mon Dieu. Qu'est-ce qui se passera si ce virus sort de ce marché pour se répandre ailleurs ?" », Michael Greger, *Bird Flu. A Virus of Our Own Hatching*, New York, Lantern Books, 2006, p. 35. Dans la préface de son ouvrage, il écrit : « Les histoires captivantes de ma mère sur les conséquences dévastatrices de la pandémie (de 1918) sont restées en moi depuis mes premières années. Ce qui a commencé par une étincelle de curiosité m'a conduit à chercher le pourquoi et le comment des pandémies de grippe chez les oiseaux et les mammifères » (*ibid.*, p. XI).

25. Quand je lui demandai « Pourquoi êtes-vous venu à Hong Kong ? », Shortridge me répondit : « Cela remonte à mon enfance et à une série d'événements qui m'ont amené à Hong Kong pour devancer une pandémie de grippe. "Devancer" signifiait détecter le virus chez les humains au début d'une pandémie, fabriquer un vaccin et le distribuer à travers le globe, comme ce fut le cas lors de la grippe de Hong Kong en 1968 » (entretien, 2 février 2009).

26. *Ibid.*

27. David G. Powell *et al.*, « Outbreak of Equine Influenza among Horses in Hong Kong during 1992 », *Veterinary Record*, 1995, p. 531-536. L'épidémie de grippe équine de 1992 offrit à Shortridge une occasion d'aider les autorités chinoises qui devaient affronter le même virus en Mongolie intérieure en 1995.

28. Kennedy Shortridge, « Avian Influenza Viruses in Hong Kong. Zoonotic Considerations », *Wageningen UR Frontis Series*, vol. 8, 2005, p. 10.

29. Melinda Cooper définit ainsi la préemption : « une contre-prolifération agressive visant à mobiliser l'innovation afin de préempter ses retombées potentielles », « Preempting Emergence. The Biological Turn in the War on Terror », *Theory, Culture & Society*, 23, n° 4, 2006, p. 121. Ben Anderson distingue ainsi la préemption de la précaution : « la précaution est parasitique. Elle agit sur des processus qui ont une existence actuelle ou possible avant l'intervention, et elle le fait sur la base

d'une menace déterminée et appréhendée empiriquement. La préemption est différente ; elle agit sur des menaces qui n'ont pas encore émergé comme des menaces déterminées, et elle le fait seulement pour arrêter ou stopper une position extérieure. Sa forme d'intervention est incitative et elle est justifiée sur la base d'une potentialité indéterminée », in « Preemption, Precaution, Preparedness : Anticipatory action and future geographies », *Progress in Human Geography*, 34, n° 6, 2010, p. 14. On comprend ainsi que la précaution soit davantage mobilisée par les autorités de santé publique et la préemption par les microbiologistes, mais ces deux discours mélangent et parfois confondent les pratiques de prévention, reposant sur le calcul des risques, et les pratiques de préparation, fondées sur l'imagination des catastrophes.

30. Les Sims *et al.*, « Avian Influenza outbreaks in Hong Kong 1997-2002 », *Avian Disease*, 47, n° 3, 2003, p. 832-838.

31. Gabriel Leung et John Bacon-Shone, *Hong Kong's Health System. Reflections, Perspectives and Visions*, Hong Kong, Hong Kong University Press, 2006.

32. Karl Taro Greenfeld, *China Syndrome. The True Story of the 21st Century First Epidemic*, New York, Harper Collins, 2006, p. 211 : « Peiris était le chef de la recherche humaine dans le groupe de préparation aux pandémies, alors que Guan Yi s'occupait du côté animal. [...] Après que Malik Peiris annonça qu'il avait trouvé un coronavirus, Guan Yi devint obsédé par l'idée de trouver l'espèce réservoir pour ce virus. » Karl Taro Greenfeld, était rédacteur en chef du *Time Asia* à Hong Kong entre 2002 et 2004, et réalisa des entretiens avec des acteurs de la crise du SRAS en dramatisant l'opposition entre le *self-control* de Peiris et l'impétuosité de Guan. Pour une perspective plus académique sur les protagonistes du SRAS, voir Arthur Kleinmann et James Watson (dir.), *SARS in China. Prelude to Pandemics*, Stanford, Stanford University Press, 2006, et Thomas Abraham, *Twenty-First Century Plague. The Story of SARS, with a new Preface on Avian Flu*, Hong Kong, Hong Kong University Press, 2007.

33. Malik Peiris *et al.*, « Coronavirus as a Possible Cause of Severe Acute Respiratory Syndrome », *Lancet*, 361, n° 9366, 2003, p. 1319-25.

34. Malik Peiris, « Japanese Encephalitis in Sri Lanka, the Study of an Epidemic. Vector Incrimination, Porcine Infection and Human Disease », *Transactions of the Royal Society of Tropical Medicine and Hygiene*, 86, n° 3, 1992, p. 307-313.

35. Greenfeld, *China Syndrome*, p. 212 : « Au cours de sa recherche sur les formes animales de la grippe, il aimait parfois s'imaginer comme un virus. C'était un trope qu'il utilisait dans ses conférences, notamment avec ses collègues de Chine continentale. Il expliquait souvent la transmission interespèces en se décrivant lui-même comme un virus. [...] “Oh, j'aime bien ma nouvelle maison. Je peux envahir cette cellule. Je peux me reproduire. Je suis un virus mutant heureux”. »

36. Yi Guan *et al.*, « Isolation and Characterization of Viruses related to the SARS Coronavirus From Animals in Southern China », *Science*, 302, n° 5643, 2003, p. 276-278.

37. Karl Taro Greenfeld, *China Syndrome*, p. 274-308. Le 8 avril 2003, Jian Yanyong, médecin à l'hôpital général n° 301 de l'Armée populaire de libération de Pékin, envoya une lettre au Parti communiste, affirmant que le nombre de patients souffrant du SRAS dans la capitale était supérieur à celui qui avait été communiqué par le gouvernement chinois à l'OMS. Considéré comme un « lanceur d'alerte », Jian Yanyong expliqua plus tard à Greenfeld que les patients infectés par le SRAS lui rappelaient les étudiants blessés sur la place Tian'anmen qu'il avait soignés dans le même hôpital en 1989. Il fut ensuite assigné à résidence jusqu'en juillet 2004, et fut à nouveau placé en résidence surveillée en mars 2019 pour avoir qualifié de crime le massacre de Tian'anmen.

38. Ping-Chung Leung, « Efficacy of Chinese Medicine for SARS », in Paul Tambyah et Ping-Chung Leung (dir.), *Bird Flu. A Rising Pandemic in Asia and Beyond*, Singapour, World Scientific Publishing Co, 2006, p. 147-166.

39. Janet Roitman, « The Garrison-Entrepôt. A Mode of Governing in the Chad Basin », in Aiwah Ong et Steven Collier (dir.), *Global Assemblages. Technology, Politics, and Ethics as Anthropological Problems*, Malden, Wiley-Blackwell, 2004, p. 417-435 ; Prasenjit Duara, « Hong Kong and the New Imperialism in East Asia 1941-1966 », in David Goodman et Bryna Goodman (dir.), *Colonialism and Chinese Localities*, Londres, Routledge, 2009, p. 183-202.

40. En 1957, Zhou Enlai déclara : « Hong Kong doit devenir un port utile pour notre économie. […] Dans le cadre de la construction socialiste, Hong Kong peut être une base d'opérations pour que nous établissions des relations économiques avec l'étranger, et à travers Hong Kong nous pourrions attirer des investissements étrangers », cité dans Christine Loh, *Underground Front. The Chinese Communist Party in Hong Kong*, Hong Kong, Hong Kong University Press, 2010, p. 84. Cette stratégie fut mise en place par Deng Xiaoping quarante ans plus tard.

41. John Carroll, *A Concise History of Hong Kong*, Hong Kong, Hong Kong University Press, 2007, p. 160.

42. Florence Bretelle-Establet, *La santé en Chine du Sud (1898-1928)*, Paris, CNRS éditions, 2002.

43. Frédéric Keck, « L'affaire du lait contaminé », *Perspectives chinoises*, n° 301 1, 2009, p. 96-101.

44. De grandes manifestations furent organisées par le Parti communiste à Hong Kong en 1967, qui cessèrent juste avant l'émergence du virus H3N2 de la grippe en juillet 1968 : voir John Carroll, *A Concise History of Hong Kong*, p. 158-159, et Christine Loh, *Underground Front*, p. 99-123. On pourrait dire que, en 1967, le gouvernement de Hong Kong se préparait à recevoir la Révolution culturelle venue de Chine, mais c'est la grippe aviaire qui lui arriva. Christine Loh écrit ainsi : « En termes de préparation, les autorités coloniales bénéficièrent des

réformes de la police introduites après les émeutes d'octobre 1956 », *Underground Front*, p. 104. À l'inverse, en 1997, les citoyens de Hong Kong percevaient la grippe aviaire comme le signe de la menace que l'Armée populaire de libération allait arriver.

45. « Le rôle de Hong Kong comme sentinelle de la grippe est un bénéfice peu remarqué du principe "un pays, deux systèmes" adopté par la Chine en vue de la réunification entre la colonie et le continent », Karl Taro Greenfeld, *China Syndrome*, p. 48. « L'acronyme (pour le SRAS) était très similaire à RAS, qui signifie "Région Administrative Spéciale", et qui est l'appellation chinoise bureaucratique pour désigner Hong Kong. Alors qu'elle cherchait à éviter toute stigmatisation géographique, l'OMS avait sans s'en rendre compte fait exactement cela », *ibid.*, p. 219.

46. Voir ci-dessus p. 82.

47. Kristoffer Whitney, « Domesticating Nature ? Surveillance and Conservation of Migratory Shorebirds in the Atlantic Flyway », *Studies in History and Philosophy of Biological and Biomedical Sciences*, 45, n° 1, 2014, p. 78-87 ; Robert M. Wilson, *Seeking Refuge. Birds and Landscapes of the Pacific Flyway*, Seattle, University of Washington Press, 2010, p. 74-75.

48. « Letter from Field Marshal Sir John Chapple », *HKBWS Bulletin*, 2008, n° 207, p. 7.

49. Le Fonds mondial pour la vie sauvage (World Wildlife Fund, WWF) fut créé en 1961 dans les quartiers généraux de l'Union internationale pour la conservation de la nature en Suisse, et le Prince Philip fut désigné président de la branche britannique. Il agit à l'échelle mondiale pour la protection et la conservation de la vie sauvage (faune et flore). La branche de Hong Kong fut créée en 1981. Voir Michael Hathaway, *Environmental Winds. Making the Global in Southwest China*, Berkeley, University of California Press, 2013.

50. Sur les analogies entre *monitoring* et *surveillance* dans le *birdwatching* britannique, voir Vanessa Manceron, *Limn*, n° 3, 2013, http://limn.it/recording-and-monitoring-between-two-forms-of-surveillance.

51. Le rapport final fut publié dans Elliott McClure, *Migration and Survival of the Birds of Asia*, Bangkok, White Lotus Press, 1974. Mais les données d'observation furent perdues. Yoshii Masashi et Kuroda Nagahisa, « In Memoriam. Elliott McClure 1910-1998 », *The Auk*, 116, n° 4, 1999, p. 1125-26 ; Libby Robin, *The Flight of the Emu. A Hundred Years of Australian Ornithology 1901-2001*, Melbourne, Melbourne University Press, 2001, p. 246-247.

52. De telles « frictions » entre des projets militaires globalisés et des préoccupations environnementales locales ont été également observées par Anna Tsing chez les naturalistes en Indonésie : « Certains amoureux de la nature m'ont dit avoir participé à des entraînements ou à des compétitions financés par l'armée et se souvenaient avec fierté de la discipline qu'ils y avaient acquise », *Friction. Délires et faux-semblants de la globalité*, Paris, La Découverte, 2020, p. 222. Tsing en conclut que « Sous l'Ordre nouveau, les environnementalistes indonésiens ont

reproduit les hiérarchies étatiques dans le processus même de construction d'une alternative populiste » (*ibid.*, p. 398).

53. Chiu Ying Lam, entretien réalisé à Hong Kong, 8 décembre 2008.

54. Chiu Ying Lam, « Thirty Years with the HKBWS », *HKBWS Bulletin*, n° 207, 2008, p. 11.

55. Mike Kilburn, « Railway Development Threatens Long Valley », *World Bird Watch*, 22, n° 3, 2000, p. 8. Voir aussi Allinson Robert, « An Object Lesson in Balancing Business and Nature in Hong Kong. Saving the birds of Long Valley », in Lene Bomann-Larsen et Oddny Wiggen (dir.), *Responsibility in World Business. Managing Harmful Side-effects of Corporate Activity*, New York, United Nations, 2004, p. 121-137.

56. Simon Parry, « Closure order on Mai Po nature reserve is lifted », *South China Morning Post*, 18 mars 2004.

57. Lettre de Ian Mckercher envoyée au Conseil législatif de Hong Kong, suivie de remarques de Geoff Carey, http://www.legco.gov.hk/yr05-06/english/panels/fseh/papers/fe0314cb2-1414-10-e.pdf.

58. Mike Kilburn, entretien réalisé à Hong Kong, 5 septembre 2007.

59. AFCD, *Development of an Ecological Monitoring Programme for the Mai Po and Inner Deep Bay Ramsar Site*, *Agreement*, n° CE 17/98, 2000, https://www.afcd.gov.hk/english/publications/publications_con/files/IssueNo14.pdf.

60. Mike Kilburn, entretien réalisé à Hong Kong, 25 septembre 2007.

61. Geoff Welsh, entretien réalisé à Aberdeen, 15 juillet 2012.

62. Lucia Liu dit au sujet du programme MAPS : « Le nom du programme était centré sur la pathologie. Mais le Dr McClure était aussi intéressé par les migrations des oiseaux. Donc l'étude pathologique servait de parapluie pour les membres de l'équipe qui travaillaient sur les oiseaux. Mais les personnes qui étaient impliquées à Taïwan dans les premiers jours du programme n'étaient pas des ornithologues (*birdwatchers*). Pour certains d'entre eux, c'était un emploi (*job*), dont les conditions étaient parfois difficiles. Certains n'aiment pas le travail de terrain (*fieldwork*). C'était un travail très différent de celui des membres de sociétés d'ornithologie (*birdwatching societies*) qui sortent maintenant pour le plaisir » (entretien réalisé à Taipei, 30 avril 2013). Peter Chen se rappelle : « Nous mettions en place des filets pour poser des bagues, avec deux indications sur chaque bague : un nombre pour l'identification et une adresse d'envoi à Hong Kong. Nous mesurions le poids et la taille du corps ainsi que la longueur des ailes. Nous prélevions des parasites pour l'étude pathologique, à l'intérieur et à l'extérieur du corps. Nous mettions de la poudre sur le plumage et posions l'oiseau sur une feuille de papier pour que les parasites tombent sur la feuille. Nous coupions l'ongle central de la patte et prélevions la graisse. Puis nous envoyions les échantillons aux bureaux de Bangkok et Tokyo » (entretien réalisé à Taichung, 27 avril 2013).

63. Sheldon Severinghaus, Stephen K. W. Kang et Peter Alexander, *A Guide to the Birds of Taïwan*, Taipei, China Post, 1970 ; Lucia Liu et

Sheldon Severinghaus (dir.), *The Avifauna of Taïwan*, Taipei, Taïwan's Council of Agriculture's Forestry Bureau, 2010.

64. Voir Robert Weller, *Discovering Nature. Globalization and Environmental Culture in China and Taïwan*, Cambridge, Cambridge University Press, 2006. Hunter Eu fut le premier, dans toutes les agences gouvernementales de Taïwan, à recevoir un budget dédié à la conservation, et il aida à promouvoir la première loi sur les parcs nationaux en 1973. Aujourd'hui encore, le Bureau du tourisme est le principal soutien des activités liées au *birdwatching* à Taïwan. Weller fait le commentaire suivant : « Nous pouvons voir ici l'influence globalisante de l'idéal américain de la *wilderness* transporté à Taïwan à travers le service des parcs », *Discovering Nature*, p. 56. Mais la gestion des parcs nationaux n'est pas la seule manifestation de la conscience écologique des *birdwatchers* : leur préoccupation pour les oiseaux migratoires, à travers le projet MAPS, l'a d'ailleurs précédée, ce que Weller ne mentionne pas. Weller a raison de dire que « le *birdwatching* était un des premiers signes d'un changement dans les conceptions populaires de la nature à la fois en Chine et à Taïwan » (p. 70), mais il ne parvient pas à voir en quoi l'observation de la nature était connectée à un projet militaire de contrôler le vivant – ce qui explique peut-être le peu d'intérêt qu'il a porté aux *birdwatchers* à Hong Kong.

65. Lucia Liu, entretien à Taipei, 30 avril 2013.

66. Michael Hsiao, « Environmental Movements in Taïwan », in Y.-S. Lee et A. Y. So (dir.), *Asia's environmental movements. Comparative perspectives*, Armonk, New York, M. E. Sharpe, 1999, p. 36.

67. Tang Shui-Yan et Tang Ching-Ping, « Democratization and the Environment: Entrepreneurial Politics and Interest Representation in Taïwan », *The China Quarterly*, n° 158, 1999, p. 350-366.

68. Michael Huang, « Saving Pillow Mountain, Taïwan », *World Bird Watch*, 22, n° 3, 2000, p. 10-11 ; Tang Shui-Yan et Tang Ching-Ping, « Local Governance and Environmental Conservation. Gravel Politics and the Preservation of an Endangered Bird Species in Taïwan », *Environment and Planning A*, n° 36, 2004, p. 173-189.

69. Diogo Veríssimo *et al.*, « Birds as Tourism Flagship Species. A Case Study of Tropical Islands », *Animal Conservation*, n° 12, 2009, p. 549-558 ; Joy Zhang et Michael Barr, *Green Politics in China. Environmental Governance and State-Society Relations*, Londres, Pluto Press, 2013 ; Chris Coggins, *The Tiger and the Pangolin. Nature, Culture, and Conservation in China*, Honolulu, University of Hawai'i Press, 2002.

70. Michael Szonyi, *Cold War Island. Quemoy on the Front Line*, Cambridge, Cambridge University Press, 2008.

71. Emily Martin, *Flexible Bodies. Tracking Immunity in American Culture from the Days of Polio to the Age of AIDS*, Boston, Beacon Press, 1994.

72. La distinction entre soi et non-soi a été proposée par Frank Macfarlane Burnet comme le fondement de l'immunologie puis contestée

par une approche plus complexe des voies de signalisation dans les cellules immunitaires. Voir Anne-Marie Moulin, *Le dernier langage de la médecine. Histoire de l'Immunologie, de Pasteur au SIDA*, Paris, Presses universitaires de France, 1991 ; Thomas Pradeu, *The Limits of the Self. Immunology and Biological Identity*, New York, Oxford University Press, 2012.

73. Sur le processus métabolique de la congélation, de la nutrition et de la destruction des cellules dans un laboratoire, voir Hannah Landecker, *Culturing Life. How Cells Became Technologies*, Cambridge, Harvard University Press, 2007 ; « Food as Exposure. Nutritional Epigenetics and the New Metabolism », *Biosocieties*, 6, n° 2, 2011, p. 167-194.

74. Frédéric Keck, « Nourrir les virus. La biosécurité dans les fermes et les laboratoires », *Réseaux*, n° 171, p. 21-44.

75. Carlo Caduff, *The Pandemic Perhaps*, p. 334.

76. Evelyn Fox-Keller, *A Feeling for the Organism. The Life and Work of Barbara McClintock*, New York, W. H. Freeman, 1983.

77. Angela Creager, *The Life of a Virus. Tobacco Mosaic Virus as an Experimental Model, 1930-1965*, Chicago, University of Chicago Press, 2002.

78. L'expression « cellule dendritique » fut forgée par Ralph Steinman en 1973, mais des cellules en forme de synapse avaient été observées dans la peau pour la première fois en 1868 par Paul Langerhans, qui pensait qu'elles appartenaient au système nerveux. Steinman fut le premier à émettre l'hypothèse selon laquelle ces cellules jouent un rôle central dans le système immunitaire, jusque là attribué aux cellules macrophages ou « mangeuses de pathogènes ». Il initia ainsi une révolution en immunologie en décrivant la relation prédateur-proie entre agents biologiques, décrite un siècle plus tôt par Élie Metchnikoff, comme une communication d'informations. Voir Ralph Steinman et Zanvil Cohn, « Identification of a Novel Cell Type in Peripheral Lymphoid Organs of Mice », *Journal of Experimental Medicine*, n° 137, 1973, p. 1142-1162 ; Jacques Banchereau et Ralph Steinman, « Dendritic Cells and the Control of Immunity », *Nature*, n° 392, 1998, p. 242-252 ; Warwick Anderson et Ian Mackay, *Intolerant Bodies. A Short History of Autoimmunity*, Baltimore, Johns Hopkins University Press, 2014, p. 125 : « Après 1973, des cellules dendritiques distribuées dans tout le corps en vinrent à assumer une responsabilité majeure pour la présentation des antigènes, et par conséquent, pour l'activation des lymphocytes. Ces cellules jusque là obscures apparurent comme des sentinelles immunologiques, alertant sur les pathogènes et autres envahisseurs, prêts à digérer et exposer des antigènes. »

79. Philippe Kourilsky, *Le jeu du hasard et de la complexité. La nouvelle science de l'immunologie*, Paris, Odile Jacob, 2014, p. 68 et p. 106-109.

80. *Ibid.*, p. 146-147.

81. *Ibid.*, p. 204.

82. David Napier, « Nonself Help. How Immunology might reframe the Enlightenment », *Cultural Anthropology*, 27, n° 1, 2012, p. 122-137 (p. 133).

83. Philippe Kourilsky, *Le jeu du hasard et de la complexité*, p. 175.

84. *Ibid.*, p. 280.

85. Warwick Anderson et Ian Mackay, *Intolerant Bodies. A Short History of Autoimmunity*, *op. cit.*

86. Malik Peiris *et al.*, « The Role of Influenza Virus Gene Constellation and Viral Morphology on Cytokine Induction, Pathogenesis and Viral Virulence », *Hong Kong Medical Journal*, 15, n° 3, 2009, p. 21-23 ; Connie Cheung *et al.*, « Induction of Proinflammatory Cytokines in Human Macrophages by Influenza A (H5N1) Viruses. A Mechanism for the Unusual Severity of Human Disease ? », *Lancet*, 360, n° 9348, 2002, p. 1831-1837.

87. Rachelle Salomon, Erich Hoffmann et Robert Webster, « Inhibition of the Cytokine Response does not Protect Against Lethal H5N1 Influenza Infection », *PNAS*, 104, n° 30, 2007, p. 12479-12481. L'équipe de Webster inhiba le gène de la cytokine chez des souris et montra qu'elles mouraient toujours du H5N1. Peiris répondit qu'elles mouraient alors d'encéphalite et non de maladies respiratoires, qui sont la cause de mortalité du H5N1 chez l'homme, ce qui prouve selon lui le rôle des cytokines dans la grippe hautement pathogène chez l'homme.

88. Malik Peiris et James S. Porterfield, « Antibody-Mediated Enhancement of Flavivirus Replication in Macrophage-Like Cell Lines », *Nature*, vol. 282, n° 5738, 1979, p. 509-511 ; Ayato Takada et Yoshi Kawaoka, « Antibody-Dependent Enhancement of Viral Infection. Molecular Mechanisms and *in vivo* Implications », *Reviews in Medical Virology*, 13, 2003, p. 387-398.

89. Malik Peiris, « Innate Immune Responses to Influenza A H5N1. Friend or Foe ? », *Trends in Immunology*, 12, 2009, p. 574-84.

90. Alberto Mantovani *et al.*, « Decoy Receptors. A Strategy to Regulate Inflammatory Cytokines and Chemokines », *Trends in Immunology*, 22, n° 6, 2001, p. 328-336 ; Alberto Mantovani *et al.*, « Tuning Inflammation and Immunity by Chemokine Sequestration. Decoys and more », *Nature Reviews Immunology*, vol. 6, n° 12, 2006, p. 907-918.

91. Philippe Kourilsky, *Le jeu du hasard et de la complexité*, p. 21. Voir aussi p. 209 pour la distinction entre stratégies d'évitement (comme imiter les cytokines pour perturber les réactions défensives) et stratégies de dissimulation (comme s'attacher silencieusement à une cellule avant de l'infecter).

92. Theo Colborn, Dianne Dumanoski et John Peterson Myers, *Our Stolen Future. Are We Threatening Our Fertility, Intelligence, and Survival ? A Scientific Detective Story*, New York, Dutton, 1996, p. 19 : « Cette préoccupation pour le cancer l'avait aveuglée sur la diversité des données qu'elle avait collectées. Aller au-delà du cancer devait être l'étape la plus importante dans son voyage, car lorsqu'elle regarda

le matériel avec de nouveaux yeux, elle commença graduellement à reconnaître des indices importants et à suivre leurs traces. »

93. Colborn fait référence à l'étude menée par le chercheur danois Niels Skakkebaek sur le déclin des spermatozoïdes chez les hommes appelé « syndrome de dysgénésie testiculaire ». Cette étude passe en revue plus de 1 500 hommes dans 20 pays, et montre que le nombre moyen de spermatozoïdes produits par des hommes en bonne santé venant consulter pour stérilité a chuté de 45 % entre 1940 et 1990. D'autres études ont confirmé ce résultat, montrant notamment que la vitesse des spermatozoïdes est en déclin chez les hommes les plus jeunes, et reliant ce phénomène à une augmentation des cancers des testicules dans cette population. Ces phénomènes s'expliquent par une exposition croissante aux œstrogènes dans le ventre maternel ; d'autres facteurs, comme la cigarette, l'alcool, les habitudes sexuelles n'ont pas le même effet sur la croissance et affectent de manière égale tous les hommes.

94. Voir Sara Wylie, *Fractivism. Corporate Bodies and Chemical Bonds*, Durham, Duke University Press, 2018.

95. Amotz Zahavi et Avishag Zahavi, *The Handicap Principle. A Missing Piece of Darwin's puzzle*, Oxford, Oxford University Press, 1997, p. 4.

96. *Ibid.*, p. 203.

97. *Ibid.*, p. 5.

98. *Ibid.*, p. 40.

99. *Ibid.*, p. 194.

100. Vinciane Despret suivit Amotz Zahavi sur le terrain, à une période où *Le principe du handicap* n'avait pas été publié et où sa théorie n'était pas acceptée. Elle le défendit contre des critiques portant sur ses références à la guerre militaire et à la compétition sexuelle. Selon Despret, ce que Zahavi décrit est une réflexion sur la pratique scientifique comme « création de leurres ». Voir *Naissance d'une théorie éthologique la danse du cratérope écaillé*, Le Plessis-Robinson, Synthélabo, 1996, p. 161.

101. Jean-Marie Schaeffer s'est appuyé sur la théorie des signaux coûteux des époux Zahavi pour analyser la structure de l'expérience esthétique. Cette théorie ouvre selon lui la voie à une explication non réductionniste de l'expérience esthétique dans la théorie de l'évolution, en proposant une homologie structurelle, et non fonctionnelle, entre l'attraction sexuelle et l'expérience esthétique. Les danses des oiseaux ne sont pas déterminées selon Zahavi par des besoins sexuels, mais elles expriment le même mode de production et de réception des signaux qu'on peut observer dans les comportements sexuels. Schaeffer ajoute à cette théorie l'idée selon laquelle le signal coûteux doit être honnête, c'est-à-dire qu'il doit fournir une information vraie à propos de la valeur adaptative de l'émetteur du signe. « L'hypothèse centrale de la théorie des signaux coûteux est que le coût ou le bénéfice (pour celui qui envoie le signal) de ce type de signal handicap dépend des qualités *réelles* de l'émetteur. Plus ces qualités sont élevées, moins le signal est coûteux

pour lui ; plus ces qualités sont basses, plus le signal lui coûte. Dans la mesure où le coût traduit directement les qualités qui sont effectivement possédées, un signal coûteux est un signal qui ne peut être simulé », Jean-Marie Schaeffer, *L'expérience esthétique*, Paris, Gallimard, 2015, p. 276. Schaeffer établit une distinction importante entre simulation et fiction, ou entre *lure* et *decoy*. Tandis que la simulation trompe ou distrait en utilisant les désirs de l'autre, la fiction joue sur les intentions de l'autre, et peut par conséquent être qualifiée de leurre (*decoy*). Dans la fiction, l'émetteur déclare clairement qu'un signal coûteux est envoyé, afin que le récepteur puisse adapter son comportement (Jean-Marie Schaeffer, *Pourquoi la fiction ?*, Paris, Seuil, 1999, p. 64). En définissant les signes comme « honnêtes » car « coûteux », Schaeffer argumente contre les explications sociologiques de l'expérience esthétique, qui la réduisent à une accumulation de prestige, laissant ainsi de côté la valeur réelle des individus qui produisent ou reçoivent des objets esthétiques.

102. Zahavi et Zahavi, *The Handicap Principle*, p. 229.

103. *Ibid.*, p. 160 et 227. Voir Thorstein Veblen, *The Theory of the Leisure Class*, New York, Vicking Penguin, 1967 [1899], p. 19. Veblen faisait référence aux analyses de Franz Boas sur le potlatch, accumulation de biens conduisant à des cérémonies d'échange de cadeaux et de destruction sur la côte nord-ouest de l'Amérique du Nord. Claude Lévi-Strauss reprit également cette analyse lorsqu'il fonda l'anthropologie structurale sur l'idée selon laquelle il y a une déficience fondamentale dans les signes qui oblige à les combiner à d'autres signes pour produire du sens. Lévi-Strauss appliquait cette théorie aux relations de parenté (avec la prohibition de l'inceste comme « règle négative » à l'origine de toutes les autres règles) et à la mythologie (avec le « mythème » comme élément non signifiant d'un récit qui peut se combiner à d'autres récits et les transformer dans une région culturelle pour produire du sens). Mais Lévi-Strauss opéra un changement théorique entre ses recherches sur la parenté et le mythe : tandis que dans les premières, il défendait l'idée selon laquelle seuls les humains peuvent combiner des signes et créer ainsi de la valeur, dans les secondes, il reconnaissait que les signaux par lesquels les animaux ou les cellules communiquent suivent les mêmes règles, la distinction entre signe et signal devenant alors secondaire. J'ai par conséquent considéré les sentinelles comme des mythèmes au sens de Lévi-Strauss : elles produisent des signaux qui initient une chaîne de valeur pour atténuer une catastrophe perçue, mais dont l'accumulation pourrait conduire à une destruction de la vie sociale. La signification des signes, selon Lévi-Strauss, oscille ainsi constamment entre deux excès : leur manque intrinsèque de signification et l'absurdité d'une combinaison générale de signes sans extériorité. Voir Frédéric Keck, *Claude Lévi-Strauss, une introduction*, Paris, La Découverte-Pocket, 2011.

CHAPITRE V
Simulations et scénarios inverses

1. La distinction en anglais passe entre *desktop exercise* et *real-ground drill*. Dans son ethnographie des simulations de désastres au Pérou, Sandrine Revet remarque que cette distinction se fait en espagnol entre *simulación* et *simulacro* : « “A small world”: ethnography of a natural disaster simulation in Lima, Peru », *Social Anthropology/Anthropologie Sociale* 21, n° 1, 2013, p. 1-16.

2. Une ethnographie du rôle des non-humains dans les simulations de pandémie devrait inclure les exercices visant à préparer les humains aux attaques de zombies, organisés aux États-Unis depuis une vingtaine d'années. Ces exercices ont suivi le succès des livres de Max Brooks (*The Zombie Survival Guide*, New York, Three Rivers Press, 2003, et *World War Z. An Oral History of the Zombie War*, New York, Broadway, 2006) puis du film tiré de ce dernier. L'amiral Ali Khan, directeur de l'Office of Public Health Preparedness and Response aux CDC, écrivait ainsi : « La montée des zombies dans la culture populaire a donné du crédit à l'idée selon laquelle une apocalypse zombie pourrait arriver. Dans un tel scénario, les zombies envahiraient des pays entiers, errant dans les rues des villes, mangeant tous les êtres vivants qu'ils rencontreraient sur leur chemin. La prolifération de cette idée a conduit de nombreuses personnes à se demander “comment est-ce que je me prépare à une apocalypse zombie ?” Eh bien, nous sommes là pour répondre à cette question, et nous espérons ainsi partager quelques informations avec vous sur les façons de se préparer aussi à de *réelles* urgences ! », http://blogs.cdc.gov/publichealthmatters/2011/05/preparedness-101-zombie-apocalypse.

3. Dhanasekaran Vijaykrishna, Gavin Smith, Jing Xua Zhang, Malik Peiris, Hongling Chen et Yi Guan, « Evolutionary Insights into the Ecology of Coronaviruses », *Journal of Virology*, 81, n° 15, 2007, p. 4012-20.

4. Gavin Smith, X. H. Fan, J. Wang, K. S. Li, K. Qin, J. X. Zhang, D. Vijaykrishna *et al.*, « Emergence and Predominance of an H5N1 influenza variant in China », *PNAS*, 103, n° 45, 2006, p. 16936-16941.

5. Michael Fischer, « Biopolis. Asian Science in the Global Circuitry », *Science and Technology Study*, 18, n° 3, 2013, p. 381-406 ; Aiwah Ong, *Fungible Life. Experiment in the Asian City of Life*, Durham, Duke University Press, 2016.

6. Linfa Wang et Christopher Cowled, *Bats and Viruses. A New Frontier of Emerging Infectious Diseases*, New York, Wiley, 2015.

7. Gavin Smith, Justin Bahl, Dhanasekaran Vijaykrishna, Jinxia Zhang, Leo L. M. Poon, Honglin Chen, Robert G. Webster, J. S. Malik Peiris et Yi Guan, « Dating the Emergence of Pandemic Influenza Viruses », *PNAS*, 106, n° 28, 2009, p. 11709-11712.

8. Donald McNeil, « Swine Flu May Have Come from Asia », *New York Times*, 24 juin 2009.

9. Gavin Smith, Dhanasekaran Vijaykrishna, Justin Bahl, Samantha J. Lycett, Michael Worobey, Oliver G. Pybus, Siu Kit Ma *et al.*, « Origins and Evolutionary Genomics of the 2009 Swine-origin H1N1 Influenza A Epidemic », *Nature*, n° 459, 2009, p. 1122-1125.

10. Adrian Mackenzie, « Bringing Sequences to Life. How Bio-informatics Corporealizes Sequence Data », *New Genetics and Society*, 22, n° 3, 2003, p. 323.

11. Vijaykrishna Dhanasekaran, entretien à l'université de Hong Kong, 23 juillet 2009.

12. Gavin Smith, « Evolutionary Analysis of RNA Zoonotic Viruses » [cours], Centre de recherche Pasteur de l'université de Hong Kong, 22 juillet 2009.

13. Justin Bahl, entretien à Yung Shue Wan, 15 juillet 2009.

14. Un changement récent dans la nomenclature des virus de grippe a conduit l'OMS à effacer les noms des pays et des provinces dans lesquels ils émergent au profit de leurs positions sur les arbres phylogénétiques. Avant ce changement de régulation, GenBank donnait le nom de la province et de l'espèce où le virus avait été découvert : par exemple, A/Goose/Guangdong/1/96 H5N1 (ou Gs/Gd) était considéré comme le précurseur du virus H5N1 identifié à Hong Kong en 1997. Mais d'autres virus de grippe découverts en Chine, comme la souche du Fujian qui se diffusa en Asie, ou la souche du Qinghai qui se diffusa en Europe, furent appelés « Clade 2.3.4 » et « Clade 2.2 ». Lire les arbres phylogénétiques implique ainsi une connaissance politique des frontières traversées par les virus, mais cette connaissance est codée dans un langage qui déplace leur signification politique en une anticipation biologique.

15. Horst Bredekamp, *Les Coraux de Darwin. Premiers modèles évolutionnistes et tradition de l'histoire naturelle*, Dijon, Les presses du réel, 2008 ; Stefan Helmreich, *Alien Ocean. Anthropological Voyages in Microbial Seas*, Berkeley, University of California Press, 2009.

16. Nathasha Schull, « The Gaming of Chance. Online Poker Software and the Potentialization of Uncertainty », in Limor Samimian-Darash et Paul Rabinow (dir.), *Modes of Uncertainty. Anthropological Cases,* Chicago, The University of Chicago Press, 2015, p. 56.

17. Carlo Caduff, *The Pandemic Perhaps*, p. 105 ; David Napier, *The Age of Immunology. Conceiving a Future in an Alienating World*, Chicago, University of Chicago Press, 2003, p. 2.

18. https://globalhealth.duke.edu/media/news/understanding-flu.

19. Vincent Lépinay, *Codes of Finance. Engineering Derivatives in a Global Bank*, Princeton, Princeton University Press, 2011, p. 80 et 84.

20. Robert Peckham, « Economies of Contagion. Financial Crisis and Pandemic », *Economy and Society*, 42, n° 2, 2013, p. 226-248. Sur l'usage des technologies de sentinelles dans le système bancaire international, voir Pierre Lascoumes, Thierry Godefroy et Gilles Favarel-Garrigues, *Les Sentinelles de l'argent sale. Les banques aux prises avec l'antiblanchiment*, Paris, La Découverte, 2009.

21. Jeffery Cutter, entretien au ministère de la Santé de Singapour, 17 juillet 2013.

22. Cha Mui Hoong, *A Defining Moment. How Singapore beat SARS*, Singapore, Staford Press, 2004 ; L. James *et al.*, « Public Health Measures Implemented During the SARS Outbreak in Singapore, 2003 », *Public Health*, 120, n° 1, 2006, p. 20-26.

23. http://andrewzolli.com/learning-from-sars.

24. Yoong-Cheong Wong, entretien au ministère de la Santé de Singapour, 17 juillet 2013.

25. UNSIC (United Nations System Influenza Coordination), *Simulation Exercises on Influenza Pandemic Responses in the Asia-Pacific Region*, 2008, p. 56.

26. « AVA Holds Culling Exercise in Poultry Slaughterhouse », *Asia One*, 17 juillet 2013, http://news.asiaone.com/News/Latest+News/Singapore/Story/A1Story20130717438043.html.

27. « Culling Exercise », *Straits Times*, Razor TV, 17 juillet 2013.

28. Hasnita A Majid, « AVA Holds Culling Exercise to Test Readiness to Contain Bird Flu », *Channel NewsAsia*, 10 janvier 2008.

29. UNSIC, *Simulation Exercises on Influenza Pandemic Responses in the Asia-Pacific Region*, p. 63.

30. *Ibid.*, p. 18.

31. Vinh-Kim Nguyen, *The Republic of Therapy. Triage and Sovereignty in West Africa's Time of AIDS*, Durham, Duke University Press, 2010.

32. Yong-Chung Ching, entretien à Kowloon, 15 décembre 2011.

33. Réponse anonyme à un questionnaire envoyé à l'AMS, février 2009.

34. Cette opposition entre des simulateurs actifs et des acteurs passifs a également été décrite par Sandrine Revet dans « Small World », *art. cit.* Commentant une simulation d'attaque de variole dans la ville d'Albuquerque, au Nouveau-Mexique, Melanie Amstrong remarque : « Aucune quantité de faux sang, cependant, ne peut reproduire l'urgence qui accompagne la crise, ce qui suggère que ces exercices ne sont pas valorisés parce qu'ils fournissent une nouvelle expertise sur le comportement humain, mais parce qu'ils répètent des formes de gouvernement qui sont estimées importantes pour gérer une population conçue comme perpétuellement en crise », « Rehearsing for the Plague. Citizens, Security, and Simulation », *Canadian Review of American Studies*, 42, n° 1, 2012, p. 105-20.

35. Limor Samimian-Darash, « Practicing Uncertainty. Scenario-Based Preparedness Exercises in Israel », *Cultural Anthropology*, 3, n° 3, 2016, p. 359-386.

36. Ying-Chung Chong, entretien au Centre for Health Protection, 9 décembre 2009.

37. Mark Barrow, *A Passion for Birds. American Ornithology after Audubon*, Princeton, Princeton University Press, 1998.

38. Florian Charvolin, André Micoud et Lyse Nyhart (dir.), *Des sciences citoyennes ? La question de l'amateur dans les sciences naturalistes*, La Tour d'Aigues, Éditions de l'Aube, 2007.

39. Robert Wilson, *Seeking Refuge*, p. 76 : « Les oiseaux aquatiques étaient menacés par le botulisme avant le vingtième siècle, mais les ravages des détournements des rivières et la croissance de l'agriculture irriguée au détriment des zones humides rendit cette maladie encore pire. La destruction des zones humides força les populations de canards et d'oies qui survécurent à se rassembler dans de petites zones au sein des habitats qui restaient [...] Puisque les oiseaux aquatiques sont grégaires par définition, les épizooties de botulisme pouvaient dévaster les oiseaux dans un refuge de façon très rapide. Les oiseaux migrateurs pouvaient aussi porter la toxine à d'autres zones humides et d'autres refuges le long de l'itinéraire aérien. »

40. Les *birdwatchers* de Hong Kong me parlèrent plusieurs fois de leurs tentatives d'attraper des spatules à face noire. En 1996, le Département de l'agriculture et de la conservation utilisa sans succès un filet porté par une fusée à explosion. En 2013, comme ils n'obtinrent pas le permis pour l'explosif, ils utilisèrent un filet à soufflet lancé par un élastique, sans plus de succès. Bena Smith, entretien à Mai Po, 18 octobre 2015.

41. Peter Redfield, *Life in Crisis. The Ethical Journey of Doctors Without Borders*. Berkeley, University of California Press, 2013 ; Etienne Benson, *Wired Wilderness. Technologies of Tracking and the Making of Modern Wildlife*, Baltimore, Johns Hopkins University Press, 2011.

42. Vincent Rollet, *Dimensions identitaire, sécuritaire et sociétale de la politique étrangère de Taïwan dans le domaine de la lutte contre les maladies infectieuses*, thèse soutenue à l'Institut d'études politiques de Paris/Sciences Po, 2010, p. 311.

43. Jean-Pierre Cabestan et Benoît Vermander, *La Chine en quête de ses frontières. La confrontation Chine-Taïwan*, Paris, Presses de Sciences Po, 2005, p. 136-138 et 178-186. En novembre 2000, le général Zhang Wannian, vice-président de la Commission militaire centrale de Chine populaire, déclara qu'une guerre avec Taïwan se produirait nécessairement dans les cinq années à venir. En conséquence, le ministère de la Défense américain fournit à son allié taïwanais des techniques de simulation d'attaques militaires. Un roman fut publié en anglais et en chinois en 2013 par Chuck Devore, vice-président de la Texas Public Policy Foundation, et Steven Mosher sous le titre *China attacks*.

44. « Mooncake gambling odds-on festival favourite », *China Daily*, 28 September 2004.

45. Michael Szonyi, *Cold War Island*.

46. Patrick Zylberman, *Tempêtes microbiennes. Essai sur la politique de sécurité sanitaire dans le monde transatlantique*, Paris, Gallimard, 2013, p. 90.

47. Jean-Marie Schaeffer, *Pourquoi la fiction ?*, p. 64.

48. Peter Galison, *Image and Logic. A Material Culture of Microphysics*, Chicago, University of Chicago Press, 1997.

49. Sergio Sismondo, « Models, Simulations and their Objects », *Science in Context*, 12, n° 2, 1999, p. 247-60.

50. Hermann Kahn, *Thinking about the Unthinkable*, Princeton, Princeton University Press, 1962, p. 143.

51. Sharon Ghamari-Tabrizi, *The Worlds of Herman Kahn. The Intuitive Arts of Thermonuclear War*, Cambridge, Harvard University Press, 2005, p. 151.

52. Joseph Masco, *The Nuclear Borderlands. The Manhattan Project in post-Cold War New Mexico*, Princeton, Princeton University Press, 2006, p. 296.

53. *Ibid.*, p. 305.

54. Adriana Petryna, « The Origins of Extinction », *Limn* 3, 2013. https://limn.it/articles/the-origins-of-extinction.

55. Hugh Gusterson, *Nuclear Rites. A Weapons Laboratory at the End of the Cold War*, Stanford, Stanford University Press, 1996, p. 160 : « De la même façon que, selon la théorie anthropologique classique, la performance des rituels peut soulager l'anxiété et créer un sentiment de pouvoir sur les récoltes et les maladies, les tests nucléaires peuvent créer un espace où les participants sont capables de jouer avec le problème de la maîtrise humaine sur les armes de destruction massive et de le résoudre symboliquement. Puisque la stabilité que les armes nucléaires sont censées garantir – la dissuasion nucléaire – existe seulement dans le domaine des simulations, et puisque la confiance dans la dissuasion implique l'absence d'une catastrophe plutôt que l'expérience active, directe et positive de la confiance, les tests nucléaires jouent un rôle vital pour rendre réel l'abstrait dans les vies des scientifiques. »

56. Tracy Davis, *Stages of Emergency. Cold War Nuclear Civil Defense*, Durham, Duke University Press, 2007, p. 4.

57. *Ibid.*

58. *Ibid.*, p. 51.

59. *Ibid.*, p. 53.

60. Nancy Tomes, *The Gospel of Germs. Men, Women, and the Microbe in American Life*, Cambridge, Harvard University Press, 1998.

61. Davis, *Stages of Emergency*, p. 41.

62. Claude Lévi-Strauss, *Paroles données*, Paris, Plon, 1984, p. 149.

63. Philippe Descola, *Les Lances du crépuscule. Relations Jívaros, Haute-Amazonie*, Paris, Plon, 1993.

64. Michael Houseman et Carlo Severi, *Naven ou le donner à voir. Essai d'interprétation de l'action rituelle*, Paris, CNRS Éditions/ Éditions de la MSH, 1994.

65. Michael Houseman, « Dissimulation and Simulation as Modes of Religious Reflexivity », *Social Anthropology*, 10, n° 1, 2002, p. 82.

66. *Ibid.*, p. 87.

67. Jean Filliozat, *Magie et médecine*, Paris, PUF, 1944, p. 79-80, cité dans Michel Leiris, « La possession et ses aspects théâtraux chez les Éthiopiens du Gondar », in *Miroir de l'Afrique*, Paris, Gallimard, 1996, p. 957.

68. Roberte Hamayon, *Jouer. Une étude anthropologique*, Paris, La Découverte, 2012, p. 92.

69. Rane Willerslev, *Soul Hunters. Hunting, Animism, and Personhood among the Siberian Yukaghirs*, Berkeley, University of California Press, 2007.

70. Roberte Hamayon, *Jouer*, p. 226.

CHAPITRE VI
Stockages ordinaire et prioritaire

1. Kaushik S. Rajan, *Biocapital. The Constitution of Postgenomic Life*, Durham, Duke University Press, 2006 ; Catherine Waldby, « Stem-Cells, Tissue Cultures and the Production of Biovalue », *Health*, 6, n° 3, 2002, p. 305-323.

2. Georges Bataille, *La Part maudite. Essai d'économie générale. Tome 1. La Consumation*, Paris, Minuit, 1949.

3. Je remercie Chung-Ming Chang pour l'organisation de cette rencontre.

4. https://www.oie.int/wahis_2/public/wahid.php/Reviewreport/semestrial/review?year=2012&semester=1&wild=0&country=TWN&this_country_code=TWN&detailed=1

5. C. C. Lee, H. Zhu, P. Y. Huang, L. Peng, Y. C. Chang, C. H. Yip, Y.T. Li *et al.*, « Emergence and Evolution of Avian H5N2 Influenza Viruses in Chickens in Taïwan », *Journal of Virology*, 88, n° 10, 2014, p. 5677-5686.

6. http://medicalxpress.com/news/2012-07-taiwan-h5n1-virus-birds-smuggled.html.

7. S.-H Wei, J. R. Yang, H. S. Wu, M. C. Chang, J. S. Lin, C. Y. Lin, Y. L. Liu *et al.*, « Human Infection with Avian Influenza A H6N1 Virus. An Epidemiological Analysis », *The Lancet Respiratory Medicine*, 2013, p. 70221-70222.

8. Les échantillons de virus de grippe aviaire sont stockés à 4 °C pendant deux semaines pour l'identification et le séquençage génétique, puis à -20 °C pour leur transport, puis à -80 °C pour leur conservation. Voir Vincent Munster *et al.*, « Practical Considerations for High-Throughput Influenza A Virus Surveillance Studies of Wild Birds by Use of Molecular Diagnostic Tests », *Journal of Clinical Microbiology*, 47, n° 3, 2009, p. 666–673.

9. Hannah Landecker, *Culturing Life. How Cells Became Technologies*, Cambridge, Harvard University Press, 2007, p. 227.

10. Edwin Kilbourne, « Influenza Pandemics: Can we Prepare for the Unpredictable ? », *Viral Immunology*, 17, n° 3, 2004, p. 350-357.

11. Gavin Smith *et al.*, « Emergence and Predominance of an H5N1 influenza variant in China », *PNAS* 13, n° 45, 2006, p. 16936-16941. Sur la vaccination contre la grippe aviaire au Vietnam, voir Natalie Porter, « Bird Flu Biopower. Strategies for Multispecies Coexistence in Viêt Nam », *American Ethnologist*, 40, n° 1, 2013, p. 132-148.

12. Tzung-Wen Chen, « Global Technology and Local Society. Developing a Taïwanese and Korean Bioeconomy through the Vaccine

Industry », *East Asian Science, Technology and Society*, 9, n° 2, 2015, p. 167-186.

13. Denny Roy, *Taïwan. A Political History*, Ithaca, Cornell University Press, 2003, p. 63.

14. Eric Croddy, « China's Role in the Chemical and Biological Disarmament Regimes », *The Nonproliferation Review*, 9, n° 3, 2002, p. 16-47.

15. Vincent Rollet, *Dimensions identitaire, sécuritaire et sociétale de la politique étrangère de Taïwan...*, thèse citée, p. 468 et 533.

16. *Ibid.*, p. 664-666.

17. https://wikileaks.org/gifiles/attach/96/96552_stockpiles of antivirals.doc.

18. http://www.info.gov.hk/gia/general/200907/03/P200907030213.htm. Les premières souches de H5N1 résistantes au Tamiflu sont apparues au Japon en 2009.

19. Decan Butler, entretien avec Siti Fadilah Supari, *Nature*, 450, n° 1137, 19 décembre 2007 ; Amy Hinterberger et Natalie Porter, « Genomic and Viral Sovereignty: Tethering the Materials of Global Biomedicine », *Public Culture* 27, n° 2, 2015, p. 361-386 ; Celia Lowe, « Viral Clouds: Becoming H5N1 in Indonesia », *Cultural Anthropology*, 4, 2010, p. 625-49.

20. Dhanasekaran Vijaykrishna, entretien à l'université de Hong Kong, 23 juillet 2009.

21. Teresa MacPhail, *Viral Network. A Pathography of the H1N1 Influenza Pandemic*, Ithaca, Cornell University Press, 2014, p. 192 (sur les métaphores de la mine d'or ou du puits de pétrole appliquées aux banques de données virales).

22. Dhanasekaran Vijaykrishna, entretien à l'université de Hong Kong, 23 juillet 2009.

23. Fa-Ti Fan, *British Naturalists in Qing China. Science, Empire, and Cultural Encounter*, Cambridge, Harvard University Press, 2004, p. 135.

24. Emmanuel Boutan, *Le Nuage et la vitrine. Une vie de monsieur David*, Biarritz, Atlantica, 1993.

25. Cité dans Robert Peckham, « Game of Empires. Hunting in Treaty-Port China », in James Beattie, Edward Melillo and Emily O'Gorman (dir.), *Eco-Cultural Networks and the British Empire*, New York, Bloomsbury, 2014, p. 213.

26. Antonella Romano, *Impressions de Chine. L'Europe et l'englobement du monde, XVIe-XVIIe siècles*, Paris, Fayard, 2016.

27. Fa-Ti Fan, *British Naturalists in Qing China*, p. 156.

28. *Ibid.*, p. 22.

29. Robert Peckham, « Game of Empires », p. 218.

30. Leo Ching, *Becoming Japanese. Colonial Taïwan and the Politics of Identity Formation*, Berkeley, University of California Press, 2001 ; Yuko Kikuchi, *Refracted Modernity. Visual Culture and Identity in Colonial Taïwan*, Honolulu, University of Hawaii Press, 2007 ; Scott Simon,

Sadyaq balae ! L'autochtonie formosane dans tous ses états, Québec, Presses de l'Université Laval, 2012.

31. *Yamashina Institute for Ornithology*, http://www.yamashina.or.jp/hp/english/index.html.

32. John Wu Sen-Hsiong, entretien à Taichung, 16 octobre 2012.

33. Lucia Liu Severinghaus, entretien à Taipei, 30 Avril 2013. Lucia Liu Severinghaus (dir.), *The Avifauna of Taïwan*, Taipei, Taïwan's Council of Agriculture's Forestry Bureau, 2010.

34. John Law et Michael Lynch, « Lists, Field-guides and the Organization of Seeing. Birdwatching as an Examplary Observational Activity », *Human Studies*, 11, 1988, p. 271-303 ; Thomas Dunlap, *In the Field. Among the Feathered. A History of Birders and Their Guides*, Oxford, Oxford University Press, 2011 ; Spencer Schaffner, *Binocular Vision. The Politics of Representation in Birdwatching Field Guides*, Amherst, University of Massachusetts Press, 2011.

35. Anne-Christine Trémon, « *Yingti/ruanti* (hardware/software). La création d'un centre culturel hakka à Taïwan », *Gradhiva*, n° 16, 2012, p. 138.

36. http://hk.history.museum/en_US/web/mh/collections/collections/natural.html. Par contraste, l'Université nationale de Singapour vient de rénover le musée d'histoire naturelle, qui conserve une des plus importantes collections en Asie avec plus d'un million de spécimens.

37. Mike Kilburn, entretien à Hong Kong, 25 septembre 2007.

38. Mike Kilburn, entretien à Hong Kong, 8 juillet 2011.

39. Ruy Barretto, entretien à Hong Kong, 14 juillet 2011.

40. Mark Barrow, *A Passion for Birds. American Ornithology after Audubon*, Princeton, Princeton University Press, 1998 ; Stephen Moss, *A Bird in the Bush. A Social History of Birdwatching*, Londres, Aurum Press, 2004.

41. Florian Charvolin, André Micoud et Lyse Nyhart (dir.), *Des sciences citoyennes ? La question de l'amateur dans les sciences naturalistes*, La Tour d'Aigues, Éditions de l'Aube, 2007 ; Ralph Youatt, « Counting Species. Biopower and the Global Biodiversity Census », *Environmental Values*, n° 17, 2008, p. 393-417 ; Virginie Maris et Arnaud Béchet, « From Adaptive Management to Adjustive Management. A Pragmatic Account of Biodiversity Values », *Conservation Biology*, n° 24, 2010, p. 966-973.

42. Lam Chiu Ying, entretien à Hong Kong, 8 décembre 2008.

43. Christopher Delgado, Mark Rosegrant, Henning Steinfeld, Simeon Ehui et Claude Courbois, *The Coming Livestock Revolution*, New York, United Nations, 2000.

44. Ellen K. Silbergeld, *Chickenizing Farms and Food. How Industrial Meat Production Endangers Workers, Animals and Consumers*, Baltimore, Johns Hopkins University Press, 2016.

45. Cays Bennet *et al.*, « The Broiler Chicken as a Signal of a Human Reconfigured Biosphere », *Royal Society Open Science*, n° 5, 2020, 180325.

46. Mike Davis, *The Monster at our Door. The Global Threat of Avian Flu*, New York, Henry Holt and Company, 2006.

47. Jared Diamond, *Guns, Germs and Steel. The Fates of Human Societies*, New York, Norton & Company, 1997 (trad. fr. *De l'inégalité parmi les sociétés. Essai sur l'homme et l'environnement dans l'histoire*, Paris, Gallimard, 2000).

48. « Nature strikes back », in René Dubos, *Man, Medicine and Environment*, Londres Pall Mall Press, 1968.

49. Michael Osterholm, « Preparing for the Next Pandemic », *Foreign Affairs*, 84, n° 4, 2005, p. 35.

50. Sarah Franklin, *Dolly Mixtures. The Remaking of Genealogy*, Durham, Duke University Press, 2007, p. 52.

51. Lyle Fearnley, communication personnelle, 15 décembre 2015. Voir Lyle Fearnley, « Wild Goose Chase. The Displacement of Influenza Research in the Fields of Poyang Lake, China », *Cultural Anthropology*, 30, n° 1, 2015, p. 12-35.

52. Edwin Yeung, « Poultry Farming in Hong Kong », Department of Geography and Geology, University of Hong Kong, 1956 ; Benjamin N. Lee, « Poultries in Taïwan », in Thomas Lih et Benjamin N. Lee (dir.), *Resources of Livestocks and Poultries in Taïwan*, Taipei, Taïwan Bank, 1952, p. 53-47 ; Cynthia Chou, « Agriculture and the End of Farming in Singapore », in Timothy B. Barnard (dir.), *Nature Contained. Environmental Histories of Singapore*, Singapour, NUS Press, 2014, p. 216-40.

53. Alexander Grantham, *Via Ports. From Hong Kong to Hong Kong*, Hong Kong, Hong Kong University Press, 1965, p. 166.

54. Tam Yip Shing, entretien à la ferme Kadoorie, 15 février 2009.

55. Joanna Handlin Smith, « Liberating Animals in Ming-Qing China. Buddhist Inspiration and Elite Imagination », *Journal of Asian Studies*, 58, n° 1, 1999, p. 51-84.

56. Peter Singer, *Animal Liberation. A New Ethics for Our Treatment of Animals*, New York, Harper Collins, 1975.

57. Timothy Choy, *Ecologies of Comparison. An Ethnography of Endangerment in Hong Kong*, Durham, Duke University Press, 2011.

58. Alain Testart, *Les chasseurs-cueilleurs ou l'origine des inégalités*, Nanterre, Société d'ethnographie, 1982.

59. Alain Testart, « The Significance of Food Storage among Hunter-Gatherers. Residence Patterns, Population Densities, and Social Inequalities », *Current Anthropology*, 23, 1982, p. 527.

60. Tim Ingold, « The Significance of Storage in Hunting Societies », *Man*, 18, n° 3, 1983, p. 553-571.

61. Charles Stépanoff, communication personnelle, 7 octobre 2015.

62. Tim Ingold, *Hunters, Pastoralists and Ranchers. Reindeer Economies and their Transformations*, Cambridge, Cambridge University Press, 1980, p. 160. La citation est extraite de Marshall Sahlins, *Âge de pierre, âge d'abondance. L'économie des sociétés primitives*, Paris, Gallimard, 1976 [1972] ; voir aussi Tim Ingold, « Culture et perception

de l'environnement », in *Marcher avec les dragons*, Bruxelles, Zones sensibles, 2013, p. 142.

63. Tim Ingold, *Hunters, Pastoralists and Ranchers*, p. 170.

64. *Ibid.*, p. 134.

65. Paul Rabinow, *Making PCR. A Story of Biotechnology*, Chicago, University of Chicago Press, 1996, p. 12.

66. Paul Rabinow, « L'artifice et les lumières. De la sociobiologie à la biosocialité », *Politix*, 23, n° 90, p. 21-46 ; *Le déchiffrage du génome. L'aventure française*, Paris, Odile Jacob, 2000, traduction et présentation Frédéric Keck.

67. Paul Rabinow, *Making PCR*, p. 168.

68. Claude Lévi-Strauss, *La pensée sauvage*, in *Œuvres*, Paris, Gallimard, 2008, p. 577.

69. *Ibid.*, p. 732.

70. *Ibid.*, p. 782.

71. Georges Charbonnier, *Entretiens avec Claude Lévi-Strauss*, Paris, Plon, 1961.

72. Eduardo Kohn, *Comment pensent les forêts,* p. 242.

CONCLUSION

1. Michel Foucault, « Il faut défendre la société », Paris, Gallimard-Seuil-EHESS, 1997.

2. Claude Lévi-Strauss, *Nous sommes tous des cannibales*, Paris, Seuil, 2013.

3. Frédéric Keck, *Un monde grippé,* Paris, Flammarion, 2010.

POSTFACE
De l'anticipation des pandémies de grippe à la gestion de la pandémie de Covid-19

1. Fang Fang, *Wuhan, ville close : Journal*, Paris, Stock, 2020, p. 264.

2. *Ibid.*, p. 307.

3. Cf. Florence Bretelle-Establet, « Science, Demons, and Gods in the Battle against the Covid-19 Epidemic », *Centaurus* 62(2), 2020, p. 344-353 et Christos Lynteris, « The Imperative Origins of Covid-19 », *L'Homme*, 2020, p. 234-235.

4. Cf. Frédéric Keck, « Asian Tigers and the Chinese Dragon. Competition and collaboration between sentinels of pandemics from SARS to COVID-19 », *Centaurus*, 62 (2), 2020, p. 311-320.

Index

Crédits photographiques

1. Un marché de poulets vivants à Tai Po (Hong Kong), 2008 (p. 21)
2. Des vétérinaires prélèvent des volailles à la recherche du virus de grippe aviaire dans la région du Fujian, 2006 © Vincent Martin (p. 22-23)
3. Yan Yuren vaccine des poussins dans la ferme de volailles de Wang Yichuan, à Yuen Long, 2009 (p. 24)
4. John Wu Sen-Hsiong dans son atelier de taxidermie à Taichung (Taïwan), 2012 (p. 113)
5. Le marché aux oiseaux d'ornement de Mong Kok (Hong Kong), 2009 (p. 114-115)
6. Des observateurs d'oiseaux relâchent des spatules à Tainan (Taïwan), 2012 (p. 116)
7. Chantier du laboratoire BSL-4/P4 de Wuhan (Chine), 2012 (p. 276)

Remerciements

Ce livre est une version modifiée d'un ouvrage publié en anglais par Duke University Press en janvier 2020 sous le titre *Avian Reservoirs. Virus Hunters and Birdwatchers in Chinese Sentinel Posts*. Je remercie Michael Fischer et Kenneth Wissoker pour leur soutien dans la rédaction du manuscrit. Celui-ci avait été présenté en France en tant qu'Habilitation à diriger des recherches devant un jury composé de Philippe Descola, Didier Fassin, Jean-Paul Gaudillière, Yves Goudineau, Sophie Houdart, Annemarie Mol et Anne-Marie Moulin. Je les remercie pour leur lecture et leurs commentaires. Yaël Kreplak a traduit une grande partie de ce livre.

Le premier chapitre a bénéficié des recherches que j'ai menées dans l'équipe « Relations hommes-animaux : questions contemporaines » du Laboratoire d'anthropologie sociale avec Carole Ferret, Vanessa Manceron et Noëlie Vialles, avec le soutien de la Fondation Fyssen et du Fonds Axa pour la recherche.

Le second chapitre est issu de ma participation au projet Antigone dirigé par Thijs Kuiken. Je remercie Marion Koopmans pour son soutien dans le cadre de ce projet.

Le troisième chapitre a été rédigé dans le cadre de mes fonctions à la direction du Département de la recherche du musée du quai Branly-Jacques Chirac. Je remercie Stéphane

Martin et Anne-Christine Taylor pour la confiance qu'ils m'ont accordée dans cette fonction, toute l'équipe du Département de la recherche pour leur collaboration quotidienne, ainsi que Tiziana Beltrame et Yaël Kreplak pour le projet que nous avons animé sur l'écologie des collections.

Le quatrième chapitre est issu de la collaboration avec Andrew Lakoff et Christopher Kelty dans le cadre du numéro de la revue *Limn* intitulé « Sentinel devices » paru en mai 2013.

Le cinquième chapitre résulte du projet sur les simulations de désastre que j'ai animé à l'Institut d'études politiques de Paris (Sciences Po) avec Sandrine Revet et Marc Élie. Il a été publié dans une version modifiée par le *Journal of the Royal Anthropological Institute* en avril 2018.

Le sixième chapitre a été rédigé dans le cadre des discussions qui ont mené au livre collectif dirigé par Emma Kowal et Joanna Radin, *Cryopolitics. Frozen Life in a Melting World* (Cambridge, MIT Press, 2017).

Merci à Alexandre Laumonier d'accueillir ce livre aux éditions Zones sensibles, et à Joëlle Soler d'accueillir mon travail dans notre vie.

Table

RÉALISATION : NORD COMPO À VILLENEUVE-D'ASCQ
IMPRESSION : NORMANDIE ROTO-IMPRESSION S.A.S. À LONRAI
DÉPÔT LÉGAL : JANVIER 2021. N° 147601 (2004691)
Imprimé en France